Buch

Jane Nelsen entwickelt in diesem wertvollen Erziehungshandbuch
zahlreiche Lösungsvorschläge für einen sinnvollen Umgang mit
Konfliktsituationen zwischen Erwachsenen und Kindern.
Ziel aller Maßnahmen ist jedoch stets, dem Kind dabei zu helfen,
Fähigkeiten wie Selbstdisziplin, Kompromißbereitschaft, Problem-
bewußtsein und – vor allem – ein gesundes Selbstwertgefühl zu
entwickeln.
Mit vielen praktischen Tips und Hinweisen für »Familienkonferenzen«!

Autorin

Dr. Jane Nelsen ist Psychologin, Erzieherin und Mutter von sieben
Kindern. Sie arbeitet als Familientherapeutin in Kalifornien und hält
seit Jahren in vielen Ländern Vorlesungen und Seminare zum Thema
Kindererziehung und Konfliktbewältigung in der Familie.

Jane Nelsen

KINDER BRAUCHEN ORDNUNG

Praktische Grundsätze für die Erziehung

Ins Deutsche übertragen von
Angelika Weidmann

Deutsche Erstveröffentlichung

GOLDMANN VERLAG

Originaltitel: Positive Discipline
Originalverlag: Ballantine Books, a Division of Random House, Inc., New York

Umwelthinweis:
Alle bedruckten Materialien dieses Taschenbuches
sind chlorfrei und umweltschonend.

Der Goldmann Verlag
ist ein Unternehmen der Verlagsgruppe Bertelsmann

© der Originalausgabe 1981, 1987 by Jane Nelsen
© der deutschsprachigen Ausgabe 1991 by
Wilhelm Goldmann Verlag, München
Umschlaggestaltung: Design Team, München
Umschlagfoto: Bavaria/The Telegraph, Gauting
Satz: Uhl + Massopust, Aalen
Druck: Presse-Druck Augsburg
Verlagsnummer: 11466
SK · Herstellung: Gisela Rudolph/sc
Made in Germany
ISBN 3-442-11466-7

3 5 7 9 10 8 6 4

Inhaltsverzeichnis

Kapitel 1

Kapitel 2

Kapitel 3

Kapitel 4

Kapitel 5

Kapitel 6

Kapitel 7

Kapitel 8

Kapitel 9

Kapitel 10

Anhang

Für Barry,
der mich lehrte, was es heißt,
die Ermutigung totaler Liebe und
Anerkennung zu erfahren.

Vorwort

Seit Jahrtausenden haben Eltern und Erzieher die Kunst der Kindererziehung von Großmüttern, Großvätern, Tanten, Onkeln und Nachbarn gelernt, die über Generationen in stabilen Verhältnissen lebten.

Am Ende des Zweiten Weltkriegs entstand plötzlich eine Massen-
emigration aus Kleinstädten und Landgemeinden in Städte und Vor-
städte. Eine ganze Kultur wurde aus den Angeln gehoben. Das Wissen
und die Unterstützung durch Großfamilie und langfristige Freundschaften gingen verloren.

Kurz nach dieser dramatischen Umsiedlung in Stadtgemeinden
brachten elf Millionen Elternpaare durchschnittlich je 4,2 Kinder zur
Welt und wurden zu urbanen Pionieren, die eine Grenze von Lebens-
weise und Technologie überschritten, ohne auf unterstützende Netzwerke und angesammeltes Wissen zurückgreifen zu können.

Ohne zu ahnen, daß sie Pioniere waren, vergaßen diese Elternpaare
die fundamentale Strategie, die es anderen Pionieren ermöglicht hatte,
erfolgreich einen neuen Kontinent zu besiedeln. Sie vergaßen, daß
Pioniere sich mit Fremden am Lagerfeuer zusammenfanden und Erfahrungen austauschten, so daß nicht jeder alle Lektionen neu lernen
mußte. Statt auf der Weisheit von Generationen aufzubauen, die voneinander lernten, isolierte man sich.

Wer die Unterstützung von der Familie und den Nachbarn nicht
durch andere Netzwerke ersetzte, entwickelte nicht selten aus dem
falschen Stolz, »seine Probleme allein lösen zu können«, ein Gefühl von
Unfähigkeit und Verhaltensunsicherheit, und kam zu der Überzeugung, daß man Familienangelegenheiten nicht mit Fremden diskutieren
solle. Es wurde wichtig, Probleme zu verstecken und sie – oft höchst
unangemessen – hinter verschlossenen Türen zu handhaben. Eltern
tauschten Weisheit und über Jahrhunderte erworbene Prinzipien gegen
Bücher und ungeprüfte Theorien ein.

Gleichzeitig entstand ein nationales Märchen, daß das einzige, was eine Generation von perfekten Superkindern bescheren könne, perfekte Supereltern seien. Welch ein Schock, als die Kinder sich als nicht perfekt erwiesen. Schuldgefühle, Streß und Verleugnung zerrissen die Paare.

Das Aufziehen von Kindern, das einst die kumulative Arbeit von Generationen gewesen war, wurde ein harter Teilzeitkampf von zwei oder mehr Verwandten, die nicht viel Erfahrung in dem hatten, was sie zu leisten versuchten.

Amerikanische Statistiken zeigen, daß sich 1963 zum ersten Mal der dreihundert Jahre alte Aufwärtstrend umkehrte. In allen Leistungszweigen hatten sich die Kinder bis dahin ständig verbessert. Die nach dem Zweiten Weltkrieg geborenen Kinder begannen einen Abwärtstrend der Leistungen und einen Aufwärtstrend von Kriminalität, Teenager-Schwangerschaft, klinischen Depressionen und Selbstmord.

Ganz deutlich zeigt sich, daß unser Verständnis von und unsere Ressourcen für das Großziehen von Kindern durch die Urbanisierung und Technisierung in Mitleidenschaft gezogen wurden.

In ihrem Buch hat Jane Nelsen das Wissen von Pionieren unter ihren Vorgängern zusammengetragen und ein warmes Lagerfeuer für Eltern und Erzieher geschaffen, die zeitlose, funktionierende Prinzipien an Stelle nicht funktionierender Theorien suchen.

Jane gibt in diesem Buch sehr nützliche Richtlinien für Eltern und Erzieher, die ihren Kindern helfen möchten, Selbstdisziplin, Verantwortungsbewußtsein und positive Fähigkeiten und Einstellungen zu entwickeln.

Ich halte so viel von Janes Buch, daß wir es als Grundlage für unser international anerkanntes Trainingsprogramm *Developing Capable People* in Nord- und Mittelamerika ebenso wie in Afrika einsetzen. Die Prinzipien funktionieren und liefern eine wunderbare Basis zur Bereicherung der Familienerfahrung.

H. Stephen *Glenn*, Ph. D.
President,
Capabilities Incorporated
Lexington, South Carolina

Positive Disziplin – Richtlinien

1. Ungezogene Kinder sind *entmutigte* Kinder, die falsche Vorstellungen darüber haben, wie sie ihr vorrangiges Ziel – *dazuzugehören* – erreichen können. Ihre falschen Vorstellungen führen zu Ungezogenheit (Fehlverhalten).
2. *Ermutigen* Sie die Kinder, um ihnen zu helfen, ein Zugehörigkeitsgefühl zu empfinden, so daß der Motivation für ihr Fehlverhalten die Grundlage genommen wird.
3. Eine großartige Methode, Kinder zu ermutigen, besteht darin, ihnen bestimmte Zeiten zu widmen und etwas zu tun, das Sie gemeinsam genießen können, bei kleineren Kindern ungefähr fünfzehn Minuten am Tag, bei größeren eine Stunde in der Woche.
4. Wenn Sie die Kinder ins Bett bringen, bitten Sie sie, Ihnen ihr *traurigstes* und ihr *glücklichstes* Erlebnis des Tages zu erzählen. Nehmen Sie Anteil daran. Sie werden staunen, was Sie daraus lernen und erfahren.
5. Halten Sie *Familienkonferenzen* ab, um Probleme gemeinsam und mit Respekt voreinander zu bewältigen. Sie sind der Schlüssel für eine liebevolle Familienatmosphäre, die den Kindern hilft, Selbstdisziplin, Verantwortungsbewußtsein, Gemeinschaftsgeist und die Fähigkeit, Probleme zu lösen, zu entwickeln.
6. Geben Sie den Kindern *sinnvolle Aufgaben*. Viele Kinder würden lieber kochen als Geschirr waschen. Kinder haben ein Zusammengehörigkeitsgefühl, wenn sie wissen, daß sie etwas Wesentliches können.
7. *Entscheiden Sie gemeinsam*, welche Aufgaben zu erledigen sind. Lassen Sie die Kinder wöchentlich auslosen, wer welche Arbeit übernimmt. Auf diese Weise bleibt eine Arbeit nicht immer an derselben Person hängen.

8. *Nehmen Sie sich Zeit*, die Kinder anzulernen. Vergewissern Sie sich, daß sie verstehen, was Sie unter »Küche saubermachen« verstehen. Für die Kinder könnte es zum Beispiel einfach heißen, die Teller in den Ausguß zu stellen.

9. Befreien Sie sich von der Wahnvorstellung, Kinder würden besser funktionieren, wenn man sie erst einmal schlechtmacht. *Haben Sie Lust, sich größere Mühe zu geben, nachdem man Sie gedemütigt hat?*

10. Strafe mag funktionieren, wenn Sie Fehlverhalten in einem bestimmten Moment unterbinden möchten. Doch manchmal müssen wir uns vor erfolgreichen Tricks hüten, wenn die langfristigen Folgen negativ sind – Groll, Rebellion, Rachegelüste oder Verschlossenheit.

11. *Lehren Sie gegenseitigen Respekt, und gehen Sie mit gutem Beispiel voran.* Ein Weg ist, gleichzeitig freundlich *und* bestimmt zu sein – freundlich aus Respekt vor dem Kind und bestimmt aus Respekt vor sich selbst und den Erfordernissen der Situation. Im Konfliktfall ist das nicht immer leicht, daher sollten Sie zunächst den folgenden Schritt verwenden.

12. Die Wahl des richtigen Augenblicks wird Ihren Erfolg verzehnfachen. Man kann ein Problem in einer Konfliktsituation nicht erfolgreich lösen, weil Emotionen ins Spiel kommen. Lehren Sie die Kinder den Nutzen von *Abkühlungsphasen.* Sie oder die Kinder können in ein anderes Zimmer gehen und etwas tun, das das Wohlbefinden fördert, und anschließend das Problem in gegenseitigem Respekt erneut angehen.

13. Wenn es sinnvoll ist, verweisen Sie auf die logischen Konsequenzen einer Handlung. Achten Sie darauf, daß die Folgen *verknüpft, vernünftig und respektvoll* sind.

14. Bei Familienkonferenzen können Kinder über die *logischen Konsequenzen der Nichteinhaltung der Abmachungen entscheiden helfen.* (Denken Sie daran, daß es sich nicht um *Strafe* handelt, da damit langfristig keine »guten« Erfolge erzielt werden können.)

15. Vermeiden Sie morgendliches Durcheinander, indem Sie am Vorabend *Routineprogramme* aufstellen und die Kinder zum Beispiel ihre Kleider, Bücher, Schuhe usw. auswählen und bereitlegen lassen. Helfen Sie ihnen, im voraus zu entscheiden, wie lange sie zum Aufstehen brauchen, und gewähren Sie ihnen die Selbstverantwor-

tung, sich von ihrem eigenen Wecker wecken zu lassen. Erlauben Sie ihnen, am eigenen Leibe zu erfahren, was es bedeutet, zu spät zu kommen.

16. Lernen Sie die *vier Schritte, Kooperation zu gewinnen.* a) Fühlen Sie sich in das Kind und seine Welt ein. Überprüfen Sie zusammen mit dem Kind, ob Sie richtig vermutet haben. b) Zeigen Sie Verständnis. Sie brauchen nicht einverstanden oder nachsichtig zu sein. Wenn möglich, geben Sie ein Beispiel einer Situation, in der es Ihnen ähnlich erging. c) Äußern Sie Ihre Gefühle über die Situation ohne Vorwurf in der »Ich«-Form. Kinder sind bereit, Sie anzuhören, wenn sie das Gefühl haben, gehört worden zu sein. d) Erarbeiten Sie gemeinsam Ideen, um das Problem in Zukunft zu vermeiden – oder das gegenwärtige Problem durch eine logische Konsequenz zu bewältigen. Wenn die ersten drei Schritte respektvoll unternommen worden sind, wird das Kind bereit sein, beim vierten Schritt zu kooperieren.

17. Geben Sie ein Beispiel für *Wiedergutmachung,* wenn Sie einen Fehler begangen haben. Lassen Sie das Kind wissen, was Ihnen an Ihrem eigenen Verhalten mißfallen hat, und bitten Sie es um Hilfe, eine bessere Lösung zu finden.

18. Zeigen Sie den Kindern, daß *Fehler ausgezeichnete Gelegenheiten sind, dazuzulernen!*

Vorbemerkungen und Danksagungen

Positive Disziplin baut auf der Philosophie und den Lehren von Alfred *Adler* und Rudolph *Dreikurs* auf. Ich habe nicht das Privileg genossen, bei einem dieser großen Männer zu studieren, aber ich möchte denjenigen danken, die mich in den Adlerschen Ansatz eingeführt haben. Er hat mein Leben verändert und meine Beziehungen zu Kindern zu Hause und im Klassenzimmer unendlich befriedigender gemacht.

Ich bin Mutter von sieben Kindern. Vor vielen Jahren, als ich erst fünf Kinder hatte – darunter zwei Teenager –, litt ich unter den gleichen Frustrationen, die so viele Eltern heute im Zusammenhang mit den Problemen der Kindererziehung erleben. Ich wußte nicht, wie ich meine Kinder dazu bringen sollte, nicht mehr miteinander zu streiten, ihre Spielsachen aufzuräumen oder die Aufgaben zu erledigen, die sie zu erledigen versprochen hatten. Ich hatte Schwierigkeiten, sie abends ins Bett zu kriegen – und am Morgen wieder aufzuwecken. Sie wollten nicht in die Badewanne – und dann wollten sie nicht wieder raus. Und jeden Morgen wieder das gleiche Elend: Es sah aus, als sei es nicht möglich, sie ohne ständige Ermahnungen und nervtötende Streitereien auf den Weg zur Schule zu schicken. Nach der Schule kamen die ewigen Kämpfe um Schularbeiten und Mithilfe im Haushalt. Meine »Trickkiste« enthielt Schimpfen, Drohen und Prügeln. Diese Methoden waren schrecklich für mich und für meine Kinder – und sie funktionierten nicht. Ich schimpfte, drohte und prügelte wieder und wieder wegen der gleichen Ungezogenheiten. Eines Tages hörte ich mich wiederholen: »Ich habe euch doch schon hundertmal gesagt, ihr sollt eure Spielsachen aufräumen!« Plötzlich dämmerte mir, wer der eigentliche »Buhmann« war – und es waren nicht meine Kinder! Es war einfach lächerlich, daß ich erst nach hundert Ermahnungen merkte, daß es so nicht ging! Und es war schrecklich frustrierend, weil ich nicht wußte, was ich sonst tun sollte.

16

Und daß ich zu jener Zeit ein Examen in Entwicklungspsychologie vorbereitete, machte mein Dilemma nur noch komplexer. Ich las jede Menge wunderbarer Bücher, die darstellten, was für fantastische Dinge ich mit meinen Kindern erreichen sollte, aber in keinem fand ich praktische Hinweise, wie ich diese hohen Ziele erreichen könnte.

Sie können sich meine Erleichterung vorstellen, als ich zu Beginn eines neuen Kurses erfuhr, daß wir eine Reihe neuer Theorien besprechen und vor allem den Adlerschen Ansatz einschließlich praktischer Anwendungsweisen zur Überwindung kindlichen Fehlverhaltens behandeln würden.

Und zu meiner riesengroßen Freude funktionierte es. Ich konnte die Streitereien unter meinen Kindern um mindestens 80 Prozent verringern. Ich lernte, die morgendlichen und abendlichen Kämpfe zu vermeiden und größere Mithilfe im Haushalt zu erreichen. Doch die wichtigste Veränderung war, daß ich feststellte, daß ich das Muttersein fast immer genoß.

Ich war so begeistert, daß ich diese Ideen mit anderen teilen wollte. Die erste Gelegenheit ergab sich mit einer Gruppe von Eltern körperlich und geistig behinderter und schwererziehbarer Kinder.

Die Eltern dieser Kinder sträubten sich zunächst gegen den Versuch, die Methode auszuprobieren. Sie fürchteten, ihre Kinder seien nicht imstande, Selbstdisziplin, Verantwortungsbewußtsein und Kooperation zu lernen. Viele Eltern behinderter Kinder erkennen nicht, wie raffiniert *alle* Kinder im Manipulieren ihrer Umwelt sind. Doch die Eltern dieser Gruppe sahen recht schnell ein, wie respektlos sie ihren Kindern begegneten, indem sie sie verhätschelten, statt ihnen zu helfen, alle ihre Fähigkeiten zu entwickeln.

Danach wurde ich zur Beraterin im *Elk Grove Unified School Distrikt* in Elk Grove, Kalifornien, ernannt, wo viele Eltern, Lehrer, Psychologen und Verwaltungsbeamte die Adlerschen Konzepte unterstützten, um zu Hause wie im Klassenzimmer erfolgreicher mit Kindern zu arbeiten. Besonders dankbar bin ich meinem Mentor, dem Psychologen Dr. John *Platt*, von dem ich sehr viel gelernt habe.

Dr. Don *Larson* und Dr. *Platt* gelang es, eine Bewilligung für Forschungsmittel zur Entwicklung eines Adlerschen Beratungsprogramms zu bekommen. Ich hatte das Glück, zur Leiterin dieses Programms gewählt zu werden. Während der dreijährigen Entwicklungszeit erwies sich das Programm als so erfolgreich in der Ausbildung von

Eltern und Lehrern, Kindern bei der Veränderung ihres Fehlverhaltens zu helfen, daß es als exemplarisches Projekt anerkannt wurde und ein weiteres Dreijahresbudget zur Verfügung gestellt wurde, um es in den kalifornischen Schuldistrikten bekannt zu machen. Wir gaben ihm den Projektnamen A. C. C. E. P. T.* Im Rahmen dieses Projekts hatte ich Gelegenheit, Tausenden von Eltern und Lehrern die Adlerschen Konzepte nahezubringen. Ich lernte sehr viel aus ihren Berichten, wie sie die in den Trainingsworkshops des Accept-Projekts gelernten Methoden in ihrem eigenen Leben einsetzten. Ich möchte jenen danken, die mir erlaubten, ihre Erfahrungen zu veröffentlichen. Besonderer Dank gebührt Frank *Meder* für seine Beiträge im Bereich der Klassenkonferenzen. Ihm gelang es, ein sehr wesentliches Prinzip zu erkennen und einzubauen: Freiheit ist im sozialen Bereich nur möglich, wenn Ordnung der gleiche Stellenwert zugemessen wird.

Dank und ehrliche Bewunderung gebührt jenen, die unermüdlich für das »Project Accept« arbeiteten: Susan Anderson, Barbara Smellie, Marjorie Spiak und Vicky Zirkle leiteten unermüdlich Elterngruppen und entwickelten und strukturierten das Projektmaterial. Sie alle trugen viele Beispiele über die Wirksamkeit des Ansatzes in ihren eigenen Familien und in den Familien, mit denen sie arbeiteten, bei.

Meine Kinder sind Quellen von Inspiration und Liebe gewesen. Ich spreche von ihnen als von meinen »Vor«, während und nach«-Kindern: Terry und Jim waren schon Teenager, als ich von diesen Konzepten erfuhr; Kenny, Bradley und Lisa waren sieben, fünf und drei Jahre alt, und Mark und Mary kamen zur Welt, nachdem ich schon eine Zeitlang mit Elterngruppen gearbeitet hatte. Sie sind Gegenstand zahlreicher Beispiele. Der größte Nutzen kam aus dem Verständnis von Prinzipien, die gegenseitigen Respekt, Kooperationsbereitschaft, Freude und Liebe verstärkten.

---

* »*Adlerian Counselling Concepts for Encouraging Parents and Teachers*« (Adlersches Beratungskonzept zur Ermutigung von Eltern und Lehrern)

Positive Disziplin

Einführung

Es gibt Bücher über Erziehung für Eltern und andere, die für Lehrer geschrieben worden sind. Dieses Buch ist sowohl für Eltern als auch für Lehrer geschrieben worden, denn:

- Die Konzepte sind für Eltern und Lehrer gleich; nur die Umgebung, in der sie zur Anwendung kommen, ist verschieden.
- Viele Lehrer sind gleichzeitig Eltern und möchten diese Konzepte sowohl zu Hause als auch in der Schule verwenden.
- Verständnis und Kooperation zwischen Elternhaus und Schule werden gefördert, wenn Eltern und Lehrer sich in ihren Methoden, den Kindern und einander zu helfen, einig sind.

Das vorliegende Buch erläutert eine Theorie, die Ihr Verständnis für Kinder fördern wird, und es bietet Techniken der praktischen Anwendung an, die Kindern helfen, Selbstdisziplin, Verantwortungsbewußtsein, Problembewältigungsfähigkeiten und Kooperationsbereitschaft zu entwickeln.

Über das ganze Buch verteilt sind Beispiele, wie diese Prinzipien in Schulen und zu Hause erfolgreich eingesetzt worden sind. Sobald Ihnen die Prinzipien klar sind, werden Ihnen Ihr gesunder Menschenverstand und Ihr Einfühlungsvermögen helfen, sie Ihrerseits in Ihrem eigenen Leben anzuwenden.

Wenn wir den Überblick und unseren gesunden Menschenverstand im Umgang mit unseren Kindern zu verlieren scheinen, kann es hilfreich sein, ein Buch zu lesen oder mit anderen zu reden, die andere Perspektiven anbieten können. Manchmal ist es leichter, neue Perspektiven für die Situation eines anderen zu sehen als für die eigene. Daher

19

mag es dienlich sein, eine Eltern- oder Lehrergruppe zu organisieren. Eine Gruppe kann wertvolle moralische Unterstützung und die Ermutigung liefern, die man braucht, wenn man alte Gewohnheiten ändern und neue Fähigkeiten erlernen will.

Aber behalten Sie im Sinn, daß dieses Buch und Gruppenarbeit nicht dazu da sind, Ihren eigenen gesunden Menschenverstand zu ersetzen. Die Prinzipien und Vorschläge, die Sie von anderen erhalten, werden am wirksamsten sein, wenn sie als Erinnerungsstützen und Richtlinien für etwas dienen, das Sie intuitiv schon längst wissen. Sobald Prinzipien aus einem Gefühl von Unsicherheit oder Zweifel heraus angewandt werden, werden sie nicht wirken.

Behalten Sie ebenfalls, daß Sie, während Sie lernen, diese Prinzipien anzuwenden, hier und da Fehler machen werden. Aber Fehler sind nicht notwendigerweise schädlich. Das Wichtigste ist, daß wir aus unseren Fehlern lernen, so daß wir aufgrund unserer Fehler sogar noch besser werden.

Am Ende von jedem Kapitel werden Sie Diskussionsfragen finden, die das Verständnis vertiefen sollen. Der Anhang enthält ein paar Hinweise auf mögliche, sinnvolle Gruppenarbeit. Eine Gruppe kann aus zwei bis zehn Mitgliedern bestehen. Wenn die Gruppe größer ist, mindern sich die Gelegenheiten persönlicher Beteiligung.

Die generelle Reaktion von Eltern und Lehrern, die an den Studiengruppen teilnehmen, ist: »Welche Erleichterung zu wissen, daß nicht nur ich diese Frustration erlebe!« Es ist wohltuend zu wissen, daß andere im selben Boot sitzen.

Studiengruppenmitglieder befinden sich ebenfalls im selben Boot, wenn die Gruppenleiter von Anfang an klarstellen, daß sie keine Experten sind. Gruppen sind immer erfolgreicher, wenn niemand die Expertenrolle übernimmt. Die Gruppenleiter übernehmen lediglich die Verantwortung dafür, Fragen zu stellen und die Gruppe beim Thema zu halten – nicht die Antworten zu liefern. Wenn niemand in der Gruppe die Antwort weiß, nehmen Sie sich Zeit, sie im Buch zu finden.

Die Gruppenmitglieder verpflichten sich, die jeweiligen Kapitel zu lesen, für die Diskussionen der Fragen vorbereitet zu sein und mit den Leitern zu kooperieren, indem sie »bei der Sache« bleiben. Falls ein Gruppenmitglied nicht die Zeit gefunden hat, das Kapitel zu lesen, so kann es dennoch vom Zuhören profitieren.

Es ist nicht nötig, sämtliche Prinzipien von Anfang an gleichzeitig

anzuwenden. Benutzen Sie nur, was Ihnen jeweils sinnvoll vorkommt. Und wenn Sie etwas hören, das Ihnen nicht richtig erscheint, so schütten Sie nicht das Kind mit dem Bade aus. Manche Konzepte, die im Augenblick schwer zu akzeptieren sind, können Ihnen später einleuchten. Eine Gruppenteilnehmerin berichtete, daß sie ein paar der Prinzipien an ihrem Sohn ausprobiert habe, um zu beweisen, daß sie falsch waren, doch sie mußte zu ihrer Überraschung die positiven Veränderungen in ihrer Beziehung feststellen. Später wurde sie Studiengruppenleiterin, weil sie die Konzepte, die ihr so geholfen hatten, weiterverbreiten wollte.

Wenn Sie anfangen, die Prinzipien der *Positiven Disziplin* anzuwenden, denken Sie daran, daß Kinder gewöhnt sind, mit ihrem Verhalten bei den Erwachsenen gewisse Reaktionen zu erzeugen. Sie glauben zu wissen, wie wir reagieren werden, und sind enttäuscht, wenn wir ihren Erwartungen nicht entsprechen, selbst wenn es sich um eine negative Reaktion handelt. Es ist, als ob wir Geld in einen nicht funktionierenden Automaten stecken und darauf herumhämmern und dagegentreten, damit er liefert, was wir erwartet haben. Wenn wir unsere Reaktionen ändern, werden die Kinder vermutlich ihr Fehlverhalten übertreiben (und noch schlimmer werden), um uns dazu zu bewegen, so zu reagieren, »wie es sich gehört«. Wenn wir jedoch freundlich und bestimmt bei unseren neuen Reaktionen bleiben, werden die Kinder lernen, daß ihr Fehlverhalten nicht mehr die erwarteten Reaktionen auslöst, und sie werden motiviert sein, ihr eigenes Verhalten zu ändern.

Es hilft, mit uns und mit unseren Kindern Geduld zu haben, wenn wir versuchen, alte Gewohnheiten zu ändern. Während unser Verständnis der zugrunde liegenden Prinzipien sich vertieft, wird die praktische Anwendung einfacher. Geduld, Humor und Nachsicht fördern den Lernprozeß.

Die Prinzipien der *Positiven Disziplin* lassen sich mit einem Puzzle aus vielen Konzepten (Teilen) vergleichen. Es ist schwer, das Gesamtbild zu erkennen, bevor man nicht alle oder jedenfalls eine große Zahl der Teile zusammengesetzt hat. Zum Beispiel sind *logische Konsequenzen* unwirksam, wenn man nicht gleichzeitig *freundlich und bestimmt* ist.

Einige Teile des Puzzles

- Natürliche und logische Konsequenzen
- Verstehen der vier Ziele des Fehlverhaltens
- Freundlichkeit und Bestimmtheit gleichzeitig
- Gegenseitiger Respekt
- Familien- und Klassenkonferenzen
- Ermutigung

Es ist ratsam, daß die Studiengruppen abwarten, bis sie die ersten sechs Kapitel erarbeitet haben, ehe sie sich spezifischen Problemsituationen zuwenden; denn erst dann verfügen Sie über genügend Kenntnisse, um sich gegenseitig bei der praktischen Umsetzung der Ideen helfen zu können.

Im Anhang befindet sich ein Problembewältigungsschema, das als Grundlage zur Diskussion spezifischer Situationen dienen kann. Die Gruppenleiter können Kopien dieses Schemas während der ersten Sitzung an die Teilnehmer verteilen. Wenn jemand während der ersten Sitzungen ein spezifisches Problem aufwirft, können die Gruppenleiter vorschlagen, es schriftlich festzuhalten und zu einem späteren Zeitpunkt zur Diskussion zu stellen. Wenn die Teilnehmer wissen, daß spezifische Situationen zu einem späteren Zeitpunkt diskutiert werden können, werden sie ermutigt, bei der Sache zu bleiben und zunächst das gesamte Material durchzuarbeiten.

Noch ein warnendes Wort: Probieren Sie jeweils nur *eine* neue Technik aus. Sie werden viele neue Konzepte und Vorgehensweisen lernen, die, um erfolgreich angewendet werden zu können, Übung brauchen. Es kann verwirrend und entmutigend sein, wenn Sie zu große Erwartungen in sich selbst setzen. Probieren Sie jeweils nur eine Technik, und gehen Sie langsam vor. Denken Sie daran, Fehler als Gelegenheiten wahrzunehmen, dazuzulernen.

Viele Eltern und Lehrer haben festgestellt, daß selbst, wenn ihre Kinder nicht perfekt geworden sind, sie wesentlich mehr Freude an ihnen haben, nachdem sie diese Konzepte und Einstellungen angewandt haben. Das ist es, was ich Ihnen wünsche.

Der positive Ansatz

Wenn Sie Lehrer sind, sind Sie dann schon so lange im Beruf, daß Sie sich an die Zeiten erinnern, als die Kinder noch brav und ordentlich in Reih und Glied saßen und folgsam taten, was man von ihnen verlangte?

Wenn Sie Mutter oder Vater sind, erinnern Sie sich daran, als Kinder es nicht wagten, ihren Eltern zu widersprechen?

Viele Eltern und Lehrer sind heute frustriert, weil die Kinder sich nicht mehr so verhalten wie in »der guten alten Zeit«.

Was ist geschehen? Warum entfalten heutzutage die Kinder nicht die gleiche Art von Verantwortungsbewußtsein und Motivation, die vor vielen Jahren vorherrschend gewesen zu sein scheint?

Theoretiker bieten viele verschiedene Erklärungen wie »zerrüttete Familien«, »zuviel Fernsehen« oder »berufstätige Mütter« an. Da diese Faktoren in unserer heutigen Gesellschaft so allgegenwärtig sind, wäre die Situation ziemlich hoffnungslos, wenn sie tatsächlich für unsere gegenwärtigen Probleme mit Kindern verantwortlich wären. Es haben in den letzten Jahren andere große Veränderungen in der Gesellschaft stattgefunden, die direkter damit zusammenhängen. Und die Aussichten sind ausgesprochen gut, weil wir diese Veränderungen mit Klarsicht und Willenskraft kompensieren können und, indem wir das tun, gleichzeitig einige der Probleme, die von zerrütteten Elternhäusern, zuviel Fernsehen und berufstätigen Müttern herrühren, aus der Welt schaffen.

Die erste grundlegende Veränderung besteht darin, daß Erwachsene den Kindern nicht mehr das Vorbild von Gehorsam und Demut vorleben. Die Erwachsenen vergessen, daß sie selbst sich nicht mehr so verhalten wie in der guten alten Zeit.

Erinnern Sie sich noch, als Mutti gehorsam tat, was Vati sagte – oder wenigstens den Eindruck erweckte, sie täte es, weil sich das so gehörte? In der guten alten Zeit zweifelte kaum jemand daran, daß Vatis Entscheidungen gültig seien. Seit der Menschenrechtsbewegung gilt das

nicht mehr. Als Mutti aufhörte, gehorsam zu sein, hörten die Kinder auf zu gehorchen. Rudolph *Dreikurs* sagt: »Als Vati die Kontrolle über Mutti verlor, verloren beide die Kontrolle über die Kinder.«

In der guten alten Zeit gab es viele Vorbilder für Gehorsam. Sogar Vati gehorchte dem Chef, um seinen Posten nicht zu riskieren. Heute verlangen alle Minoritäten ihr Recht auf völlige Gleichheit und Würde. Es ist schwierig, jemanden zu finden, der bereit wäre, eine untergebene, gehorsame Rolle im Leben zu übernehmen. Kinder folgen einfach den Beispielen, von denen sie umgeben sind.

Der Wunsch nach Würde und Respekt ist ein sehr positiver Wandel unserer Gesellschaft. Wir müssen uns nur ganz klar über die Bedeutung dieses Wandels sein und erkennen, daß gegenseitiger Respekt und geteilte Verantwortung heute wesentlich erfolgreicher sind als autoritäre Kontrolle.

Eine andere wesentliche Veränderung besteht darin, daß Kindern in der heutigen Gesellschaft weniger Gelegenheiten geboten werden, Verantwortungsbewußtsein und Motivation zu entwickeln. Kinder werden nicht mehr als wichtige Mitarbeiter für unser wirtschaftliches Überleben gebraucht. Sie erhalten sogar zuviel, ohne sich anstrengen zu müssen. Wir berauben die Kinder häufig der Gelegenheit, sich dazugehörig und wichtig zu fühlen, und dann beklagen wir uns und kritisieren sie dafür, daß sie kein Verantwortungsgefühl entwickeln. Wir müssen den Kindern Gelegenheiten bieten, wo sie Verantwortung in direktem Zusammenhang mit den Privilegien, die sie genießen, erfahren können. Sonst werden sie zu abhängigen Empfängern, die glauben, das einzige Mittel, dazuzugehören und bedeutsam zu sein, bestehe darin, sich durch Manipulation andere zu Diensten zu machen. Wenn Kinder ihre gesamte Intelligenz und Energie zur Manipulation verwenden, entwickeln sie die Erkenntnisse und Fähigkeiten nicht, die sie zu fähigen Menschen machen. In seinem Buch *Raising Children for Success* hat Dr. Stephen *Glenn* die »signifikanten sieben« Erkenntnisse und Fähigkeiten zur Entwicklung fähiger Menschen herausgestellt:

1. Klare Vorstellungen von den eigenen Fähigkeiten. (»Ich kann das.«)
2. Klare Vorstellungen vom Eigenwert in den Primärbeziehungen. (»Ich liefere einen bedeutsamen Beitrag und werde gebraucht.«)
3. Klare Vorstellungen von der eigenen Macht und dem Einfluß auf sein Leben. (»Ich kann beeinflussen, was mit mir geschieht.«)

4. Ausgeprägte menschliche Fähigkeiten – die Fähigkeit, die eigenen Emotionen zu verstehen und dieses Verständnis zu verwenden, um Selbstdisziplin und Selbstkontrolle zu entwickeln.
5. Ausgeprägte zwischenmenschliche Fähigkeiten – die Fähigkeit, mit anderen zusammenzuarbeiten, durch Kommunikation, Kooperation, Vermittlung, Anteilnahme, Einfühlungsvermögen und Zuhören Freundschaften aufzubauen.
6. Ausgeprägte systemgerechte Fähigkeiten – die Fähigkeit, auf die Grenzen und Forderungen des Alltags verantwortungsvoll, anpassungsfähig, flexibel und integer zu reagieren.
7. Klare Urteilsfähigkeit – die Fähigkeit, weise zu handeln und Situationen aufgrund angemessener Werte zu beurteilen.

Das meiste an Fehlverhalten kann auf ungenügende Entfaltung dieser sieben Einstellungen und Fähigkeiten zurückgeführt werden. Kinder entwickelten diese Einstellungen und Fähigkeiten auf natürliche Weise, als sie mit ihren Eltern Hand in Hand arbeiten durften, gleichzeitig das Handwerk lernten und einen nützlichen Beitrag zum Alltagsleben der Familie lieferten.

Heute haben Kinder nicht viele natürliche Gelegenheiten, sich nützlich und wichtig zu fühlen, doch Eltern und Lehrer könnten solche Gelegenheiten bewußt schaffen. Für Eltern und Lehrer, die mit kindlichen Disziplinproblemen konfrontiert sind, besteht der erste Schritt darin, zu verstehen, warum Kinder sich nicht mehr so verhalten wie früher. Wir müssen begreifen, warum Kontrollmethoden, die so gut funktionierten, als wir Kinder waren, bei den Kindern von heute wirkungslos sind. Wir müssen unsere Verpflichtung erkennen, Gelegenheiten zu bieten, die sich früher aus den Lebensumständen ergaben, damit die Kinder Verantwortungsgefühl und Motivation entwickeln können. Und vor allem müssen wir lernen, die wirkungslosen Methoden im Umgang mit unseren Kindern durch Techniken zu ersetzen, die bei heutigen Kindern wirksam sind. Die folgende Liste zeigt die Unterschiede zwischen den drei Hauptvorgehensweisen für Erwachsenen-Kind-Interaktionen auf.

Strenge
(übermäßige Kontrolle)

– Ordnung ohne Freiheit
– Keine Auswahl
– »Du tust das, weil ich es sage.«

Permissivität
(keine Grenzen)

– Freiheit ohne Ordnung
– Unbegrenzte Auswahl
– »Du kannst tun, was du willst.«

Positive Disziplin
(Bestimmtheit mit
Würde und Respekt)

– Freiheit mit Ordnung
– Begrenzte Auswahl
– »Du kannst innerhalb bestimmter Grenzen, die Respekt gegenüber allen zeigen, auswählen.«

Viele Erwachsene sträuben sich, ihre übertriebenen Kontrollversuche aufzugeben, weil sie fälschlicherweise davon ausgehen, daß die einzige Alternative dazu in Permissivität bestehe – die für die Kinder viel schlimmer ist und für die Erwachsenen erst recht. Kinder, die permissiv erzogen werden, wachsen in dem Glauben heran, die Welt schulde ihnen etwas. Sie sind darauf trainiert, all ihre Intelligenz und Energie dazu zu verwenden, ihre Umwelt zu manipulieren und dazu zu bringen, jeden ihrer Wünsche zu erfüllen. Sie verbringen mehr Zeit damit, sich um Verantwortung zu drücken, als ihre Unabhängigkeit und ihre Fähigkeiten zu entwickeln.

Eltern und Lehrer, denen die beiden Methoden nicht behagen und die nicht wissen, was sie sonst tun sollen, können verwirrt zwischen zwei unwirksamen Alternativen hin und her hüpfen. Sie versuchen es mit übertriebener Kontrolle, bis sie sich selbst wegen ihres tyrannischen Gehabes nicht mehr ausstehen können. Dann schalten sie auf Permissivität um, bis sie nicht mehr ertragen können, wie verwöhnt und anspruchsvoll ihre Kinder geworden sind – und greifen wieder auf die strenge Kontrolle zurück.

Weder Strenge noch Permissivität – was denn sonst?

Positive Disziplin ist ein Vorgehen, das Kinder Selbstdisziplin, Verantwortungsgefühl und Problemlösungsfähigkeiten lehrt.

Inwiefern unterscheidet es sich von anderen Erziehungsmethoden? Ein Unterschied besteht darin, daß *Positive Disziplin weder für Kinder noch für Erwachsene demütigend ist*. Übertriebene Kontrolle fordert üblicherweise Bestrafung, die für die Kinder demütigend ist. Permissivität ist erniedrigend für die Erwachsenen. *Positive Disziplin* basiert auf gegenseitigem Respekt und Kooperation. *Positive Disziplin* bedeutet Bestimmtheit einschließlich Würde und Respekt.

Ein anderer Unterschied besteht darin, daß *Positive Disziplin Kinder Selbstdisziplin und Verantwortlichkeit lehrt.* Bei übertriebener Kontrolle fällt den Erwachsenen ständig die Verantwortung für das Verhalten der Kinder zu. Die Erwachsenen müssen die Kinder dabei »erwischen«, wie sie »brav« sind, um sie belohnen zu können, und sie müssen sie dabei »erwischen«, wie sie »ungezogen« sind, um sie zu bestrafen. Die Kinder lernen nicht, selbst für ihr Verhalten verantwortlich zu sein.

Es ist interessant zu sehen, wie oft kontrollwütige Erwachsene über die Verantwortungslosigkeit ihrer Kinder klagen, ohne sich klarzumachen, daß sie es sind, die die Kinder zur Verantwortungslosigkeit trainieren.

Auch Permissivität lehrt Verantwortungslosigkeit, weil sowohl Erwachsene als auch Kinder keine Verantwortung übernehmen.

Viele Eltern sind fest davon überzeugt, daß Strenge und Strafen funktionieren. Das gebe ich zu. Ich würde nie behaupten, daß Strafen nicht »funktionieren«. Strafen »funktionieren« insofern, als sie Fehlverhalten augenblicklich stoppen. Aber was sind langfristig die Folgen? Oft lassen wir uns von sofortigen Ergebnissen in die Irre führen. Wir vergessen, langfristige Ergebnisse zu berücksichtigen. Manchmal müssen wir uns vor dem, was funktioniert, »hüten«, wenn die langfristigen Folgen negativ sind. Die langfristigen Folgen von Bestrafungen sind ein oder mehrere der *Vier R des Strafens:*

1. **Ressentiment** –
   (»Das ist unfair. Ich kann Erwachsenen nicht trauen.«)
2. **Rache** –
   (»Diesmal haben sie gewonnen, aber ich werd's ihnen schon noch zeigen.«)
3. **Rebellion** –
   (»Ich werde genau das Gegenteil tun, um zu beweisen, daß ich nicht tun muß, was sie sagen.«)

4. **Rückzug –**
   a. *Heimtücke.* (»Nächstes Mal laß ich mich nicht erwischen.«)
   b. *Angeschlagenes Selbstbewußtsein.* (»Ich bin ein Versager.«)

Auf der Basis solcher Gefühle entwickeln Kinder keine positive Einstellung. Woher haben wir bloß die verrückte Vorstellung, daß wir, wenn wir Kinder dazu bringen wollen, besser zu sein, sie erst dazu bringen müssen, sich schlechter zu fühlen? Denken Sie an das letzte Mal, als Sie sich gedemütigt oder ungerecht behandelt gefühlt haben. War Ihnen danach zumute, zu kooperieren oder sich Mühe zu geben?

Was ist der Preis, wenn übertriebene Kontrolle bei manchen Kindern wirksam zu sein scheint? Untersuchungen haben gezeigt, daß Kinder, die oft bestraft werden, entweder rebellisch oder ängstlich-unterwürfig werden. *Positive Disziplin* zielt auf langfristig positive Ergebnisse, um Verantwortlichkeit und Kooperation zu erreichen.

Die *Haltungen* von Eltern oder Lehrern, die eine der drei Vorgehensweisen gewählt haben, unterscheiden sich sehr voneinander.

Strenge: »Dies sind die Regeln, an die du dich zu halten hast, und dies ist die Strafe, die du zu erwarten hast, wenn du gegen die Regeln verstößt.« Die Kinder sind vom Entscheidungsprozeß ausgeschlossen.

Permissivität: »Es gibt keine Regeln. Ich bin davon überzeugt, daß wir lieb und glücklich miteinander sein werden und daß du deine eigenen Regeln später selbst wählen wirst.«

Positive Disziplin: »Zusammen werden wir Regeln aufstellen, die für uns beide gut sind. Wenn Probleme auftauchen, werden wir gemeinsam Lösungen suchen, die allen Betroffenen gerecht werden. Wenn ich gezwungen bin, eine Entscheidung ohne dein Zutun zu treffen, so werde ich es respektvoll, würdig und mit Bestimmtheit tun.«

Um die extremen Unterschiede zwischen den drei Ansätzen zu illustrieren, erzählt Dr. John *Platt* die Geschichte vom dreijährigen Johnny in den drei verschiedenen Familien:

In dem strengen Haushalt, wo Mutti weiß, was gut ist, hat Johnny keine Wahl bei seinem Frühstück. An einem kalten, regnerischen Tag wissen alle strengen Mütter in der ganzen Welt, daß Johnny etwas

Warmes in den Magen kriegen muß. Johnny ist jedoch anderer Meinung. Er schaut den Brei an und erklärt: »Bäh! Ich mag das Zeug nicht!« Vor hundert Jahren war es viel leichter, eine strenge Mutter zu sein. Sie brauchte nur zu sagen: »Das wird aber gegessen!« Und Johnny gehorchte. Heute ist das schwieriger, also unternimmt Mutti die folgenden vier Schritte, um seinen Gehorsam zu erreichen.

Erster Schritt: Mutti versucht Johnny zu überzeugen, warum der heiße Brei an einem kalten Tag wichtig ist. Erinnern Sie sich, was Ihre Mutter Ihnen über das gesagt hat, was der heiße Brei in Ihrem Körper bewirkt? »Davon wirst du groß und stark.« Haben Sie sich schon mal Gedanken darüber gemacht, was es einem trotzigen Dreijährigen bedeutet, daß der heiße Brei ihn groß und stark macht? Es beeindruckt ihn nicht sonderlich.

Zweiter Schritt: Mutti versucht, den Geschmack zu verbessern. Sie gibt Zucker, Zimt, Honig, Rosinen oder sogar Schokoladenstreusel hinein. Johnny probiert einen Löffel voll und erklärt: »Ich mag das Zeug trotzdem nicht!«

Dritter Schritt: Mutti versucht, Johnny eine Lektion in Dankbarkeit zu erteilen. »Aber Johnny, denk doch nur an all die armen, hungernden Negerkinder in Afrika!« Johnny ist auch davon nicht beeindruckt und erwidert: »Dann sollen die doch den Brei essen!«

Vierter Schritt: Jetzt ist Mutti mit ihrer Geduld am Ende. Johnny bekommt für seinen Ungehorsam ein paar Klapse auf sein Hinterteil, und Mutti erklärt, daß er dann eben gar nichts zu essen bekomme.

Etwa eine halbe Stunde lang ist Mutti zufrieden mit sich und der Art und Weise, wie sie die Sache gehandhabt hat, dann erwachen Schuldgefühle. Was werden die Leute denken, wenn sie erfahren, daß sie ihr Kind nicht dazu hat bringen können, seinen Brei zu essen? Und wenn Johnny wirklich Hunger hat? Johnny spielt draußen – lange genug, um »Schuld-Macht« aufzubauen. Dann kommt er herein und erklärt: »Mutti, mein Bauch hat so 'n Hunger!« Und nun hat Mutti die Gelegenheit, die erbaulichste aller Lektionen zu erteilen – die *»Na, siehst du? Hab' ich dir's nicht gesagt?«*-Lektion. Sie merkt nicht, daß Johnny ins Leere starrt, während er abwartet, daß sie zu Ende kommt. Mutti ist höchst zufrieden mit ihrer Lektion. Sie hat ihre *Pflicht* getan, indem sie ihm klargemacht hat, wie *recht* sie hatte. Dann gibt sie ihm einen Keks und schickt ihn wieder hinaus zum Spielen. Um den Nährwertmangel des verpatzten Frühstücks wieder wettzumachen, geht sie in die Küche

und beginnt, Leber und Broccoli vorzubereiten. Können Sie sich vorstellen, wie das Mittagessen abläuft?

Die nächste Szene spielt in einem permissiven Haushalt, wo Mutti einen zukünftigen Anarchisten ausbildet. Als dieser Johnny in die Küche kommt, fragt Mutti: »Na, was magst du denn frühstücken, mein Schatz?« Da Johnny schon drei Jahre Training hinter sich hat, ist er *wirklich* ein »Schatz« und macht sich daran, Mutti durch die morgendliche Routine zu steuern. Als erstes verlangt er ein weichgekochtes Ei. Er läßt Mutti neun Eier kochen, bis endlich eines die richtige Konsistenz hat. Dann stellt er fest, daß er eigentlich gar keine Lust auf ein weiches Ei, sondern eher auf eine Scheibe Toastbrot hat. Mutti schickt sich an, das Brot zu toasten. In der Zwischenzeit schaut Johnny fern und sieht, was für großartige Dinge Athleten leisten können, wenn sie das »Frühstück der Champions« zu sich nehmen. »Mutti, ich will Weizenflocken essen!« Nachdem er gekostet hat, stellt er fest, daß sie ihm doch nicht schmecken. Er hätte lieber Cornflakes. Mutti hat keine Cornflakes im Haus, doch sie läuft schnell zum Lebensmittelladen, um welche zu holen. Johnny braucht nicht die geringste »Schuld-Macht« aufzubauen – Mutti spurt auch so. Vierundzwanzig Stunden am Tag.

Diese Geschichten sind nicht übertrieben. Es sind Beispiele für wahre Situationen. Eine Mutter berichtete mir, ihr Kind esse nichts anderes als Kartoffelchips. Auf die Frage, wo es sie denn herbekäme, erwiderte sie: »Na, ich kaufe sie ihm natürlich, weil er sonst überhaupt nichts ißt!« Viele Kinder werden dazu erzogen, Tyrannen zu sein, die sich nur bestätigt fühlen, wenn sie andere dahingehend manipulieren können, daß sie ihre Wünsche erfüllen.

Jetzt werden wir einen Haushalt besuchen, in dem *Positive Disziplin* praktiziert wird. Es gibt zwei entscheidende Unterschiede, noch ehe das Frühstück beginnt. Erstens ist Johnny schon angezogen und hat sein Bett gemacht, ehe er zum Frühstück kommt. Und zweitens wird Johnny einen Beitrag zum Familienfrühstück leisten, wie Tisch decken, Toast rösten oder die Eier fürs Rührei verquirlen. (Dreijährige sind dazu durchaus fähig. Wir werden später noch darauf zurückkommen.)

Heute ist Getreidetag. Mutti läßt Johnny wählen. »Möchtest du lieber Haferflocken oder Weizenflocken?« (Sie kauft keine Cornflakes.) Auch dieser Johnny kennt den Werbespot von den großen Athleten, und er wählt Weizenflocken. Nachdem er einen Löffel davon gekostet hat, erklärt er: »Ich mag das nicht!« Mutti erwidert: »Na gut.

Die Weizenflocken können wir nicht wieder knusprig machen. Geh draußen ein bißchen spielen, aber sei zum Mittagessen wieder hier.« Wie Sie sehen, hat Mutti all die Schritte der kontrollierenden Mutti übersprungen. Sie hat weder versucht, ihn zu überreden, noch hat sie ihn an die hungernden Negerkinder erinnert oder versucht, den Geschmack zu verbessern. Sie hat ihn auch nicht verhauen. Sie hat ihm einfach erlaubt, die Folgen seiner Entscheidung zu erfahren.

Da Mutti noch neu darin ist, versucht Johnny, Schuld-Macht aufzubauen. Nach zwei Stunden erzählt er ihr, daß sein Bauch so 'n Hunger hat. Und sie erwidert respektvoll: »Na, das kann ich mir denken!« Mutti vermeidet die »Hab' ich's dir nicht gesagt«-Lektion und sagt statt dessen: »Ich wette, du kannst es noch bis zum Mittagessen aushalten!« Schön wär's, wenn die Geschichte hier mit Johnnys Verständnis und Kooperation enden würde, aber so schnell geht das nicht. Johnny ist noch nicht daran gewöhnt, daß seine Mutter so reagiert. Er ist frustriert, weil er nicht bekommt, was er erwartet hat, und kriegt einen Wutanfall. An diesem Punkt ist es nur natürlich, daß Mütter meinen: »Dieser positive Disziplinkram funktioniert nicht.« Aber Johnnys Mutter kannte das folgende Beispiel, das erläutert, was oft geschieht, wenn wir unsere Vorgehensweise ändern:

Kinder sind an gewisse Reaktionen von seiten der Erwachsenen gewöhnt. Wenn wir unsere Reaktionen ändern, werden sie voraussichtlich ihr Verhalten zunächst übertreiben (schlimmer werden), um uns zu der gewohnten Reaktion zu bringen. Das ist der Effekt Des-auf-den-Automaten-Einhämmerns: Wenn wir Geld hineinstecken und nicht bekommen, was wir erwarten, dann trommeln und treten wir gegen die Maschine in dem Versuch, herauszuholen, was sie liefern »müßte«.

Das Problem mit »Strenge« ist, daß Fehlverhalten durch Bestrafung zwar augenblicklich gestoppt wird, bald darauf aber wieder und wieder und wieder losgeht.

Auch wenn das Fehlverhalten bei der Anwendung von *Positiver Disziplin* zunächst schlimmer wird, werden Sie feststellen können, daß eine Abschwächung stattgefunden hat, ehe das Kind wieder ungezogen wird. Die Ungezogenheiten werden bei konsequenter Anwendung weniger intensiv und mit längeren problemlosen Phasen zwischendurch vorkommen.

Wenn wir Bestimmtheit mit Würde und Respekt einsetzen, lernen Kinder sehr schnell, daß ihre Ungezogenheiten nicht den erwarteten

Effekt erzielen, und werden motiviert, ihr Verhalten zu ändern. Wenn wir uns das einmal klargemacht haben, ist es weniger schlimm, die Phasen durchzustehen, in denen das Benehmen für kurze Zeit schlechter wird, als den ständigen Streitereien bei einem übertriebenen kontrollierenden Vorgehen ausgesetzt zu sein.

Wenn Johnny einen Wutanfall bekommt, kann Mutti die Technik der Abkühlungsphase (die wir später erläutern werden) verwenden und in ein anderes Zimmer gehen, bis sich beide besser fühlen. Ein Wutanfall ohne Publikum macht wenig Spaß. Nachher kann man versuchen, gemeinsam und in gegenseitigem Respekt eine Lösung für das Problem zu finden.

Im Rahmen der Konzepte der *Positiven Disziplin* ist es wichtig zu verstehen, daß Kinder eher bereit sind, Regeln zu befolgen, an deren Aufstellung sie selbst mitgewirkt haben. Sie werden zu erfolgreichen Entscheidungstreffern mit gesundem Selbstverständnis, wenn sie lernen, aktiv mitwirkende Mitglieder der Familie und der Gesellschaft zu sein. Dies sind bedeutsame Folgen des positiven Vorgehens.

Wann immer man Eltern und Lehrer bittet, eine Liste der Eigenschaften, die zu entwickeln sie den Kindern helfen möchten, zusammenzustellen, führen sie die folgenden Charakteristika auf:

positives Selbstbild	Integrität
Verantwortungsbewußtsein	Lerninteresse
Selbstdisziplin	Höflichkeit
Kooperation	Ehrlichkeit
Offenheit	Selbstkontrolle
objektives Denken	Geduld
Respekt vor sich und anderen	Humor
Mitgefühl	Uneigennützigkeit
Problembewältigungsfähigkeiten	innere Weisheit
Akzeptanz für sich und andere	Begeisterungsfähigkeit

Fügen Sie alle Eigenschaften hinzu, die Ihrer Meinung nach auf der Liste fehlen. Behalten Sie diese Eigenschaften im Sinn, während Sie die Konzepte der *Positiven Disziplin* studieren. Es wird deutlich werden, daß Kinder diese Eigenschaften entwickeln, wenn sie aktiv an diesem Modell von gegenseitigem Respekt und Kooperation beteiligt sind.

Diskussionsfragen

1. Welches sind die beiden wichtigsten Gründe, daß Kinder sich nicht mehr in der gleichen Weise verhalten, wie in der »guten alten Zeit«?

2. Diskutieren Sie die »signifikanten sieben« Fähigkeiten und Einstellungen und wie deren Fehlen bei Kindern Fehlverhalten auslösen kann.

3. Welches sind die drei Vorgehensweisen in der Kindererziehung, und worin liegen ihre Unterschiede?

4. Diskutieren Sie die beiden Hauptunterschiede zwischen *Positiver Disziplin* und anderen Methoden und weshalb diese Unterschiede für langfristige Erfolge bedeutsam sind.

5. Was ist mit der Warnung »Hüte dich vor Mitteln, die funktionieren« gemeint?

6. Welches sind die »Vier R des Strafens«? Berichten Sie von eigenen Erfahrungen, wo sie eines der »Vier R« empfunden haben und warum.

7. Welches sind die langfristigen Folgen für Kinder, die streng erzogen werden, und warum?

8. Welches sind die langfristigen Folgen für Kinder, die durch *Positive Disziplin* erzogen werden, und warum?

9. Warum werden die Dinge manchmal schlimmer, ehe sie besser werden?

10. Diskutieren Sie die Eigenschaften, die Sie als Ergebnis Ihrer Interaktion mit den Kindern als Eltern oder Lehrer von den Kindern übernommen sehen möchten.

11. Warum ist es wichtig abzuwarten, bis Sie mehr wissen, ehe Sie spezifische Situationen zur Problembewältigung diskutieren? (Siehe Einführung und Danksagungen.)

Kapitel 2

Einige Grundkonzepte

Alfred *Adler* war mit seinen Ideen seiner Zeit voraus. Er setzte sich für die Gleichheit aller Völker, aller Rassen, der Frauen und der Kinder ein, ehe es populär wurde. Der österreichische Jude Adler mußte während der Nazizeit seine Heimat verlassen, um seine Arbeit fortsetzen zu können.

Rudolph *Dreikurs* arbeitete eng mit *Adler* zusammen und entwikkelte die Adlersche Psychologie nach dessen Tod 1937 weiter. *Dreikurs* publizierte allein und mit anderen zahlreiche Bücher, um Eltern und Lehrern das Verständnis der praktischen Anwendung Adlerscher Theorie nahezubringen, die ihre Beziehungen zu Kindern zu Hause und in der Schule verbessern würden.

Vor seinem Tode 1971 machte *Dreikurs* sich Gedanken darüber, daß so viele Erwachsene, die versuchten, seine Vorschläge in die Praxis umzusetzen, einige der Grundkonzepte nicht verstanden. Diese Mißverständnisse ließen sie viele der Techniken verdrehen und sie einsetzen, um gegen die Kinder zu gewinnen, statt die Kinder zu gewinnen.

Gegen Kinder zu gewinnen, macht sie zu Verlierern, und verlieren bringt Kinder meist dazu, rebellisch zu werden oder sich blind zu unterwerfen. Keines von beidem ist erstrebenswert. Die Kinder zu gewinnen heißt, ihre Kooperationsbereitschaft zu wecken und gegenseitigen Respekt, Verantwortungsbewußtsein, Selbstdisziplin und Problemlösungsfähigkeiten zu entwickeln.

Adlersche Psychologie bietet einen Satz von Grundkonzepten an, die einen großen Reichtum an Kenntnissen vermitteln, mit deren Hilfe wir Kinder und uns selbst besser verstehen können. Es ist wesentlich mehr als nur Theorie. Die Konzepte helfen ohne Ermutigung, Verständnis und Respekt nicht weiter. Wenn das nicht erkannt wird, reduzieren sich die Techniken zu rücksichtsloser Manipulation.

Sechs grundlegende Adlersche Konzepte sollen hier erläutert wer-

den, um die praktischen Anwendungstechniken verständlich zu machen. Die Erläuterungen zielen auf das Verstehen kindlichen Verhaltens, doch ihre Anwendung auf Erwachsene ist sofort einleuchtend.

1. Kinder sind soziale Wesen

Verhalten spielt sich entsprechend dem sozialen Zusammenhang ab. Kinder entscheiden über sich selbst und wie sie sich verhalten, je nachdem, wie sie sich in bezug zu anderen sehen und wie sie *glauben*, von den anderen gesehen zu werden. Dieses Konzept wird durch die beiden folgenden verdeutlicht.

2. Verhalten ist zielgerichtet

Verhalten basiert auf einem zu erreichenden Ziel. Kinder sind sich des Ziels, das sie zu erreichen hoffen, oft nicht bewußt. Manchmal haben sie falsche Vorstellungen darüber, wie sie etwas durchsetzen können, was sie wollen, und verhalten sich so, daß sie das Gegenteil erreichen. »Kinder können scharf beobachten, aber schlecht interpretieren«, erläutert *Dreikurs* diese Tatsache. Nicht nur Kinder haben das Problem, doch die im folgenden beschriebene Situation liefert ein Beispiel dafür, wie es anfängt.

Als die Mutter der zweijährigen Adele mit dem neugeborenen Bruder aus der Klinik nach Hause kommt, *erkennt* Adele, wieviel Aufmerksamkeit die Mutter dem Baby widmet. Unglücklicherweise interpretiert Adele das als Zeichen, daß die Mutter das Baby lieber hat als sie. Das entspricht nicht den Tatsachen, aber was zählt, ist, was Adele *glaubt*. Ihr Verhalten basiert auf dem, was sie für Tatsachen hält und nicht auf den Tatsachen selbst. Adele hat das Ziel, ihren bevorzugten Platz bei der Mutter zurückzuerobern und glaubt irrtümlich, ihr Ziel dadurch erreichen zu können, daß sie sich wie ein Baby benimmt. Sie erreicht genau das Gegenteil, weil ihre Mutter dadurch eher frustriert und abweisend reagiert als liebevoll und zärtlich.

3. Vorrangiges Ziel des Kindes ist es, dazuzugehören und wichtig zu sein

Die ersten beiden Konzepte werden hier miteinander verbunden, wenn wir sehen, daß alles Verhalten darauf hinzielt, Zugehörigkeit und Bedeutung zu erlangen.

Fehlverhalten beruht auf einer falschen Vorstellung darüber, wie Zugehörigkeit und Bedeutung erlangt werden können, wie das angeführte Beispiel illustriert. Auf dieses Konzept wird in Kapitel 4 noch genauer eingegangen.

4. Ein ungezogenes Kind ist ein entmutigtes Kind

Ein ungezogenes Kind versucht uns mitzuteilen: »Ich fühle mich nicht dazugehörig und wichtig, und ich habe falsche Vorstellungen davon, wie ich das ändern kann.« Meistens benimmt sich ein ungezogenes Kind so widerspenstig, daß es vielen Erwachsenen schwerfällt, die dahinterliegende Bedeutung und die darin enthaltene Mitteilung zu erkennen. Dieses Wissen wird Erwachsenen hoffentlich helfen, mehr Verständnis aufzubringen und ungezogenen Kindern wirksamer zu helfen. Verstehen ist der erste Schritt. Sie werden Fehlverhalten anders wahrnehmen, wenn Sie sich daran erinnern, daß sich dahinter der Wunsch nach Zugehörigkeit und Unsicherheit über die Mittel, sie zu erreichen, verbergen.

5. Gemeinschaftsgefühl

Ein anderer wichtiger Beitrag von Alfred *Adler* ist das Konzept, das er mit dem Wort *Gemeinschaftsgefühl* umschrieben hat. Es bedeutet echte Mitverantwortung für die Mitmenschen und der ernsthafte Wunsch, etwas für die Gemeinschaft zu tun. Kristin R. *Pancer* berichtet in ihrem Beitrag vom Dezember 1978 im *Individual Psychologist* folgende Geschichte, die die Bedeutung von »Gemeinschaftsgefühl« verdeutlicht:

Es waren einmal zwei Brüder, die gemeinsam eine Farm besaßen. Der harte, felsige Boden und die Trockenheit machten es ihnen schwer, ihr Leben zu fristen, doch sie teilten alle Erträge miteinander zu gleichen Teilen. Der eine der beiden Brüder hatte eine Frau und fünf Kinder, der andere war Junggeselle. Eines Nachts fand der verheiratete Bruder keinen Schlaf. Er wälzte sich im Bett herum, als er erkannte, wie unfair das Ganze war. Er sagte sich: »Mein Bruder hat keine Kinder, die sich im Alter um ihn kümmern werden. Er sollte mehr als nur die Hälfte bekommen. Morgen werde ich ihm zwei Drittel anbieten, das erscheint mir gerechter.« In derselben Nacht hatte auch der andere Bruder Schwierigkeiten einzuschlafen, weil er die Halbierung der Erträge ungerecht fand. Er dachte: »Mein Bruder muß eine Frau und fünf Kinder ernähren, die außerdem auch noch auf der Farm mithelfen. Mein Bruder verdient mehr als die Hälfte. Morgen werde ich ihm zwei Drittel anbieten.« Am nächsten Tag trafen sich die beiden Brüder, und jeder bot dem anderen zwei Drittel der Erträge an. Dies Beispiel zeigt, was unter *Gemeinschaftsgefühl* zu verstehen ist.

Adler hatte ein Zweiwochenkursprogramm. Er behauptete, jedermann innerhalb von zwei Wochen von einer Geisteskrankheit heilen zu können, wenn derjenige nur befolgte, was er ihm sagte. Eines Tages erschien eine außerordentlich deprimierte Frau bei Adler. Er sagte ihr: »Ich kann Sie in zwei Wochen von Ihrer Depression heilen, wenn Sie meinem Rat folgen.«

Ohne große Begeisterung fragte sie: »Und was wollen Sie, daß ich tue?«

»Wenn Sie zwei Wochen lang jeden Tag etwas für jemand anderen tun«, erwiderte Adler, »werden Sie nach Ablauf dieser Zeit von Ihrer Depression geheilt sein.«

»Warum sollte ich etwas für jemanden tun, wenn nie jemand etwas für mich tut?« widersprach die Frau.

»Nun«, antwortete Adler scherzend, »dann wird es vielleicht drei Wochen dauern.« Dann fügte er hinzu: »Wenn Ihnen gar nichts einfällt, was sie für jemand anderen zu tun bereit wären, dann überlegen Sie sich einfach, was Sie tun könnten, wenn Ihnen danach zumute wäre.« Adler wußte, daß sie sich, wenn sie auch nur daran denken würde, etwas für einen anderen zu tun, auf dem Weg der Besserung befände.

Es ist außerordentlich wichtig, Kindern Gemeinschaftsgefühl zu lehren. Wozu ist eine Erziehung gut, wenn die jungen Leute nicht lernen,

nützliche Mitglieder der Gesellschaft zu werden? Wir haben das Zeitalter der Supermütter und Superlehrer durchgemacht, wo die Kinder gelernt haben, von der Welt zu erwarten, daß sie ihnen dient, statt der Welt dienen zu wollen. Diese Kinder halten es für ungerecht, wenn ihren Wünschen nicht entsprochen wird. Wenn andere sich weigern, ihnen zu Willen zu sein, haben sie Selbstmitleid oder versuchen, sich auf schmerzhafte, zerstörerische Weise zu rächen. Wenn sie Rache suchen, schaden sie sich selbst ebensosehr oder noch mehr als den Geschädigten.

Positive Disziplin hilft Kindern und Erwachsenen, diese Teufelskreise zu durchbrechen, indem sie das Gemeinschaftsgefühl fördert.

6. Gleichheit

Die meisten Leute haben heute keine Schwierigkeiten mit dem Konzept der Gleichheit – bis es sich um Kinder handelt. Da wird Widerspruch eingelegt: »Wie können Kinder gleich sein, wenn sie weder die gleiche Erfahrung noch die gleichen Kenntnisse oder Verantwortungen besitzen?«

Adler verstand unter Gleichheit, daß jeder Mensch das gleiche Recht auf Würde und Respekt hat. Die meisten Erwachsenen sind bereit zuzugeben, daß Kinder ihnen gleichwertig sind. Das ist einer der Gründe, warum dieser Ansatz Demütigung nicht einschließt. Demütigungstechniken widersprechen den Konzepten von Gleichheit und gegenseitigem Respekt.

Diese sechs Grundkonzepte liefern das Fundament für das Verständnis von Verhalten und das Entwickeln von Attitüden und Techniken, die nötig sind, um den Ansatz der *Positiven Disziplin* erfolgreich zu verwenden.

Und dann gibt es noch ein Schlüsselkonzept, das alle Türen zu öffnen vermag...

Sorgen Sie dafür, daß die Liebesbotschaft ankommt

Mrs. Smith, alleinerziehende Mutter, bat ihre Elternstudiengruppe um Hilfe bei einem Problem, das sie mit ihrer Tochter Maria hatte. Mrs. Smith hatte Angst, daß ihre Tochter heimlich trinkt. Sie hatte ein Sechserpaket Bier in Marias Schrank gefunden. Mit dem Bier in der Hand stellte sie Maria zur Rede: »Was ist das?«

»Ich würde sagen, ein Sechserpack Bier«, erwiderte Maria.

»Nun werd man nicht frech, Fräulein. Erzähl mir lieber, was es damit auf sich hat.«

»Ich weiß nicht, was du meinst, Mutti!«

»Das Bier habe ich in deinem Schrank gefunden.«

»Ach ja, das hatte ich völlig vergessen! Ich hatte es für einen Freund dort versteckt.«

»O ja, natürlich!« erwiderte Mrs. Smith sarkastisch. »Und das soll ich dir glauben?«

Feindselig schnaubte Maria: »Glaub, was du willst!« Sie verschwand in ihrem Zimmer und schlug die Tür hinter sich zu.

Gruppenmitglieder halfen Mrs. Smith, sich an die zugrunde liegende Liebesnachricht zu erinnern, indem sie sie fragten: »Warum waren Sie so aufgebracht, als Sie das Bier gefunden haben?«

Indigniert erwiderte Mrs. Smith: »Weil ich nicht will, daß sie in Schwierigkeiten kommt.«

»Und warum wollen Sie nicht, daß sie in Schwierigkeiten kommt?« war die nächste Frage.

Mrs. Smith, durch die vermeintlich albernen Fragen gereizt, antwortete: »Weil ich nicht will, daß sie ihr Leben ruiniert!«

Die Gruppenmitglieder blieben hartnäckig: »Warum wollen Sie nicht, daß sie ihr Leben ruiniert?«

»Weil ich sie liebhabe!« rief Mrs. Smith aus.

Die letzte Frage wurde sehr sanft gestellt: »Glauben Sie, daß Maria diese Nachricht erhalten hat?«

Mrs. Smith erkannte bekümmert, daß sie weit davon entfernt gewesen war, ihrer Tochter die Liebesbotschaft zu übermitteln.

In der folgenden Woche berichtete Mrs. Smith ihrer Gruppe, wie

sie »Wiedergutmachung« und die »Vier Kooperationsgewinnungsschritte« eingesetzt hatte. Sie sagte zu Maria: »Es tut mir wirklich leid, daß ich dich gestern so angeschnauzt habe.«

»Schon gut, Mutti«, erwiderte Maria. »Ich hab's wirklich für einen Freund versteckt.«

Dann berichtete Mrs. Smith ihrer Tochter: »Maria, ich hab' dich wirklich schrecklich lieb. Manchmal kriege ich Angst, daß du irgend etwas tun könntest, das dein Leben ruiniert. Ich übertreibe es sicherlich manchmal mit meiner Angst und vergesse dabei, dir zu sagen, daß es nur ist, weil ich dich so liebhabe.«

Maria fing an zu weinen und gestand: »Ich hatte das Gefühl, ich sei dir nichts als eine große Last. Aber wenigstens meine Freunde mögen mich.«

Mrs. Smith legte den Arm um Marias Schultern. »Gibst du mir noch mal eine Chance?«

Mrs. Smith berichtete, daß sie an jenem Abend beschlossen, regelmäßige Familienkonferenzen abzuhalten. Sie war dankbar und glücklich, weil eine Atmosphäre von Liebe und Kooperation entstanden war, die ihre Beziehung völlig veränderte.

Wir erleben so viel mehr Freude und positive Ergebnisse, wenn wir daran denken, daß die Liebesnachricht übertragen wird und ankommt.

Diskussionsfragen

1. Was ist der Unterschied zwischen: »Gegen das Kind gewinnen« und »das Kind gewinnen«?
2. Welche Attitüden sind für den positiven Ansatz wichtig, um bei Kindern wirksam zu sein?
3. Was heißt es, ein soziales Wesen zu sein?
4. Welches ist das vorrangige Ziel, auf das alles Verhalten gerichtet ist?
5. Warum handeln Kinder oft entgegengesetzt zu dem Verhalten, das zu dem angestrebten Ziel führen würde?
6. Was versucht uns ein ungezogenes Kind durch sein Fehlverhalten mitzuteilen?
7. Wie können wir uns anders verhalten, wenn wir uns an die hinter dem kindlichen Fehlverhalten verborgene Nachricht erinnern?
8. Was ist Gemeinschaftsgefühl, und warum ist es wichtig, daß Kinder es entwickeln?
9. Was versteht Adler unter Gleichheit?
10. Warum ist Demütigung im positiven Ansatz fehl am Platze?
11. Welches Schlüsselkonzept öffnet alle Türen? Berichten Sie von einer Situation, die hätte anders verlaufen können, wenn Sie dem Kind am Anfang die Liebesnachricht übermittelt hätten.

Kapitel 3

Bedeutung der Geburtenfolge

Etwas über die Bedeutung der Geburtenfolge zu erfahren, soll unser Verständnis darüber erweitern, wie Kinder Fehleinschätzungen von sich selbst entwickeln können, die auf ihrer Interpretation ihrer Position innerhalb der Familie beruhen. Es ist ein anderer Weg, sich »in die Welt des Kindes« zu versetzen, um unser Verständnis ihrer Wirklichkeit auszudehnen.

Es kommt sehr häufig vor, daß Kinder sich mit ihren Geschwistern vergleichen und annehmen, daß ihnen, wenn ein Bruder oder eine Schwester auf einem Gebiet besonders gut ist, nur eine der folgenden Möglichkeiten bleibt:

- Kompetenzen auf einem ganz anderen Gebiet zu entwickeln,
- zu eifern, »besser« zu sein,
- rebellisch oder rachsüchtig zu reagieren,
- aufzugeben.

Das Familienleben ist wie ein Theaterstück. Jede Position in der Geburtenfolge entspricht einer anderen *Rolle* im Stück, mit deutlich gegeneinander abgegrenzten Eigenschaften für jede Rolle. Wenn also ein Kind eine Rolle übernommen hat, zum Beispiel das *brave Kind*, können die Geschwister das Gefühl haben, sie müßten andere Rollen in dem Stück finden, wie zum Beispiel *rebellisches Kind, intelligentes Kind, sportliches Kind, geselliges Kind* und so fort.

Erstgeborene Kinder sind sich nicht alle gleich, noch mittlere Kinder, noch Einzelkinder, noch jüngste Kinder. Wir alle sind einmalig und haben so viele Unterschiede wie Gemeinsamkeiten, aber diejenigen mit der gleichen Position in der Geburtenfolge nehmen oft ähnliche Eigenschaften an.

Es erscheint logischer, daß Kinder sich eher ähneln, weil sie aus

derselben Familie stammen als aufgrund ihrer Position in der Geburtenfolge, doch das Gegenteil trifft zu. Kinder derselben Familie sind oft äußerst unterschiedlich, obwohl sie dieselben Eltern, dasselbe Heim und dieselbe Nachbarschaft haben. Natürlich kann die Umgebung für Kinder derselben Familie nicht völlig identisch sein, doch der Faktor, der den bedeutendsten Einfluß auf die Unterschiedlichkeit innerhalb der Familie besitzt, ist die *Interpretation*, die jedes Kind für die Umgebung hat, die es *wahrnimmt*.

Wie wir im vorigen Kapitel gesehen haben, sind Kinder gut im *Wahrnehmen*, aber schlecht im *Interpretieren*. Bei der Betrachtung der Geburtenfolge wird dies ganz besonders deutlich. Die Wahrheit ist nicht so bedeutsam wie die Interpretation einer Situation. Verhalten basiert auf letzterer. Kinder der gleichen Geburtenfolge interpretieren sich selbst oft ähnlich und glauben, sich in ähnlicher Weise verhalten zu müssen, um Zugehörigkeit und Sinn im Leben zu finden.

Andere Konzepte, die im vorigen Kapitel diskutiert wurden, sind ebenfalls folgenreich für die Bedeutung der Geburtenfolge. Kinder interpretieren sich selbst als soziale Wesen innerhalb der Familienkonstellation und unterliegen aufgrund der Geburtenfolge falschen Vorstellungen darüber, wie sie Zugehörigkeit und Bedeutsamkeit erlangen können.

Es geht hier nicht darum, Stereotypen zu erzeugen und Etiketten aufzukleben, sondern darum, unser Wissen und Verständnis von uns selbst und von Kindern zu erweitern, um unsere Beziehungen zu verbessern.

Die voraussagbarsten Ähnlichkeiten bestehen zwischen erstgeborenen Kindern, da dies die Position mit den geringsten Variablen ist. Es gibt verschiedene Weisen, ein mittleres Kind von drei oder von sieben Geschwistern zu sein. Letztgeborene Kinder haben fast so viele vorhersagbare Ähnlichkeiten wie erstgeborene. Einzelkinder ähneln eher erst- oder letztgeborenen, je nachdem, ob sie verwöhnt wurden wie letztgeborene oder mit Verantwortung betraut wurden wie erstgeborene.

Ehe Sie weiterlesen, schließen Sie bitte die Augen, und denken Sie darüber nach, welche Eigenschaften Ihnen in den Sinn kommen, wenn Sie die ältesten, mittleren oder jüngsten Kinder beschreiben wollen, die Sie persönlich kennen. Wir werden erst die Ähnlichkeiten besprechen, dann die Variablen, die für die Einzigartigkeiten ins Spiel kommen, und schließlich die Ausnahmen der allgemeinen Regeln.

Es ist einfach, Eigenschaften von erstgeborenen Kindern aufzuzählen wie zum Beispiel verantwortlich, herrschsüchtig (auch wenn sie selbst meinen, nur das Beste zu wollen), perfektionistisch, kritisch (sich selbst und anderen gegenüber), konformistisch, organisiert, kompetitiv, unabhängig, risikobewußt oder konservativ. Da die Ältesten die Erstgeborenen sind, sind sie oft der irrigen Meinung, daß sie die Ersten oder Besten sein müßten, um wertvoll zu sein. Das kann auf vielerlei Weisen zum Ausdruck kommen. Den einen mag es wichtig erscheinen, als erste mit den Schularbeiten fertig zu werden, auch wenn sie schludrig gemacht sind, die anderen sind als letzte fertig, weil sie soviel Zeit brauchen, sie besonders perfekt zu machen.

Die erste Eigenschaft, mit der wir jüngste Kinder charakterisieren, ist »verwöhnt«. Viele Letztgeborene werden von Eltern und von Geschwistern verwöhnt. Das führt sehr leicht zu der irrigen Annahme, daß sie weiterhin andere manipulieren müßten, um wichtig zu sein. Jüngste Kinder sind oft besonders begabt, ihren Charme spielen zu lassen, um andere dazu zu bringen, Dinge für sie zu tun. Jüngste Kinder sind oft kreativ und mögen Spaß. Ein großer Teil ihrer Energie und Intelligenz wird darauf verwendet, Bedeutsamkeit durch Manipulation ihrer Umwelt zu erreichen.

Jüngste Kinder geraten oft in die verwirrende Situation, von Eltern bevorzugt und von Geschwistern beneidet zu werden. Die größte Gefahr für verwöhnte Kinder ist, daß sie das Leben häufig unfair finden, wenn man sich nicht um sie kümmert und ihnen verweigert, was sie wollen. Sie sind schnell gekränkt über solche unfairen Bedingungen und meinen das Recht zu haben, Wutanfälle zu bekommen, Selbstmitleid zu haben oder auf destruktive, verletzende Weise Rache zu üben.

Jüngste Kinder können auch Schwierigkeiten haben, sich in der Schule anzupassen. Sie können das Gefühl haben, daß der Lehrer nicht nur zu ihren Diensten steht, sondern daß er ihnen außerdem die Arbeit des Lernens abnehmen solle. Sie sagen: »Lehrer, bitte binde mir meine Schuhe zu.« Unterbewußt und in ihrem Handeln sagen sie jedoch: »Und wo du gerade dabei bist, lern gleich für mich mit.« »Ich kann das nicht« und »Zeig mal, wie das geht« stehen nicht selten für »Tu das für mich«.

Als Beraterin in der Grundschule habe ich mit vielen Kindern gesprochen, die Schwierigkeiten haben, sich ans Lernmilieu anzupassen. Diese Kinder frage ich jedesmal: »Wer zieht dich am Morgen an?« Wie

Sie sich denken können, übernimmt meist jemand anders die Verantwortung, sie anzuziehen. Schon Zweijährige können sich durchaus selbst anziehen, wenn man sie gelehrt hat, es allein zu tun und die Kleider entsprechend einfach anzuziehen sind. Wenn Eltern über das zweite Lebensjahr hinaus ihre Kinder anziehen, berauben sie sie der Verantwortung, der Selbständigkeit und des Selbstvertrauens. Ohne diese Fähigkeiten werden sie keine guten Schüler werden.

Wenn es so schädlich ist, Kinder zu verhätscheln, warum tun Eltern es dann? Viele Eltern glauben, sie könnten so ihren Kindern am ehesten zeigen, daß sie sie lieben. Ich habe so manches Mal das Argument gehört, die Kinder würden noch früh genug lernen, sich an die kalte, harte Welt zu gewöhnen; warum sollte man es ihnen also nicht so lange wie möglich einfach und schön machen? Diesen Eltern ist nicht klar, wie schwierig es ist, Gewohnheiten und Eigenschaften zu ändern, wenn sie einmal etabliert sind. Weitere Gründe dafür, warum Eltern ihre Kinder verhätscheln, sind, daß es einfacher ist; daß es ihr Bedürfnis, gebraucht zu werden, befriedigt; daß sie meinen, es würde von »guten« Eltern erwartet; daß sie sicher sein wollen, ihre Kinder hätten nicht die gleiche harte Kindheit, die sie selbst durchgemacht zu haben meinen; oder daß sie sich von Freunden und Verwandten gezwungen fühlen.

Adlerianer legen großen Wert darauf, den Mythos, daß »Supermütter« für Kinder gut seien, zu zerstören. Es ist wichtig, Eltern beizubringen, welchen Bärendienst sie ihren Kindern erweisen, wenn sie sie verhätscheln. *Dreikurs* sagt: »Tun Sie nichts für Ihr Kind, das es selbst tun kann.« Nehmen Sie sich Zeit, mit den Kindern zu üben, und erlauben Sie ihnen dann, Verantwortungsgefühl und Selbstvertrauen zu entwickeln. Es ist ein Fehler anzunehmen, daß Kinder später immer noch lernen können, für sich selbst zu sorgen. Je länger Sie warten, desto schwieriger ist es für die Kinder, ihre Interpretation, *wie das Leben ist* und was sie tun müssen, um Zugehörigkeit und Wichtigkeit zu erlangen, zu ändern.

Viele jüngste Kinder wählen eine andere Interpretation des Lebens und werden wie Rennfahrer. Sie unterliegen oft der Fehlvorstellung, daß sie alle, die vor ihnen sind, ein- und überholen müssen, um wertvoll zu sein. Sie werden zu *erfolgsüchtigen* Erwachsenen, die noch immer ihre Wichtigkeit unter Beweis stellen müssen.

Wegen der vielen unterschiedlichen Positionen ist es schwieriger,

die Eigenheiten von mittleren Kindern zu verallgemeinern. Meist fühlen sie sich in der Mitte eingezwängt, ohne die Privilegien der Ältesten und die Vorteile der Jüngsten zu genießen. Das führt leicht zu der Fehleinschätzung, daß sie in irgendeiner Weise anders sein müssen, um wertvoll zu sein. Dieser Unterschied mag durch *übermäßige* oder *mangelnde Erfolgsorientierung*, Extrovertiertheit, Schüchternheit oder Rebellion mit oder ohne Grund zum Ausdruck kommen. Viele sind umgänglicher als ihre Geschwister. Die meisten mittleren Kinder haben großes Mitgefühl mit dem »*Underdog*«, mit dem sie sich identifizieren. Sie sind oft gute Friedensstifter, und andere wenden sich an sie, um sich Sympathie und Verständnis zu holen.

Wie weiter oben erwähnt, können Einzelkinder sowohl Ältesten als auch Jüngsten ähneln, doch es gibt ein paar wichtige Unterschiede. Wenn sie wie Älteste sind, werden sie weniger perfektionistisch sein, da sie dem Druck, daß jemand hinter ihnen herkommt, der ihnen ihre Position streitig machen könnte, nicht ausgesetzt waren. Doch das heißt, daß ihnen dieser Zug völlig fehlt. Einzelkinder haben im allgemeinen die gleichen hohen Erwartungen an sich selbst wie die Eltern. Als einziges Kind in der Familie suchen und schätzen sie das Alleinsein – oder fürchten die Einsamkeit. Es ist ihnen wichtiger, einzigartig zu sein, als an erster Stelle zu sitzen.

Die ersten Astronauten waren entweder älteste, psychologisch älteste oder Einzelkinder. Neil Armstrong, ein Einzelkind, machte die einzigartige Erfahrung, als erster Mensch auf dem Mond gelandet zu sein.

Wie kann das Wissen um die Geburtenfolge uns helfen, Kinder zu verstehen und besser mit ihnen umzugehen? Das Wissen um die Position in der Geburtenfolge eines Kindes erlaubt uns, kluge Vermutungen über die Welt des Kindes und seine Sichtweise anzustellen. Hoffentlich hilft dieses Wissen Eltern und Lehrern zu verstehen, wie wichtig es ist, das Verhätscheln zu vermeiden, ältesten Kindern die Möglichkeit zu geben, sich okay zu fühlen, wenn sie verlieren und nicht immer die ersten sind, mittleren Kindern zu helfen, sich weniger eingeengt zu fühlen, und überhaupt, sich leichter in die Vorstellungswelt eines jeden Kindes hineinzuversetzen.

Mark ist ein Ältester, der es, als er acht Jahre alt war, nicht ertragen konnte, zu verlieren. Papa trug zu dieser Haltung bei, indem er ihn beim Schachspielen immer gewinnen ließ, weil er nicht mitansehen

wollte, wie Mark sich aufregte und zu weinen anfing. Nachdem Papa von der Bedeutung der Geburtenfolge erfahren hatte, erkannte er, daß es wichtiger war, Mark die Erfahrung des Verlierens erleben zu lassen, und er begann, wenigstens die Hälfte aller Spiele zu gewinnen. Mark war zunächst sehr aufgebracht, doch bald gewann und verlor er mit Haltung. Papa hatte das Gefühl, ein wichtiger Schritt sei erreicht, als er eines Tages mit Mark Ballfangen spielte und ihm den Ball ungeschickt zuwarf. Statt sich aufzuregen, war Mark in der Lage, ironisch zu kommentieren: »Guter Wurf, Papa. Schlecht gefangen.«

Viele Faktoren erklären die Ausnahmen dieser allgemeinen Regeln. Einer ist das Geschlecht. Wenn das erste und zweite Kind von unterschiedlichem Geschlecht sind, können beide Eigenheiten von Ältesten entwickeln, vor allem, wenn in der Familie eine klare Unterscheidung der Geschlechterrollen vorgenommen wird. Jedes übernimmt die Verantwortungen eines ältesten Kindes im Rahmen der Geschlechterrolle. Wenn zum Beispiel der Älteste ein Junge ist, so wird er Eigenheiten von Erstgeborenen in der männlichen Rolle entwickeln. Wenn das zweite Kind ein Mädchen ist, so wird sie dennoch Eigenheiten der Erstgeborenen in der Frauenrolle aufweisen.

Wenn dagegen die beiden ältesten Kinder von drei oder mehr Geschwistern gleichen Geschlechts sind, so sind die Unterschiede zwischen den beiden mit großer Wahrscheinlichkeit extrem groß. Die beiden Ältesten sind meist völlig gegensätzlich. Je geringer der Altersunterschied ist, desto ausgeprägter sind die Unterschiede. Das bringt uns zu dem zweiten Faktor, der für Ausnahmen von den allgemeinen Regeln verantwortlich sein kann.

Wenn der Altersunterschied vier und mehr Jahre beträgt, werden Kinder weniger voneinander beeinflußt. Wenn in einer Familie mit fünf Kindern vier und mehr Jahre zwischen jedem Kind liegen, wird jedes Eigenschaften entwickeln, die eher einem ältesten oder einem Einzelkind ähneln. In einer Familie mit sieben Kindern, neunzehn, siebzehn, fünfzehn, neun, sieben, drei und ein Jahr alt, ist eines tatsächlich das älteste. Das Neun- und das Dreijährige werden psychologisch Älteste sein, da das vorhergehende mindestens vier Jahre älter ist. Eines der Kinder ist tatsächlich das jüngste, und zwei sind psychologisch die jüngsten – das fünfzehnjährige und das siebenjährige, weil sie vier oder mehr Jahre lang die jüngsten Kinder waren, ehe das nächste geboren wurde. Wenn ein Kind die Gelegenheit gehabt hat, mindestens vier

Jahre lang in der gleichen Position zu sein, hat es schon viele Interpretationen über das Leben, sich selbst und die Wege, Zugehörigkeit und Bedeutung zu erlangen, entwickelt. Diese mögen modifiziert werden, wenn die Familienkonstellation sich ändert, doch im allgemeinen ändern sie sich nicht vollständig.

Eine andere Ausnahme der Regel ist, daß Kinder manchmal willkürlich typische Positionseigenheiten tauschen. Ein zweites Kind kann sich anstrengen und das erste überholen. Das Älteste kann dann aufgeben und die typischen Charakteristiken von Erstgeborenen verlieren. Ein sicheres Zeichen für Perfektionismus ist es, aufzugeben, wenn man nicht der Beste oder der Erste sein kann.

Ein jüngstes Kind, das ehrgeizig geworden ist, läßt die Rolle des Verhätschelten fallen. Meist übernimmt dann das zweitjüngste Kind diese Rolle und entwickelt Eigenheiten des jüngsten.

Ein weiterer Faktor, der für Ausnahmen zu den allgemeinen Regeln ins Spiel kommt, ist die Familienatmosphäre. Sie kann Unterschiede vergrößern oder verkleinern. In Familien, in denen Wettbewerb hochbewertet und vorgelebt wird (wie in vielen amerikanischen Familien), werden die Unterschiede akzentuiert. In Familien, in denen Kooperation hochbewertet und vorgelebt wird, werden die Unterschiede abgeschwächt.

Wie weiter oben schon erwähnt, kann man fast immer mit der allgemeinen Regel rechnen, daß die beiden ältesten Kinder sich sehr stark voneinander unterscheiden, wenn sie gleichen Geschlechts sind und der Altersunterschied zwischen ihnen gering ist. Bei einem Adlerschen Lebensstilinterview mit einer Dame, die eine nur achtzehn Monate jüngere Schwester hatte, vermutete ich zunächst, daß sie sehr gegensätzliche Eigenschaften hätten. Das Interview zeigte jedoch, daß diese Vermutung falsch war. Die beiden Schwestern waren sich sehr ähnlich. Als wir zu der Frage nach ihrem Elternhaus kamen, bat ich, eine Vermutung äußern zu dürfen, ehe sie antwortete. Ich vermutete, ihre Eltern seien sehr liebevoll und kooperativ miteinander gewesen und völlig einig über die Erziehung der Kinder, und die Kinder hätten sich geliebt und gerecht behandelt gefühlt. Sie fragte mich, woher ich das wüßte. Ich hatte meine Vermutung aufgrund der Kenntnis der Wirkungen der innerfamiliären Atmosphäre gemacht.

Wenn sich zwei Schwestern mit nur achtzehn Monaten Abstand ähneln, statt entgegengesetzt zu sein, läßt sich vermuten, daß die Eltern

eher eine Atmosphäre von Kooperation als von Wettstreit geschaffen hatten.

Vergessen Sie nicht, daß diese Informationen nicht dazu da sind, uns überlegen zu fühlen, so daß wir uns schmeicheln können, andere »richtig« zu beurteilen. Sie sollen nicht als Stereotyp und Etikett benutzt werden, sondern uns verstehen helfen, warum Kinder oft falsche Vorstellungen darüber haben, wie sie Zugehörigkeit und Bedeutsamkeit erlangen können, so daß wir sie wirksamer unterstützen können (oder wissen, wann wir uns mit dem Helfen zurückhalten müssen). Es kann auch dazu dienen, die Stärken zu erkennen.

Wir sollten immer versuchen, die vielen Aspekte zu erkennen und zu schätzen, die jedes Individuum einzigartig machen.

In einem Schuldistrikt half dieses Wissen den Mitgliedern der Lehrerschaft, den hohen Anteil an jüngsten oder psychologisch jüngsten Kindern in den lernbehinderten Klassen zu entdecken. Das warf die berechtigte Frage auf, ob es sich um psychologische oder verhaltensbedingte Lernbehinderung handelte. Wenn sie psychologisch sind, liegt das daran, daß Lernbehinderungen bei ältesten Kindern seltener sind, weil sie lernen, sie zu kompensieren? Lernen jüngste Kinder, Behinderungen zu benutzen, um mehr Aufmerksamkeit auf sich zu lenken?

In einer Grundschule schien eine Schülergruppe alle Lehrer zum Wahnsinn zu treiben. In ihrem zweiten Schuljahr dachte ihr Lehrer daran, sich pensionieren zu lassen. Im dritten Schuljahr konnte der neue Lehrer die Sommerferien kaum erwarten. Der Lehrer des vierten Schuljahres stellte schließlich eine Geburtenfolgestatistik auf und fand heraus, daß 85 Prozent der Schüler jüngste Kinder waren. Viele von ihnen verbrachten viel Zeit damit, sich hilflos zu geben und besondere Aufmerksamkeit zu verlangen. Mit Hilfe von Klassenkonferenzen gelangen dem Lehrer des vierten Schuljahres deutliche Verbesserungen, als die Kinder lernten, sich selbst und den Mitschülern mit Problemlösungstechniken zu helfen.

Judy *Moore*, Lehrerin eines fünften Schuljahres, schrieb eine Examensarbeit über Geburtenfolge und Lesegruppen. Sie stellte fest, daß in der besten Lesegruppe vor allem Einzel- und älteste Kinder waren, während die jüngsten Kinder in der schlechtesten Lesegruppe überwogen. Mrs. Moore machte in jeder Gruppe Tonbandaufzeichnungen der Gruppendynamik, während sie Fragen stellte. In der Spitzengruppe hoben alle Kinder voller Eifer die Hand, um als erste antworten zu

dürfen. Die mittlere Gruppe nahm die Sache wesentlich lockerer, aber irgendwer wußte meist die Antwort. In der untersten Gruppe tendierten die Kinder dazu, zum Ausdruck zu bringen, daß sie nicht alles verstanden hätten und Hilfe brauchten.

Mrs. Moore hatte einen Schüler in der Klasse (nennen wir ihn einmal John), der ihr allerschlechtester Leser war. Sie machte sich Sorgen, daß es sich um eine geistige Behinderung handeln könnte. Sie beantragte einen psychologischen Test und führte selbst ein Lebensstilinterview mit John durch, aus dem sie erfuhr, daß John der Jüngste in der Familie war. Noch interessanter war, daß John drei ältere Schwestern mit Namen wie Georgia, Roberta und Paula hatte und daß er von der ganzen Familie »King John« genannt wurde. Aufgrund dieser Informationen konnte Mrs. Moore ein paar Vermutungen über die Bedeutung von Jungen im Wertsystem der Familie und über die Möglichkeit einer extremen Verhätschelung anstellen. Warum sollte John irgend etwas selbst tun wollen, einschließlich lernen, wenn er noch nicht viel Erfahrung mit Verantwortung hatte sammeln können? Mrs. Moores Vermutungen wurden durch den Bericht des Psychologen unterstützt, der bestätigte, daß John ganz normal begabt war. Er hatte seine ganze Intelligenz dazu verwendet, seine charmanten Manipulationsfähigkeiten zu verbessern.

Mrs. Moore stellte John freundlich zur Rede und erklärte ihm, sie wisse nun, daß er ein sehr fähiger junger Mann sei, der in der Spitzenlesegruppe gut zurechtkommen könnte. Sie versetzte ihn in eine Spitzengruppe, und John erfüllte ihre Erwartungen. Das größte Problem betraf Johns Schwestern, die meinten, Mrs. Moore verlange zuviel von ihrem kleinen Bruder.

Für die meisten Erstgeborenen wäre es niederschmetternd, wenn man ihnen sagte, sie könnten mehr leisten, wenn sie sich etwas mehr Mühe gäben. Daß Erstgeborene manchmal nicht so viel leisten, wie sie könnten, liegt oft daran, daß ihr Perfektionismus sie so verkrampft macht, daß sie weniger zustande bringen.

Es kann ein mittleres Kind entmutigen, wenn man ihm sagt, es könne mehr leisten, wenn es sich Mühe gebe, da es irriger Weise davon ausgeht, daß es nicht so gut ist wie seine älteren Geschwister, die jenes Gebiet schon »besetzt« halten.

Jüngste Kinder mögen es meist nicht, wenn man ihnen sagt, sie könnten mehr leisten, weil sie irriger Weise davon ausgehen, daß sie

mehr Zugehörigkeit und Bedeutung erreichen, wenn andere sich um sie kümmern, aber es kann, wie in Johns Fall, wirksam sein.

Das Wissen um die Bedeutung der Geburtenfolge kann Ihnen als Eltern oder Lehrer helfen, die Welt des Kindes besser zu verstehen. Eine andere Person wissen zu lassen, daß man ihren Standpunkt sieht, versteht und respektiert, gehört zu den ermutigendsten Dingen, die man tun kann. In der Lage zu sein zu sagen: »Ich weiß, wie dir zumute sein muß«, ist etwas ganz anderes als der Vorwurf: »Nun, kein Wunder, daß du dich so verhältst, weil du ein ältestes (mittleres, jüngstes, einziges) Kind bist.«

Es ist interessant, die Implikationen der Geburtenfolge in bezug auf die Ehe zu betrachten. Wie Sie sich denken können, besteht oft eine Anziehung zwischen ältesten und jüngsten Kindern. Jüngste mögen, daß man sich um sie kümmert, älteste mögen sich kümmern, so daß es aussieht, als sei es perfekt. Doch *Adler* pflegte zu sagen: »Sag mir, was du an deinem Partner auszusetzen hast, und ich sage dir, warum du ihn überhaupt gewählt hast.« Gerade die Eigenschaften, die zu Beginn attraktiv sind, stören später. Zum Beispiel kann der Älteste es leid werden, immer der verantwortliche Partner zu sein, und den weniger verantwortlichen Partner kritisieren und dabei vergessen, daß es gerade dieser Zug war, der am Anfang attraktiv schien. Der Jüngste seinerseits mag es auch leid werden, ständig versorgt zu werden und Anweisungen zu bekommen, was er zu tun hat, es sei denn, es entspricht seinem eigenen Wunsch. Das Problem ist, daß der Älteste es nicht unbedingt gerade dann zu geben bereit ist, wenn der Jüngste es so will.

Wenn zwei Älteste heiraten, weil sie aneinander die Eigenschaften bewundern, die sie an sich selbst schätzen, beginnen die Schwierigkeiten, wenn sie sich nicht einigen können, wer die Verantwortung trägt und wer die Dinge *am besten* erledigen kann.

Zwei Jüngste können heiraten, weil sie erkennen, wieviel Spaß sie miteinander haben können, und dem anderen später übelnehmen, daß er nicht mehr Verantwortung übernimmt.

Mittleren Kindern mag es besonders leicht oder besonders schwerfallen, sich an irgendeine Situation anzupassen, je nachdem, wie rebellisch oder anpassungsfähig sie geworden sind.

Alle Kombinationen können mit Verständnis, Respekt, Kooperation und Sinn für Humor erfolgreich sein. Eine gute Freundin von mir ist eine Jüngste, die einen Jüngsten geheiratet hat. Sie fuhren in die Ferien.

Er wandte sich zu ihr und fragte, ob sie ein Motel reserviert habe. »Nein. Hast du das nicht gemacht?« Sie mußten beide lachen und hatten viel Spaß bei der Suche nach einem Zimmer für die Nacht.

Lehrmethoden können je nach Geburtenfolge variieren. Erstgeborene Lehrer genießen es oft, Verantwortung zu tragen. Sie sind bereit, interessante, komplizierte Projekte für ihre Schüler zu organisieren. Sie haben es lieber, wenn Struktur und Ordnung herrschen und die Kinder ordentlich in Reih und Glied sitzen bleiben und tun, was man ihnen aufgetragen hat. Da eine solche Szene nicht mehr so typisch ist wie einst, sind viele dieser Lehrer frustriert, bis sie Methoden lernen, die ihnen helfen, Ordnung zu erreichen, ohne autoritär sein zu müssen. Sie erkennen sehr schnell die langfristigen Vorteile eines positiven Vorgehens, sowohl für die Kinder als auch für sich selbst.

Lehrern, die als mittlere Kinder aufgewachsen sind, liegt oft das seelische Wohlergehen ihrer Schüler ebenso am Herzen wie ihre schulischen Fortschritte. Sie fühlen sich zu den rebellischen Schülern hingezogen und hoffen, sie in positiver Weise beeinflussen zu können. Sie versuchen, Ordnung durch gegenseitigen Respekt und Verständnis zu erreichen.

Lehrer, die als jüngste Kinder aufgewachsen sind, sind oft kreativ und mögen Fröhlichkeit. Ihnen fällt es am leichtesten, Unordnung und Krach zu ertragen. Sie sind oft bereit, Kindern größere Selbstverantwortlichkeit zu überlassen, so daß sie nicht alles selbst erledigen müssen.

Die folgende Übung dient dazu, die Ähnlichkeiten und Unterschiede zwischen Leuten der gleichen Geburtenfolge zu erkennen.

Gruppenübung

(Sie brauchen Papier und Filzschreiber)
Anweisungen für den Gruppenleiter

Bilden Sie Untergruppen der gleichen Geburtenfolgeposition. Stellen Sie zunächst folgende Aufgabe: »Jeder denkt darüber nach, wie er sich selbst beschreiben würde. Dann diskutieren Sie diese Eigenschaften mit Ihren Kollegen. Wenn die Mehrheit der Meinung ist, das Adjektiv treffe auch auf sie zu, schreiben Sie es auf.«

Geben Sie etwa zehn Minuten Zeit für diese Übung und hängen Sie die Listen dann an die Wand. Anschließend kann darüber diskutiert werden, ob und inwieweit die Ergebnisse mit den in diesem Kapitel behandelten Informationen über die Geburtenfolge übereinstimmen. Vergessen Sie nicht, folgende Punkte zu diskutieren:

– Faktoren, die Ausnahmen und Einzigartigkeit bestimmen.
– Wie wichtig es ist, die positiven Aspekte jeder Geburtenfolgeposition zu betonen.
– Wege und Möglichkeiten, diese Information zur Verbesserung des Verständnisses von sich selbst und von Kindern einzusetzen.
– Die destruktive Gefahr, dieses Wissen zum Etikettieren und Stereotypisieren zu verwenden.

Fragen Sie auch, ob jemand Einsichten darüber gewonnen hat, warum er zu gewissen Interpretationen über sich selbst und zu irrigen Annahmen darüber, was er zu tun habe, um Zugehörigkeit und Anerkennung zu erlangen, gekommen ist.

Diskussionsfragen

1. Diskutieren Sie, warum es wichtig ist, die Bedeutung der Geburtenfolge zu verstehen, und wie dieses Verständnis uns bei der Arbeit mit Kindern helfen kann.
2. Zu welchen Vorstellungen gelangen Kinder häufig, wenn sie sich mit ihren Geschwistern vergleichen?
3. Auf welche Weise können wir das Wissen um die Geburtenfolge mißbrauchen?
4. Welches sind die typischen Charakteristika der verschiedenen Geburtenfolgepositionen?
5. Diskutieren Sie die Gefahren des Verhätschelns und warum Eltern es trotzdem tun.
6. Diskutieren Sie die Faktoren, die für Ausnahmen der allgemeinen Regeln in bezug auf die Geburtenfolge verantwortlich sind.

Vier falsche Verhaltensziele

Wenn Rudolph *Dreikurs* die vier falschen Ziele erläuterte, stellte man oft die Frage: »Wie können Sie Kinder immer wieder in diese Schubladen stecken?«

Und er pflegte zu antworten: »Ich stecke sie nicht hinein, ich finde sie immer dort.« Bei seinen Untersuchungen stellte Dreikurs fest, daß Kinder vier ungeeignete oder falsche Ziele als Ursache von Fehlverhalten ansteuern.

Die vier falschen Verhaltensziele sind:

1. *Aufmerksamkeit.*
   (Ich gehöre nur dazu, wenn ich deine Aufmerksamkeit besitze.)
2. *Macht.*
   (Ich gehöre nur dazu, wenn ich gewinne oder wenn ich dich zumindest daran hindere zu gewinnen.)
3. *Rache.*
   (Es tut weh, daß ich nicht dazugehöre, aber wenigstens kann ich dir auch wehtun.)
4. *Vermeintliche Unfähigkeit.*
   (Ich gebe auf. Ich kann einfach nicht dazugehören.)

Das eigentliche Endziel allen Verhaltens ist es, das Gefühl von Zugehörigkeit und Bedeutsamkeit zu erlangen. Kinder (und viele Erwachsene) verfolgen eines oder mehrere dieser falschen Ziele, weil sie glauben:

- daß Aufmerksamkeit oder Macht ihnen helfen können, Zugehörigkeit und Bedeutsamkeit zu erlangen,
- daß Rache ihnen eine gewisse Befriedigung für die erfahrenen Schmerzen aufgrund des Nichtdazugehörens und der fehlenden Bedeutsamkeit liefere,

– daß die vermeintliche Unfähigkeit hilft, die Schmerzen zu vermeiden, die der bloße Versuch verursacht, das zu erreichen, was irrigerweise als unerreichbar angesehen wird.

Warum ist es wichtig, die falschen Ziele zu identifizieren? Wir müssen wissen, welche Ziele die Kinder ansteuern, damit wir ihnen wirklich helfen können.

Es ist nicht immer leicht, die falschen Ziele zu erkennen, denn ein Kind mag das gleiche Fehlverhalten an den Tag legen, um irgendeines der falschen Ziele anzustreben. Beispielsweise kann ein Kind sich weigern, seine Aufgaben zu machen, um Aufmerksamkeit zu erregen, seine Macht zu zeigen, sich zu rächen oder seine Unfähigkeit zu demonstrieren. Die Kenntnis des Ziels ist wichtig, um zu wissen, was zu tun ist.

Je nach Ziel sieht der Irrglauben des Kindes anders aus:

Aufmerksamkeit: Ich habe nur das Gefühl, dazuzugehören und wertvoll zu sein, wenn ich ständig deine Aufmerksamkeit errege und du dich immerzu um mich kümmerst.

Macht: Ich habe nur das Gefühl, dazuzugehören und wertvoll zu sein, wenn ich der Chef bin und tue, was ich will.

Rache: Es tut mir weh, nicht dazuzugehören und wertlos zu sein, darum habe ich das Recht, anderen weh zu tun.

Vermeintliche Unfähigkeit: Ich glaube, es ist unmöglich, dazuzugehören und wertvoll zu sein, also gebe ich auf und hoffe, daß man mich in Ruhe läßt.

Kinder sind sich ihrer Fehlinterpretation nicht bewußt. Wenn Sie sie fragen, warum sie ungezogen sind, werden sie Ihnen antworten, daß sie es nicht wissen, oder sie werden Ihnen irgendeinen willkürlich gewählten Grund angeben. Ich werde Ihnen später erläutern, wie Sie *Zieldetektion* einsetzen können, um dem Kind zu helfen, sich eines falschen Ziels bewußt zu werden.

Es gibt zwei Indizien, die der Erwachsene verwenden kann, um dem Kind zu helfen, das falsche Ziel zu identifizieren.

Indiz Nr. 1:
Die Gefühlsreaktion des Erwachsenen auf das Fehlverhalten

Auf die Frage nach ihrer Gefühlsreaktion auf Fehlverhalten geben viele Erwachsene *Zorn* und *Frustration* an – beides sekundäre Reaktionen auf primäre Gefühlsreaktionen. Primärreaktionen auf die Ungezogenheit eines Kindes infolge eines der vier falschen Ziele sind zum Beispiel: gereizt, ärgerlich, bedroht, verletzt oder unfähig. Sich bedroht, verletzt oder unfähig vorzukommen, erzeugt gleichzeitig ein Gefühl von Hilflosigkeit, die wir schleunigst mit der Sekundärreaktion von Ärger überspielen. Mit Ärger haben wir zumindest den Eindruck von *Pseudo*macht, wir können *etwas* tun, auch wenn es nur Schimpfen und Drohen oder Zuschlagen ist. Frustration und Ärger sind beides Sekundärreaktionen auf unsere Unfähigkeit, die Situation zu kontrollieren, die unsere Primärreaktionen auslöst.

Beim Versuch, Ihre Gefühlsreaktion auf Ungezogenheit zu identifizieren, versuchen Sie, bis zu den Primärreaktionen vorzudringen. Die primäre Gefühlsreaktion, die Erwachsene zeigen, wenn sie mit Fehlverhalten aufgrund jedes der vier falschen Ziele konfrontiert werden, ist folgende:

Wenn Sie gereizt oder ärgerlich reagieren, versucht das Kind vermutlich, Ihre *Aufmerksamkeit* zu erlangen.

Wenn Sie sich bedroht fühlen (Sie wollen im gleichen Maße wie das Kind der Boß sein), will das Kind vermutlich *Macht* erlangen. Wenn sie mit Gewalt reagieren, werden Sie vermutlich in einen Machtkampf verwickelt werden.

Wenn Sie sich verletzt fühlen (wie kann das Kind nur so was tun, wo Sie sich doch so große Mühe geben, gute Lehrer oder Eltern zu sein?), ist das Ziel des Kindes vermutlich *Rache*. Wenn Sie das Primärgefühl mit Zorn überspielen, geraten Sie in einen Rachezyklus.

Wenn Sie sich unfähig fühlen (wie kann ich dieses Kind bloß erreichen und beeinflussen?), ist das Ziel des Kindes vermutlich *vermeintliche Unfähigkeit*. Wenn Sie Ihrem Gefühl nachgeben, geben Sie auf – genau wie das Kind.

Indiz Nr. 2:
Die Reaktion des Kindes, wenn Sie verlangen, daß es aufhören soll, ungezogen zu sein

Aufmerksamkeit: Das Kind hört ein Weilchen auf, fängt aber bald darauf wieder an, ungezogen zu sein, um Ihre Aufmerksamkeit zu erregen.

Macht: Das Kind ist weiterhin ungezogen und kann entweder widersprechen oder passiven Widerstand gegen Ihre Aufforderung leisten. Das führt häufig zu einem Machtkampf zwischen Ihnen und dem Kind.

Rache: Das Kind übt Vergeltung, indem es etwas Destruktives tut oder etwas Verletzendes sagt. Das kann zu einem Rachezyklus zwischen Ihnen und dem Kind führen.

Vermeintliche Unfähigkeit: Das Kind bleibt passiv, in der Hoffnung, Sie werden bald aufgeben und es in Ruhe lassen.

Wirksame Mittel gegen jedes falsche Ziel

Es gibt kein Allheilmittel gegen Verhaltensprobleme. Gewisse Erziehungsmaßnahmen erscheinen manchen Eltern und Lehrern annehmbarer als andere. Gruppenmitglieder können verschiedene Vorschläge machen, die auf den Prinzipien, die Sie in diesem Buch lernen, basieren. Lehrer und Eltern können dann die ihnen gemäße Lösung auswählen.

Die meisten Probleme lassen sich am besten in einer Familien- oder Klassenkonferenz lösen, doch es gibt ein paar andere Techniken, die verwendet werden können, wenn sofortiges Handeln wünschenswert oder notwendig ist. Die folgenden allgemeinen Richtlinien für wirksame Reaktionen auf jedes falsche Ziel werden in späteren Kapiteln im einzelnen diskutiert werden. Sie werden hier skizziert, um zu zeigen,

wie viele verschiedene Lösungen es für jedes Problem oder Ziel des Fehlverhaltens gibt.

Wenn Sie das ganze Buch gelesen und die Techniken verstanden haben, werden Sie vielleicht zu dieser Übersicht über die wirksamen Methoden für jedes Ziel zurückkehren wollen. Die Grundhaltung von Ermutigung, Verständnis und gegenseitigem Respekt, die in den vorangehenden Kapiteln diskutiert wurden, sind die Schlüssel zum Erfolg.

Aufmerksamkeit

- Ignorieren Sie das Fehlverhalten, doch schenken Sie dem Kind während angenehmer Momente volle Aufmerksamkeit.
- Leiten Sie das Kind zu einem Verhalten zurück, das etwas Konstruktives beiträgt.
- Erzwingen Sie eine logische Konsequenz.
- Bieten Sie eine logische Konsequenz an.
- Tun Sie etwas Unerwartetes.
- Stellen Sie einen Zeitplan für spezielle Zeiten mit dem Kind auf.

Macht

- Ziehen Sie sich aus dem Machtkampf zurück, und geben Sie sich Zeit zum Abkühlen. Anschließend verwenden Sie eines der folgenden Beispiele.
- Verwenden Sie die vier Schritte zur Gewinnung der Kooperation.
- Halten Sie eine Problemlösungssitzung unter vier Augen ab.
- Bringen Sie das Kind dazu, Macht konstruktiv einzusetzen.
- Halten Sie den Mund, und handeln Sie – freundlich, aber bestimmt.
- Entscheiden Sie, was Sie tun werden, nicht, wozu Sie das Kind zu bringen versuchen werden.
- Stellen Sie einen Zeitplan für spezielle Zeiten mit dem Kind auf.

Rache

- Ziehen Sie sich aus dem Rachezyklus zurück, indem Sie Widerworte vermeiden.
- Bleiben Sie freundlich, während Sie die Abkühlungsphase abwarten.
- Gewinnen Sie Kooperationsbereitschaft.
- Kooperieren Sie bei gemeinsamer Problemlösung unter vier Augen.
- Ermutigen Sie.
- Stellen Sie einen Zeitplan für spezielle Zeiten mit dem Kind auf.

Vermeintliche Unfähigkeit

- Nehmen Sie sich Zeit zum Anlernen.
- Sorgen Sie für kleine Erfolge.
- Ermutigen Sie.
- Geben Sie nicht auf.
- Verbringen Sie regelmäßig spezielle Zeiten mit dem Kind.

Um ganz deutlich zu machen, daß das gleiche Verhalten auf jedes der vier falschen Ziele zurückgehen kann, kehren wir noch einmal zu dem Kind, das seine Schulaufgaben nicht machen will, zurück.

Wenn das Kind *Aufmerksamkeit* will, werden Sie ärgerlich. Wenn Sie dem Kind sagen, es solle seine Arbeit machen, wird es für ein Weilchen gehorchen. Um diesem Kind zu helfen, können Sie die unerledigte Arbeit einfach ignorieren und Anerkennung dort zeigen wo das Kind kooperiert. Dies erlaubt dem Kind zu begreifen, daß es kein guter Weg ist, Aufmerksamkeit durch Nichterledigen der Schulaufgaben zu erlangen. Sie können es entscheiden lassen, wann es die Arbeit erledigen will – jetzt sofort oder zu einem anderen Zeitpunkt. Sie können sein Fehlverhalten zurücksteuern, indem Sie es bitten, Ihnen bei etwas zu helfen, sobald es seine Arbeit erledigt hat. Oder sie können ihm vorschlagen, daß Sie ihm jedesmal, wenn Sie sehen, daß es seine Arbeit nicht tut, zulächeln und zuwinken. Dies ist besonders wirksam, nachdem Sie Zieldetektion betrieben haben, die wir später erläutern werden. Es mag so aussehen, als ob Lächeln und Winken das Verlangen nach Aufmerk-

samkeit durch das Nichterledigen der Schularbeiten belohnt, doch es hilft dem Kind, sich zugehörig und wichtig zu fühlen, so daß es nicht mehr auf diesem Wege die Aufmerksamkeit erringen muß.

Wenn das Ziel des Kindes *Macht* ist, haben Sie das Gefühl, ihre Machtposition sei bedroht, und Sie wollen ihm beweisen, daß Sie es zwingen können, die Schularbeiten zu erledigen. Wenn Sie diesem Kind sagen, es solle seine Arbeit tun, wird es entweder »nein« sagen oder Sie passiv ignorieren. Wenn Sie Ihren Sieg sichern wollen, indem Sie es bestrafen, mag es auf Rache als Ziel umschwenken. Um diesem Kind zu helfen, müssen Sie abwarten, bis Sie den Drang, es zu zwingen, nicht mehr verspüren.

Kinder, denen es um Macht geht, finden sich meist einem Erwachsenen gegenüber, dem es um Macht geht. Die Verantwortung, diese Atmosphäre zu ändern, liegt bei dem Erwachsenen. Wenn Ihnen ernsthaft an gegenseitigem Respekt und Kooperation gelegen ist, die auf gegenseitigem Verständnis und gemeinsamem Entscheiden beruhen, erkennen Kinder diesen Unterschied. Wenn sie diesem Unterschied trauen, werden sie kooperieren.

Während einer Problemlösungsdiskussion unter vier Augen geben Sie zu, daß Sie an einem Machtkampf beteiligt waren. Machen Sie deutlich, daß Sie ernsthaft Ihre Beziehung zu dem Kind ändern und mit ihm gemeinsam in gegenseitigem Respekt und Verständnis die anfallenden Probleme lösen wollen. Bitten Sie es um seine Hilfe, indem es Sie wissen läßt, wenn es das Gefühl hat, Sie würden versuchen, es zu manipulieren und zu beherrschen. Machen Sie deutlich, daß Sie bereit sind, gemeinsam Lösungen zu erarbeiten, die für beide befriedigend sind. Denken Sie daran, daß Kinder Lösungen leichter akzeptieren, wenn sie an der Entscheidung beteiligt waren.

Familien- und Klassenkonferenzen sind zur Lösung von Machtproblemen sehr wirkungsvoll.

Kinder, denen es um Macht geht, haben häufig gute Führereigenschaften. Sie können das Kind wissen lassen, daß Sie diese Fähigkeiten schätzen und daß Sie es für gewisse Aufgaben um seine Unterstützung bitten möchten. Ein Lehrer bildete Kinder zu *Ratgebern* aus, die den anderen bei der Lösung von Schulhofproblemen halfen (siehe Anhang).

Lehrer können ganz einfach *handeln*, indem sie eine schlechte Zensur für nicht gemachte Aufgaben geben. Es ist wichtig, dabei eine freundliche, aber bestimmte Haltung zu bewahren.

Wenn das Kind *Rache* zum Ziel hat, fühlen Sie sich verletzt. Sie können nicht begreifen, warum das Kind seine Aufgaben nicht macht, wo Sie sich als Eltern oder Lehrer doch so große Mühe geben. Wenn Sie dieses Kind auffordern, seine Schularbeiten zu machen, mag es etwas Verletzendes sagen wie: »Ich hasse dich!« Oder es mag etwas Destruktives tun, wie sein Papier zerreißen.

Wenn Sie diesem Kind helfen wollen, gehen Sie nicht darauf ein. Sagen Sie freundlich: »Du bist im Moment viel zu aufgebracht, um darüber zu diskutieren, aber nachher würde ich gern mit dir reden.« Nach einer Abkühlungsphase können Sie entweder die *Vier Schritte zur Erreichung der Kooperation* einsetzen oder das Problem ignorieren und spezielles Interesse zeigen, wie es in Kapitel 6 beschrieben wird.

Wenn es sich bei dem Kind um *vermeintliche Unfähigkeit* handelt, könnten Sie sich überfordert fühlen, ihm zu helfen. Wenn Sie es auffordern, seine Schularbeiten zu machen, schaut es niedergeschlagen und hofft, daß Sie es bald in Ruhe lassen. Wenn Sie diesem Kind helfen wollen, vergewissern Sie sich, daß es in der Lage ist, die Arbeit zu leisten. Nehmen Sie sich Zeit zum Erklären, auch wenn Sie das Gefühl haben, es müßte längst verstanden haben, weil Sie es schon so oft erklärt haben. Der Unterschied zwischen dem Kind, das seine Schularbeiten nicht macht, weil es Aufmerksamkeit erlangen will, und demjenigen, das meint, nicht dazu fähig zu sein, besteht darin, daß ersteres tatsächlich dazu fähig ist und nur versucht, Sie dazu zu kriegen, ihm zu helfen, weil es meint, Zugehörigkeit nur zu erreichen, wenn es Ihre Aufmerksamkeit gewinnt. Letzteres ist ernsthaft entmutigt, weil es wirklich glaubt, es nicht zu schaffen, und es will Ihre Aufmerksamkeit nicht. Da das Verhalten in beiden Fällen sehr ähnlich sein kann, ist es sehr wichtig, daß Sie Ihre Wahrnehmung schärfen, um entscheiden zu können, ob das Kind versucht, Sie dazu zu bringen, sich mit ihm zu beschäftigen, oder ob es von Ihnen in Ruhe gelassen werden will.

Eine andere Möglichkeit besteht darin, dieses Kind zu fragen, ob es Ihre Hilfe oder die von jemand anderem wünsche. Oder Sie lassen es auf einem Niveau arbeiten, wo es sich kompetent fühlt. Sorgen Sie dafür, daß es Erfolg hat.

Geben Sie nicht auf. Dieses Kind kann auch Arbeiten erledigen, nur um Sie loszuwerden. Aus welchem Grund auch immer: Wenn es ein bißchen arbeitet, hat es ein bißchen Erfolg, und das ermutigt. Spezielle Zeit mit diesem Kind zu verbringen, ist besonders wichtig.

Zieldetektion

Kinder sind sich ihrer falschen Ziele nicht bewußt. Zieldetektion ist ein Weg, ihnen zu helfen, ihren Irrtum zu erkennen.

Zieldetektion sollte von Lehrern oder Beratern geleitet werden. Es ist wesentlich, während des Prozesses objektiv und freundlich zu bleiben. Für Eltern ist es fast unmöglich, mit ihren eigenen Kindern objektiv zu sein, so daß es für sie nicht zu funktionieren scheint.

Da Objektivität und Freundlichkeit von großer Wichtigkeit sind, sollte Zieldetektion nicht in Konfliktzeiten unternommen werden. Wenn Sie das Vorgehen erst lernen, sollten Sie mit dem Kind unter vier Augen sprechen. Ausgebildete Berater können Zieldetektion in Gruppen oder im Beisein von Zuhörern durchführen.

Zunächst fragen Sie das Kind, ob es weiß, warum es ungezogen ist. Sie sollten das Fehlverhalten spezifisch benennen, wie zum Beispiel: »Mary, weißt du, warum du durch die Gegend wanderst, obwohl du doch eigentlich auf deinem Platz sitzen solltest?«

Die Kinder werden meist antworten: »Weiß nicht.« Es ist wahr, daß sie es nicht wissen. Und selbst wenn sie einen Grund angeben, so ist das nicht der *wahre* Grund. Falls sie einen Grund nennen, antworten Sie: »Mir scheint, da gibt es noch einen anderen Grund. Soll ich dir sagen, was ich vermute? Sagst du mir dann, ob ich recht habe oder nicht?«

Wenn es keinen Grund angibt und nur sagt, es wisse es nicht, fragen Sie nur, ob Sie mal raten dürfen. Wenn Sie dabei objektiv und freundlich bleiben, wird das Kind neugierig sein und wissen wollen, was Sie meinen. Dann fragen Sie, was *Dreikurs* die »*Ist der Grund vielleicht*-Fragen« nannte, und warten, bis das Kind jede Frage beantwortet hat.

»Ist der Grund vielleicht, daß du durchs Zimmer wanderst, weil du meine Aufmerksamkeit auf dich lenken willst, damit ich mich mit dir beschäftige?« *(Aufmerksamkeit)*

»Ist der Grund vielleicht, daß du durchs Zimmer wanderst, weil du mir beweisen willst, daß du machen kannst, wozu du Lust hast?« *(Macht)*

»Ist der Grund vielleicht, daß du durchs Zimmer wanderst, weil du dich gekränkt fühlst und mir oder jemand anderem eins auswischen willst?« *(Rache)*

»Ist der Grund vielleicht, daß du durchs Zimmer wanderst, weil du meinst, du schaffst es nicht und willst es nicht einmal versuchen?« *(Vermeintliche Unfähigkeit)*

Zwei Reaktionen erlauben Ihnen zu erkennen, ob Sie richtig vermutet haben und das Kind sich seines Zieles bewußt geworden ist. Die erste ist ein Erkennensreflex. Das Kind wird unwillkürlich lächeln. Manchmal wird das Lächeln von einem Nein begleitet. Der Erkennungsreflex zeigt Ihnen, daß Sie richtig vermutet haben, auch wenn das Kind es verneint. Die andere Reaktion ist ein simples Ja. Sobald Sie diese Zustimmung oder den Erkennungsreflex erhalten haben, brauchen Sie die anderen Fragen nicht mehr zu stellen.

Es gibt einen Film von einem Interview, das *Dreikurs* mit einem Kind geführt hat, in dem er davon überzeugt scheint, daß es dem Kind um Macht geht. Er versucht, den Erkennungsreflex durch wiederholte, immer neu formulierte »Ist es vielleicht«-Fragen zu erhalten, doch die Reaktion bleibt negativ. Schließlich stellt *Dreikurs* die Frage, die Rache anzeigt, und dabei stimmt das Kind zu.

Lehrer können Zieldetektionen einsetzen, um ihr Verständnis zu erweitern und dem Kind ihre Anteilnahme zu zeigen. Wenn Ihnen das Ziel einmal bekannt ist, können Sie es als Grundlage für Diskussionen und Problemlösungen einsetzen. Wenn das Ziel Aufmerksamkeit ist, können Sie dem Kind erklären, daß sich jeder Aufmerksamkeit wünscht. Dann können Sie das Kind auf konstruktive Wege zur Erlangung von Aufmerksamkeit lenken. Oder Sie können nachgeben und dem Kind Aufmerksamkeit für sein Fehlverhalten schenken, indem Sie ihm eine vorher bestimmte Anzahl von Malen zublinzeln und zulächeln. Machen Sie dies zu einer Verschwörung zwischen Ihnen beiden.

Wenn das Ziel Macht ist, können Sie eingestehen, daß Sie machtlos sind, es zu einem anderen Verhalten zu zwingen. Dann können Sie es um seine Unterstützung bitten und gemeinsam einen Plan von Kooperation und gegenseitigem Respekt erarbeiten.

Wenn Rache das Ziel ist, können Sie Ihr Interesse zeigen, um zu erfahren, womit Sie oder jemand anderer das Kind verletzt haben. Es mag das ermutigendste Vorgehen in einem solchen Falle sein, wenn man zeigt, daß man die Angelegenheit wichtig genug nimmt, um vorurteilsfrei und geduldig zuzuhören. Wenn das Kind sich verstanden fühlt, wird es um so eher bereit sein, Ihren Standpunkt in Betracht zu ziehen und an Lösungen mitzuarbeiten.

Wenn es um vermeintliche Unfähigkeit geht, lassen Sie das Kind wissen, daß Sie sich sehr gut in seinen Kummer einfühlen können, weil Sie sich oft selbst völlig entmutigt fühlen. Anschließend sollten Sie Vertrauen in seine Fähigkeiten zum Ausdruck bringen und einen Plan vorschlagen, der mit Sicherheit zum Erfolg führt.

Grad der Mutlosigkeit

Das Ziel, das das Kind wählt, läßt den Grad seiner Mutlosigkeit erkennen. Das Fehlziel Aufmerksamkeit zeigt die geringste Entmutigung, das der vermeintlichen Unfähigkeit die ernsteste.

Kinder fangen nicht notwendigerweise mit dem ersten Ziel an, um sich dann bis zur vermeintlichen Unfähigkeit hindurchzuarbeiten. Eher passive Kinder können direkt auf vermeintliche Unfähigkeit umschalten, wenn sie grob behandelt werden oder aus irgendeinem anderen Grund meinen, sie gehörten nicht dazu und seien unwichtig.

Kinder, die draufgängerisch genug sind, Macht zu wählen, mögen nie bis zur vermeintlichen Unfähigkeit gehen, doch sie werden oft von Erwachsenen, die im Machtkampf gewinnen wollen, zur Rache getrieben.

Mrs. Smith berichtete, warum sie so dankbar dafür war, von den vier falschen Zielen und den Mitteln dagegen erfahren zu haben. Billy, ihr Ältester, war ein ausgesprochen schwieriges Kind. Ständig war er verletzend und destruktiv wie in folgendem Beispiel:

Eines Tages verbrachte die Familie Smith (Mr. und Mrs. Smith, Billy, sein jüngerer Bruder Brad und die kleine Maria) den Tag mit der Besichtigung von Grundstücken. Billy und Brad jammerten die ganze Zeit, daß sie sich langweilten und daß ihnen heiß sei. Sie quengelten ständig und wollten lieber wieder nach Hause gehen. Die zweijährige Maria dagegen war guter Dinge und hielt ein Schläfchen auf Mutters Schoß, als sie müde wurde.

Die Smiths wollten die Suche nach einem Grundstück am nächsten Tag fortsetzen, doch sie beschlossen, Billy und Brad den Gefallen zu tun, sie bei den Nachbarn zu lassen. Es war ein schöner Tag, und sie waren alt genug, mit ihren Freunden in der Nachbarschaft zu spielen. Maria, die ja keine Probleme gemacht hatte, war noch zu klein, um mit

den anderen Kindern zu spielen, und sie nahmen sie mit. Als sie gerade aufbrechen wollten, erklärte Billy, er wolle auch mitkommen. Mrs. Smith erinnerte ihn daran, wie heiß und langweilig es ihm gestern gewesen sei, und versuchte, ihn davon zu überzeugen, daß er viel mehr davon hätte, wenn er zu Hause bliebe. Billy bestand darauf, daß er mitkommen wolle. Mrs. Smith beharrte auf ihrer Entscheidung und gab Billy und Brad sogar Geld für Schleckereien (Bestechung). Billy war nicht zufrieden, aber sie ließen ihn trotzdem zurück.

Als sie wieder nach Hause kamen, stellte Mrs. Smith entsetzt fest, daß Billy mit einem Messer das Polster von Marias Kinderstuhl aufgeschlitzt hatte. Mrs. Smith reagierte zunächst verletzt: »Wie konnte er das nur tun?« Dann überspielte sie den Kummer mit Zorn, verhaute Billy und schickte ihn in sein Zimmer.

Zu der Zeit, als dieser Zwischenfall sich ereignete, nahm Mrs. Smith an einer Elterngruppe teil und führte ein Tagebuch, in dem sie aufzeichnete, was sie in der Gruppe durcharbeiten wollte. Schon während sie ihre Tagebucheintragung machte, war sie objektiv genug, die Angelegenheit von Billys Standpunkt aus zu betrachten und erkannte, warum sein falsches Ziel Rache war. Sie benutzte die vier Schritte zur Gewinnung von Kooperation (siehe nächstes Kapitel):

Mrs. Smith ging in Billys Zimmer und fragte ihn: »Hast du gemeint, wir hätten Maria mitgenommen und dich nicht, weil wir sie lieber haben als dich?« Den Tränen nahe antwortete Billy mit ja.

»Ich verstehe, wie es kommt, daß du das gemeint hast. Und ich bin sicher, daß das ziemlich scheußlich für dich ist.« Billy fing an zu weinen.

Mrs. Smith legte ihm den Arm um die Schultern und wartete, bis er zu weinen aufhörte. Dann sagte sie: »Ich glaube, ich kann verstehen, wie dir zumute war. Als ich dreizehn Jahre alt war, nahm meine Mutter meine sechzehnjährige Schwester mit nach New York. Ich wollte auch mitfahren, aber mir wurde gesagt, ich sei noch zu jung. Das konnte ich nicht glauben. Ich war überzeugt, der wahre Grund sei, daß meine Mutter meine Schwester einfach lieber hatte als mich.« Billy war sehr verständnisvoll. Mrs. Smith fragte ihn: »Willst du wissen, warum wir dich nicht mitgenommen haben?« Billy nickte. »Gestern hast du mir so leid getan, weil es dir so heiß war und du dich so gelangweilt hast. Es war für keinen von uns ein Vergnügen, die Grundstücke zu besichtigen, solange du so darunter leiden mußtest. Und ich war wirklich davon

überzeugt, daß wir alle glücklicher wären, wenn du zu Hause bleiben und mit deinen Freunden spielen würdest, statt dich mit uns zu langweilen. Kannst du verstehen, warum ich glaubte, dir damit einen Gefallen zu tun?«

»Ich glaube, ja«, erwiderte Billy.

»Ich kann mir vorstellen, warum du gemeint hast, wir hätten Maria lieber als dich, weil wir sie mitgenommen haben, aber das ist ganz und gar nicht der Fall. Ich habe dich schrecklich lieb, Billy. Und ich hätte Maria gerne auch zu Hause gelassen, aber sie ist einfach noch zu klein, um draußen mit den anderen Kindern zu spielen.«

Mrs. Smith hielt Billy noch ein Weilchen im Arm, dann fragte sie: »Was meinst du, wie wir den Kinderstuhl wieder reparieren können?«

»Ich weiß, wie«, erwiderte Billy eifrig.

»Ich bin sicher, du kannst das.«

Gemeinsam erarbeiteten sie einen Plan. Von seinem Taschengeld kaufte er ein Stück Plastik. Gemeinsam machten sie ein Schnittmuster und bezogen den Stuhl neu. Der Stuhl war schöner als vorher – und ihre Beziehung ebenfalls.

Mrs. Smith erkannte, daß sie und Billy in einen Rachezyklus geraten waren. Er war zu der irrtümlichen Überzeugung gekommen, nicht geliebt zu werden (weil ihm Zugehörigkeit und Bedeutsamkeit fehlten). Das tat weh und führte zu dem falschen Ziel, zurückschlagen zu wollen. Also tat Billy verletzende und destruktive Dinge, doch Mrs. Smith überspielte ihren Kummer durch Zorn und bestrafte Billy wieder. Sie waren im Rachezyklus gefangen.

Mrs. Smith sah ein, daß der Stuhl nun schon kaputt war und daß Strafen ihn nicht wieder heil machen konnten. Doch sie wußte auch, daß sie so ein Verhalten nicht ignorieren konnte. Wenn sie Billy bestrafte, hatte sie das Gefühl, sie hätte »ihm so was nicht durchgehen lassen«, doch jetzt verstand sie, daß es auf die Dauer nicht zu dem Ziel führen konnte, das sie anstrebte.

Nachdem Mrs. Smith Billys falsches Ziel als Rache erkannt hatte, konnte sie so damit umgehen, daß es langfristige Erfolge brachte. Wenn Billy etwas Destruktives tat, gab sie zu, daß sie verstand, wie verletzt und aufgebracht er war, und daß sie später darüber reden würden. Nach der Abkühlungsphase durchlief sie die vier Schritte zur Gewinnung von Kooperation wie im oben genannten Beispiel. Am Ende fanden sie eine Lösung, die sie einander näherbrachte.

Dies alles geschah vor fünf Jahren. Mrs. Smith berichtet, daß sie und Billy heute ein ausgezeichnetes Verhältnis haben. Billy ist nur noch selten destruktiv und verletzend. Mrs. Smith mag nicht daran denken, wie es wäre, wenn sie ihren Rachezyklus fortgesetzt hätten.

Die Geschichte ist ein Beispiel für die *Vier Schritte zur Gewinnung von Kooperation*, die in Kapitel 6 erläutert werden, und zeigt gleichzeitig, wie Fehler Gelegenheiten bieten, dazuzulernen.

Arbeit mit Teenagern

Ich bin sicher, daß Sie, wenn Sie die vier falschen Verhaltensziele betrachten, feststellen werden, daß auch Erwachsene diese falschen Ziele und Vorstellungen oft annehmen. Dennoch ist es nicht so einfach, Kinder in eine dieser vier »Schubladen« zu stecken, wenn sie einmal elf oder zwölf Jahre alt sind.

Viele ungezogene Teenager verfolgen das irrtümliche Ziel von Macht oder Rache, doch auch andere Faktoren spielen mit hinein. Der Druck der Gleichaltrigen ist für Teenager besonders wichtig. Auch jüngere Kinder werden vom Druck der Gleichaltrigen beeinflußt, doch die Anerkennung von seiten der Erwachsenen ist ihnen noch immer wichtiger. Darum kann der Druck der Gleichaltrigen bei jungen Kindern dazu benutzt werden, Anerkennung durch die Erwachsenen anzustreben. Teenagern ist die Anerkennung von den Gleichaltrigen wichtiger als von den Erwachsenen und wird zu einem ihrer falschen Ziele.

Teenager haben außerdem das falsche Ziel von Spannung. Sie tun vieles »nur aus Spaß« – sogar, wenn es für andere destruktiv und schmerzhaft ist. Kinder mit diesem Ziel haben keine soziale Verantwortung gelernt. Zum Glück gibt es nicht viele Teenager, die dieses Ziel verfolgen, und die übrigen geben meist auf, sobald sie erwachsen werden.

Extreme Kontrolle kann sich bei Teenagern, die noch weniger als jüngere Kinder bereit sind, eine untergeordnete Stellung einzunehmen, katastrophal auswirken. Wenn Teenager starkem Kontrollverhalten von Erwachsenen ausgesetzt waren, begegnen sie dem Wort *Koopera-*

tion höchst mißtrauisch. Für sie klingt es wie: »Gib auf!« Und sie haben oft recht: Genau das meinen viele Erwachsene mit Kooperation.

Die einzige Möglichkeit, Teenager zur Kooperation zu gewinnen, liegt in gegenseitigem Respekt und Gleichheit bei der Problembewältigung. Familien- und Klassenkonferenzen lehren soziale Verantwortung und beziehen die Kinder in den Entscheidungsprozeß mit ein. Wenn sie einbezogen werden, kooperieren sie.

Zusammenfassung

Die vier in diesem Kapitel besprochenen Verhaltensziele werden als falsch bezeichnet, weil sie zu Fehlverhalten führen, da sie auf falschen Vorstellungen darüber beruhen, wie Zugehörigkeit und Bedeutsamkeit erlangt werden können. Die vier falschen Ziele repräsentieren vier falsche Vorstellungen, die von Kindern gehegt werden, wenn sie das Gefühl haben, nicht dazuzugehören und wertlos zu sein.

Ein ungezogenes Kind ist ein entmutigtes Kind. Die Mutlosigkeit beruht auf Vorstellungen und Gefühlen des nicht Dazugehörens und der Wertlosigkeit. Es spielt dabei keine Rolle, ob diese Vorstellungen der Wirklichkeit entsprechen oder eingebildet sind. Verhalten beruht auf dem, was das Kind für wahr hält, nicht auf der Wahrheit.

Es ist für uns Lehrer und Eltern oft nicht leicht, uns daran zu erinnern, daß ungezogene Kinder uns mitzuteilen versuchen, daß sie dazugehören wollen, wenn ihr Verhalten eher Frustration auslöst als Liebe und Zuneigung. Manche Experten nehmen an, daß wir das Fehlverhalten unterstützen, wenn wir positiv auf eine Ungezogenheit reagieren. Wenn wir uns dagegen klarmachen, daß ein ungezogenes Kind entmutigt ist, wird deutlich, daß das beste Mittel zur Beseitigung der Motivation für Fehlverhalten darin besteht, einen positiven Weg zu finden, dem Kind das Gefühl von Zugehörigkeit und Bedeutsamkeit zu vermitteln.

Dieses Konzept intellektuell zu akzeptieren ist eines, es in die Praxis umsetzen, ist aus zwei Gründen gar nicht so einfach:

1. Den wenigsten Erwachsenen ist danach zumute, positiv zu sein, wenn ein Kind ungezogen ist.
2. In dem seltenen Fall, wo der Erwachsene auf Fehlverhalten positiv reagiert, wird er oft vom Kind abgewiesen werden. Das liegt daran, daß sich die wenigsten Kinder (wie die meisten von uns) so ohne weiteres ermutigen lassen, wenn sie Ermutigung dringend brauchen. Sie sind emotional viel zu aufgebracht, um es akzeptieren zu können. Warten Sie eine *Abkühlungsphase* ab, und versuchen Sie anschließend wieder, Mut zuzusprechen.

Das Kind, das dringend Zuneigung und Liebe braucht, ist am wenigsten liebenswert.

Die Kenntnis der vier falschen Verhaltensziele hilft Erwachsenen, daran zu denken, was Kinder durch ihr Fehlverhalten wirklich zum Ausdruck bringen wollen: »Ich will nur dazugehören.« Sie hilft uns auch, das Problem zu lösen, wenn sofortige Ermutigung wegen der emotionalen Verstrickung unwirksam ist.

Denken Sie daran, daß das Verstehen der vier Ziele und das Lernen, was zur Erreichung kurzfristiger Ergebnisse getan werden kann, das Problem nicht dauerhaft lösen. Nur wenn man dem Kind durch Ermutigung hilft, Zugehörigkeit und Bedeutsamkeit zu fühlen, sind langfristige Wirkungen möglich. Wenn Ermutigung zum Zeitpunkt des Problemverhaltens nicht gegeben oder nicht akzeptiert werden kann, sollte es nach einer Abkühlungsphase wieder aufgegriffen werden. Und vergessen Sie nicht, daß es für Machtkämpfe und Rachezyklen zwei braucht. Vielleicht sollten Sie einmal einen Blick auf Ihre eigenen falschen Ziele werfen und daran arbeiten, sie in eine demokratischere Attitüde zu verwandeln.

Tabelle der falschen Verhaltensziele

Falsche Annahme	Gefühl des Erwachsenen	Reaktion des Kindes	Falsches Ziel	Korrigierende Maßnahme (eine oder mehrere)
Ich gehöre nur dazu, wenn ich ständig Aufmerksamkeit bekomme.	Ärgerlich. Neigung, zu ermahnen oder überreden.	Zeitweilige Ruhe, wenn es Aufmerksamkeit erhält.	Aufmerksamkeit	Verhalten ignorieren. Verhalten umlenken. Logische Konsequenzen. Alternativen anbieten. Unerwartetes tun. Ermutigen.
Ich gehöre nur dazu, wenn ich Macht habe, gewinne oder verhindere, daß du gewinnst.	Provoziert, bedroht, herausgefordert: »Ich werde dich zwingen, es zu tun!«	Verstärktes Fehlverhalten mit passivem oder aktivem Trotz.	Macht	Aus dem Machtkampf zurückziehen. Abkühlungsphase abwarten. Kind zum Problemlösen gewinnen. Handeln. Entscheiden, was *Sie* tun wollen. Ermutigen.
Ich kann nicht dazugehören, aber ich kann anderen wenigstens wehtun.	Verletzt (mit Zorn überspielt). »Wie kannst du mir so was antun, wo ich soviel für dich zu tun versuche?«	Übt Vergeltung durch noch verletzenderes oder destruktives Verhalten.	Rache	Aus dem Rachezyklus aussteigen. Abkühlungsphase abwarten. Kind gewinnen. Ermutigen und Problemlösung verwenden.
Ich kann nicht dazugehören. Ich gebe auf.	Unfähig zu helfen. Mitleid mit dem Kind.	Passiv. Meidet Aufmerksamkeit.	Unterstellte Unfähigkeit	Mitleid vermeiden. Zeit für Training und Ermutigung nehmen. Kleine Erfolge organisieren. Nicht aufgeben.

Nach Nancy Pearcy und Louise van Vliet.

73

Diskussionsfragen

1. Welches sind die vier falschen Verhaltensziele?
2. Welches ist die falsche Vorstellung des Kindes für jedes der falschen Ziele?
3. Warum ist es wichtig, das Ziel zu erkennen?
4. Welches sind die beiden Indizien, die dem Erwachsenen helfen, das Ziel zu identifizieren?
5. Welche Gefühlsreaktion wird beim Erwachsenen als Antwort auf Verhalten je nach falschem Ziel hervorgerufen? (Geben Sie die Antwort für jedes Ziel getrennt.)
6. Wie reagieren Kinder, die aufgrund eines der vier Ziele ungezogen sind, darauf, wenn Sie ihnen sagen, sie sollten damit aufhören? (Geben Sie die Antwort für jedes der vier Ziele.)
7. Nennen Sie ein paar wirksame Reaktionen oder Handlungsweisen von Erwachsenen, die das Fehlverhalten im Rahmen eines jeden Zieles korrigieren können. (Diese Methoden werden in den folgenden Kapiteln eingehender behandelt.)
8. Warum werden die vier Ziele als falsch bezeichnet?
9. Das Verhalten von Kindern basiert nicht auf der Wahrheit, sondern worauf?
10. Was versucht ein Kind durch sein Fehlverhalten mitzuteilen?
11. Warum ist es schwierig, an das zu denken, was das Kind uns zu sagen versucht?
12. Warum ist es möglich, daß Kinder unsere Versuche, positiv auf ihr Fehlverhalten zu reagieren, abwehren?
13. Welches Kind braucht im allgemeinen am meisten Liebe?
14. Was ist das wichtigste, das wir tun können, um einem Kind zu helfen, die Gründe für sein Fehlverhalten zu überwinden?

Kapitel 5

Natürliche und logische Konsequenzen

Haben Sie je überlegt, woran Kinder denken, wenn sie bestraft werden? Viele denken an Rache. Bestrafte Kinder tun oft sehr bald etwas, um wieder quitt zu sein. Wenn Kinder bestraft worden sind, bleibt ihnen oft das Gefühl von Ungerechtigkeit. Statt über das Verhalten nachzudenken, das zur Bestrafung geführt hat, richtet sich ihr Zorn gegen den Erwachsenen, der die Strafe verhängt hat.

Mancher Erwachsene macht den Fehler zu glauben, das Kind sei weiterhin ungezogen, weil die Strafe nicht hart genug war, um ihm eine Lektion zu erteilen. Also strafen sie erneut und härter – und das Kind findet eine neue, raffiniertere Art, quitt zu werden. Der Rachezyklus wird fortgesetzt. Eltern erkennen den Ernst des Rachezyklus manchmal erst, wenn das Kind zum Teenager herangewachsen ist und rebelliert, indem es davonrennt, in die Drogenszene gerät, schwanger wird oder etwas ähnlich Katastrophales anrichtet. Ironischerweise schadet sich das Kind durch seine Rache mindestens ebenso wie seinen Eltern.

Andere Kinder tun, wenn sie bestraft werden, ein Gelübde, sich beim nächsten Mal nicht erwischen zu lassen. Manche Kinder beschließen, das, was zur Bestrafung geführt hat, nicht wieder zu tun, doch nicht, weil sie die Prinzipien von falsch und richtig erkannt hätten, sondern weil sie eingeschüchtert und verängstigt sind.

Ich behaupte nicht, Strafen seien wirkungslos. Jeder, der mit Kindern gearbeitet hat, weiß, daß sie aufhören, sich danebenzubenehmen, wenn man sie bestraft – jedenfalls für ein Weilchen. Das läßt manchen Erwachsenen glauben, er hätte gewonnen. Doch sie haben den Disziplinkrieg ohne jeden Zweifel verloren, wenn die Kinder danach trachten, quitt zu werden, oder aus Angst kuschen.

Wir müssen uns vor dem, was »funktioniert«, in acht nehmen und die langfristigen Ergebnisse im Auge behalten. Solange den Erwachsenen daran gelegen ist zu *gewinnen*, machen sie die Kinder zu *Verlierern*.

Um dem Disziplinkrieg ein Ende zu setzen, ist es unumgänglich, sich aus Machtkämpfen herauszuhalten und eine Atmosphäre zu schaffen, in der die Langzeitwirkungen für die Kinder wie für die Erwachsenen gegenseitiger Respekt, Verantwortungsbewußtsein, Selbstdisziplin und Kooperation in der Problembewältigung sind.

Erwachsene müssen die Führerrolle übernehmen, indem sie eine positive Atmosphäre schaffen, um Kinder zu gewinnen, statt gegen die Kinder zu gewinnen. Eine Technik dazu ist die Verwendung der natürlichen und logischen Konsequenzen anstelle von Strafe.

Was sind natürliche und logische Konsequenzen, und worin unterscheiden sie sich von Strafen?

Eine *natürliche* Konsequenz ist alles, was *natürlich und ohne das Eingreifen des Erwachsenen* geschieht. Wenn man im Regen steht, wird man naß. Wenn man nicht ißt, kriegt man Hunger. Wenn man seinen Mantel vergißt, friert man. *Logische* Konsequenzen dagegen *verlangen das Eingreifen eines Erwachsenen* oder anderer Kinder während einer Familien- oder Klassenkonferenz. Mit Hilfe der natürlichen und logischen Konsequenzen können Kinder lernen, Verantwortungsgefühl zu entwickeln. Betrachten wir zunächst ein Beispiel dafür, wie natürliche Konsequenzen funktionieren.

Billy, ein Erstkläßler, vergaß regelmäßig sein Lunchpaket. Die Mutter unterbrach ihre Arbeit und brachte ihm sein Lunchpaket in die Schule. Nachdem sie von den natürlichen Konsequenzen erfahren hatte, beschloß sie, daß Billy wahrscheinlich schnell lernen würde, selbst an sein Lunchpaket zu denken, wenn er mal einen oder zwei Tage ohne auskommen mußte. Sie diskutierte ihre Entscheidung mit Billy und ließ ihn wissen, daß sie überzeugt sei, er könne die Verantwortung für sein Lunchpaket ganz gut selbst tragen. Und sie sagte ihm, daß sie ihm sein Paket nicht mehr in die Schule bringen würde, wenn er es vergäße, weil sie wüßte, daß er aus seinen Fehlern lernen würde.

Ihre Absichten wurden eine Zeitlang von Billys Lehrerin sabotiert, die ihm Geld für ein Sandwich lieh, wenn er sein Lunchpaket vergessen hatte. Erst nachdem Billys Mutter und die Lehrerin sich auf einen Plan geeinigt hatten, der es Billy erlaubte, aus den natürlichen Konsequenzen seines Verhaltens zu lernen, machte er sich für sein Lunchpaket verantwortlich.

Billy testete den Plan. Als er zum ersten Mal sein Paket wieder zu Hause vergaß, bat er zunächst die Lehrerin um Geld. Sie erwiderte:

»Tut mir leid, Billy, aber wir hatten uns geeinigt, daß du dein Lunchproblem allein handhaben kannst.« Dann rief Billy seine Mutter an und bat sie, ihm seinen Lunch in die Schule zu bringen. Freundlich, aber bestimmt erinnerte sie ihn daran, daß er selber dafür verantwortlich sei. Billy schmollte eine Weile, obwohl ihm einer seiner Freunde die Hälfte seines Sandwiches abgab.

Danach vergaß Billy sein Lunchpaket nur noch selten. Und wenn es doch geschah, gelang es ihm, jemanden zu finden, der sein Essen mit ihm teilte. Als Billy ins zweite Schuljahr kam, hatte er sogar die Verantwortung dafür übernommen, sein Lunchpaket selbst vorzubereiten und es nicht zu Hause zu vergessen.

Natürliche Konsequenzen halfen der elfjährigen Julie, selbst für die Sauberkeit ihrer Kleider verantwortlich zu sein. Die Mutter ermahnte Julie ständig, ihre schmutzigen Kleider in den dafür vorgesehenen Korb zu tun. Julie folgte den Ermahnungen nicht, doch sie beklagte sich ständig, daß die Kleider, die sie anziehen wollte, nicht gewaschen waren. Die Mutter gab immer wieder nach und schob schnell noch ein Extrawaschprogramm ein, wenn Julie Theater machte.

Die Mutter beschloß, es mit natürlichen Konsequenzen zu versuchen. Sie erklärte Julie freundlich, aber bestimmt, daß sie überzeugt sei, Julie könne die Verantwortung für ihre Kleider recht gut selbst tragen. Sie erklärte, daß sie von nun an nur die Kleider waschen würde, die am Waschtag im Wäschekorb seien. Sie würde Julie die Chance geben, die natürlichen Konsequenzen zu erleben, wenn sie ihre Kleider nicht rechtzeitig in den Korb getan hätte.

Auch Julie testete den Plan. Ein paar Tage später wollte sie eine Hose anziehen, die sie nicht in den Korb gesteckt hatte. Als Julie sich beklagte, erwiderte die Mutter freundlich: »Ich kann mir denken, daß du schrecklich enttäuscht bist, weil sie nicht gewaschen ist.« Julie bettelte, sie möge doch schnell einen Extrawaschgang machen, doch Mutter antwortete: »Ich bin sicher, du kannst eine andere Lösung finden.« Dann ging sie unter die Dusche, um jede weitere Diskussion in der Konfliktsituation zu vermeiden. Julie war verärgert, daß sie an diesem Tag etwas anderes anziehen mußte, aber es verging einige Zeit, bis sie wieder einmal vergaß, etwas in den Wäschekorb zu tun.

Auch wenn natürliche Konsequenzen oft der beste Weg sind, ein Kind die Folgen seines Verhaltens zu lehren, so gibt es Situationen, in denen natürliche Konsequenzen nicht praktikabel sind:

– *Wenn ein Kind in Gefahr ist.* Erwachsene können nicht zulassen, daß ein Kind beispielsweise am eigenen Leibe die natürlichen Konsequenzen des Spielens auf der Fahrbahn erlebt.

Wenn dieser Aspekt angesprochen wird, benutzt ihn unweigerlich jemand als Argument für Prügel. »Ich muß mein Kind verhauen, damit es lernt, nicht auf die Fahrbahn zu rennen.« Ich frage dann zurück, ob derjenige dann bereit sei, sein Kind, nachdem es eine Tracht Prügel bezogen habe, damit es lerne, nicht auf die Fahrbahn zu rennen, unbeaufsichtigt an einer befahrenen Straße spielen zu lassen. Die Antwort ist grundsätzlich nein. Auf die Frage, wann sie ihre Kinder denn unbeaufsichtigt an einer belebten Straße spielen lassen würden, sind sich die meisten Eltern einig, daß sie ihre Kinder erst zwischen fünf und acht Jahren dort spielen lassen würden, egal wieviel Prügel sie bezogen hatten, um zu lernen, daß man nicht auf die Fahrbahn laufen darf. Daraus geht deutlich hervor, daß Reife oder die Bereitschaft, gewisse Verantwortlichkeiten zu lernen, wichtiger sind als Schläge.

Eltern müssen sich Zeit zum Trainieren nehmen, auch wenn die Kinder heranreifen, doch es ist wirksamer und weniger erniedrigend, logische Konsequenzen zu verwenden, um den Kindern zu helfen, Verantwortlichkeit zu entwickeln. Die logische Konsequenz in diesem Fall wäre es, das Kind jedesmal, wenn es auf die Straße rennen will, in den Garten zu bringen. Es wird daraus mehr lernen als durch Schläge, doch es wird erst wenn es älter ist, unbeaufsichtigt spielen können.

– *Wenn die natürlichen Konsequenzen mit den Rechten Dritter unvereinbar sind.* Erwachsene können zum Beispiel nicht zulassen, daß ein Kind die natürlichen Konsequenzen erfährt, wenn es andere mit Steinen beschmeißt.

– *Wenn die natürlichen Konsequenzen dem Kind keine Probleme verursachen,* ist diese Technik nicht wirksam. Den wenigsten Kindern macht es etwas aus, wenn sie sich nicht waschen, die Zähne nicht putzen, ihre Hausaufgaben nicht erledigen, tonnenweise Süßigkeiten essen...

Wir sollten auf die logischen Konsequenzen umschalten, um Kindern zu helfen, verantwortliche Kooperation zu lernen, wenn ihr Verhalten Dritten schadet, Gefahr bedeutet oder wenn es ihnen kein Problem

verursacht. Wie weiter oben schon angedeutet, unterscheiden sich die logischen Konsequenzen von den natürlichen insofern, als sie das Eingreifen von Erwachsenen oder Kindern im Rahmen einer Familien- oder Klassenversammlung erfordern, um Kindern zur Erfahrung der Konsequenzen ihres Verhaltens zu verhelfen.

Linda zum Beispiel klopfte mit ihrem Schreiber auf den Tisch, während sie ihre Aufgaben machte. Das störte die anderen Kinder. Ihre Lehrerin ließ ihr die Wahl, entweder mit dem Klopfen aufzuhören oder den Schreiber wegzulegen und die Arbeit später zu Ende zu machen. (Es erweist sich meist als nützlich, Kindern die Wahl zu lassen, ihr Fehlverhalten zu stoppen oder die logischen Konsequenzen zu erleiden.)

Dan brachte ein Spielzeugauto mit in die Schule. Seine Lehrerin fragte ihn, ob er sein Auto lieber bei ihr oder beim Rektor aufbewahren lassen wolle, bis die Schule zu Ende sei. Dan entschied, es lieber bei ihr zu lassen. (Es erweist sich als nützlich, mit den Kindern über die Konsequenzen ihres Verhaltens unter vier Augen zu sprechen, so daß sie vor ihren Mitschülern nicht das Gesicht verlieren.)

Kindern eine Wahl zu lassen und mit ihnen unter vier Augen über die Konsequenzen zu reden, sind nicht die einzigen Richtlinien für wirksame logische Konsequenzen. Wenn dies der Fall wäre, könnte man das Kind auch beiseite nehmen und ihm die Wahl lassen, entweder mit den Ungezogenheiten aufzuhören oder Schläge zu beziehen.

Rudolph *Dreikurs* war höchst betroffen, als er erfuhr, daß Eltern und Lehrer zu Bestrafungen griffen und dies die »Dreikurs-Methode der logischen Konsequenzen« nannten.

Durch drei Kriterien lassen sich Lösungen als logische Konsequenzen identifizieren und von Bestrafung unterscheiden:

1. Verknüpft.
2. Respektvoll.
3. Angemessen.

Wenn der Lösung eines dieser drei Kriterien fehlt, kann man es nicht mehr als logische Konsequenz betrachten.

Wenn ein Kind sein Pult beschmiert, liegt es nahe anzunehmen, die *verknüpfte* Konsequenz sei, daß das Kind sein Pult wieder saubermachen müsse. Aber was geschieht, wenn eines der beiden anderen Kriterien fehlt?

Wenn ein Lehrer nicht *respektvoll* ist und seine Aufforderung, das Pult sauberzumachen, erniedrigend wirkt, so ist es keine logische Konsequenz mehr. Mr. Martin glaubte, eine logische Konsequenz zu verwenden, als er Mary vor der ganzen Klasse aufforderte: »Mary, ich bin sehr überrascht, daß du so etwas Dummes tust. Jetzt mach sofort das Pult wieder sauber, oder ich muß deinen Eltern berichten, wie sehr du mich enttäuscht hast.« In diesem Beispiel fehlte es an Respekt, und das Kind wurde gleichzeitig gedemütigt.

Wenn der Lehrer nicht angemessen reagiert und verlangt, daß das Kind sämtliche Pulte putzen solle, damit es ihm eine Lehre sei, so ist das keine logische Konsequenz mehr. Angemessenheit wurde durch Macht ersetzt, um Leiden zu verursachen. Das geht meist auf die falsche Vorstellung zurück, daß Kinder nur lernen, wenn sie leiden.

Wenn ein Kind Milch verschüttet, ist die verknüpfte Konsequenz, daß es sie wieder aufputzt. Es mangelt Ihnen an Respekt, wenn Sie sagen: »Wie kannst du nur so tolpatschig sein? Das war das letzte Mal, daß du dir die Milch selbst eingießen durftest.« Es wäre wesentlich respektvoller zu sagen: »Hoppla! Na, was machen wir denn nun?« Wenn das Kind nicht weiß, was zu tun ist, so liegt das daran, daß Sie sich bislang nicht die Zeit genommen haben, es ihm beizubringen. Das Problem so anzugehen zeigt auch, welch großartige Gelegenheiten zum Lernen Fehler sein können. Es wäre nicht angemessen, das Kind für seinen Fehler büßen zu lassen, indem man es den ganzen Boden schrubben läßt.

Wenn der Erwachsene übrigens eines der drei Kriterien außer acht läßt, so daß die Folgen nicht *verknüpft, respektvoll und angemessen* sind, erleben Kinder die *drei R des Strafens*, die in Kapitel 1 besprochen wurden und hier noch einmal erwähnt werden sollen:

1. Ressentiment.
(»Das ist unfair. Ich kann den Erwachsenen nicht trauen.«)
2. Rache.
(»Diesmal haben sie gewonnen, aber ich werd's ihnen schon noch zeigen.«)
3. Rückzug in Form von Rebellion –
(»Nächstes Mal laß ich mich nicht erwischen –«) oder angeschlagenem Selbstbewußtsein. (»Ich bin ein Versager.«)

Lehrer und Eltern geben nicht gern zu, daß der Hauptgrund für Strafen oft in der Demonstration ihrer Macht, das Kind zu besiegen, oder im Ausüben von Rache zu suchen ist, wenn sie das Kind leiden lassen. Unbewußt liegt dem der Gedanke zugrunde: »Ich bin erwachsen, und du bist das Kind. Du wirst tun, was ich dir sage – oder du mußt büßen.«

Eine Witzzeichnung illustriert das Beispiel: Eine Mutter schaut zu, wie der Vater das Kind mit einem Stock in der Hand verfolgt. Die Mutter ruft: »Warte! Gib ihm doch noch mal eine Chance!« Darauf der Vater: »Wer weiß, ob er es je wieder tut!«

Offensichtlich ist es diesem Vater (und vielen Erwachsenen) wichtiger, das Kind für seine Ungezogenheit leiden zu lassen, statt ihm zu helfen, es zu ändern.

Leiden ist keine Voraussetzung für logische Konsequenzen. Es mag für ein Kind zum Beispiel ein Vergnügen sein, in sein Zimmer geschickt zu werden, wo es lesen oder spielen kann. (Das ist gut so, denn der Sinn der Isolation ist, das Fehlverhalten zu stoppen, nicht Rache zu üben.)

Isolation kann eine Lösung sein, die allen drei Kriterien der logischen Konsequenzen gerecht wird, wenn folgende Richtlinien beachtet werden:

– Nehmen Sie sich Zeit zum Üben. Sprechen Sie davon, wie nützlich Isolation sein kann, ehe Sie sie einsetzen. Unterrichten Sie die Kinder über den Wert einer Abkühlungsphase und darüber, wie wichtig es ist, abzuwarten, bis sich alle wieder besser fühlen, ehe man den Konflikt zu lösen versucht.
– Stellen Sie im voraus einen Plan auf, daß Sie oder das Kind sich eventuell in ihre Zimmer zurückziehen müssen. Erläutern Sie, daß der Sinn der Isolation nicht in Strafe oder im Leiden liegen soll. Machen Sie Vorschläge, was das Kind tun kann, während es allein im Zimmer ist, um sich besser zu fühlen, zum Beispiel Lesen, Spielen, Ausruhen oder Musik hören.
– Schließlich sollte die Aufforderung, sich zu isolieren, von der Ermutigung begleitet werden, das Kind könne zurückkommen, sobald es sich wieder danach fühle.

Diese Richtlinien zur Isolation sind auch für Lehrer tauglich, die allerdings einen Platz zur Vereinzelung zur Verfügung haben müssen. Der Unterschied liegt vor allem in den Vorschlägen zur Beschäftigung, bis

man sich besser fühlt, wie ruhen, ungestört arbeiten oder mögliche Lösungen ausdenken.

Martha schickte ihren Sohn in sein Zimmer, weil er ungezogen war. Als er wenige Minuten später zurückkam, schickte sie ihn sofort wieder zurück. Auf die Frage, ob das Kind denn noch immer ungezogen gewesen sei, als es aus seinem Zimmer kam, mußte sie zugeben, daß das nicht der Fall war. Grinsend erkannte sie, daß es unnötig gewesen wäre, ihn zurückzuschicken, wenn sie ihr Ziel, sein Verhalten zu ändern, im Bewußtsein behalten hätte, statt sich ihrer Macht zu vergewissern, ihn leiden lassen zu können.

Wie kommen wir nur zu der absurden Vorstellung, daß wir Kinder, wenn wir bessere Leistungen von ihnen wollen, erst einmal leiden lassen müssen?

Das Ausspielen der Macht, Kinder leiden zu lassen, ist ein so weit verbreiteter Fehler bei Eltern und Lehrern, daß sie sehr oft ihr vorrangiges Ziel, Kinder zu besserem Verhalten zu inspirieren, aus den Augen verlieren.

Wenn Eltern und Lehrer einmal vom Wert der natürlichen und logischen Konsequenzen überzeugt sind, kann es sich noch immer als schwierig erweisen, sie anzuwenden. Die einzige Ausbildung, die wir zum Elternsein genossen haben, stammt von unseren eigenen Eltern, und darin waren die logischen und natürlichen Konsequenzen nur höchst selten inbegriffen.

Eltern und Lehrer geben auch nicht gern zu, daß das Verhängen von Strafen ihnen in angenehmer Weise das Gefühl von Macht zurückgibt, das ihnen entgleitet, wenn Kinder ungezogen sind. Das ist ihnen natürlich nicht bewußt, aber wenn sie damit konfrontiert werden, erkennen sie es meistens.

In klaren Momenten wissen Erwachsene, daß ihr grundlegendes Ziel darin besteht, Kinder zu glücklichen, verantwortungsbewußten Menschen zu erziehen. Doch wie leicht kann man sich in falschem Stolz und egoistischen Zielen verlieren.

Fehlverhalten von seiten der Erwachsenen beruht nicht immer auf falschem Stolz und egoistischen Zielen. Manchmal sind sie wirklich falsch geleitet. Viele glauben, Strafen seien der beste Weg, Kinder zu Besserem zu motivieren. Sie sind ehrlich davon überzeugt, daß Kinder erst einmal leiden müssen, damit sie sich besser entwickeln.

Mark benahm sich ausgesprochen respektlos und störend während

des Unterrichts und hörte nicht auf zu schwatzen. Mr. Smith, sein Lehrer, bestrafte ihn, indem er ihm aufgab, dreißigmal den Satz nieder-zuschreiben: »Ich soll während des Unterrichts nicht stören.« Dummerweise glaubte Mark nicht: »Großartig! Das habe ich echt verdient. Ich werde dadurch lernen, während des Unterrichts nicht zu schwatzen.« Statt dessen nahm er es übel und wurde rebellisch. Also schrieb er den Satz nicht dreißigmal. Mr. Smith glaubte wie viele Erwachsene, daß die Strafe nicht hart genug gewesen sei, da sie nicht gewirkt hatte – also verdoppelte Mr. Smith die Aufgabe auf sechzig Sätze.

Mark nahm es noch übler und wurde noch rebellischer und weigerte sich. Seine Mutter wies ihn darauf hin, daß die Strafe wahrscheinlich ein weiteres Mal verdoppelt würde, wenn er nicht nachgäbe (ob es nun gerecht sei oder nicht), und daß er vermutlich rausfliegen würde. »Das ist mir wurscht«, erklärte Mark. »Ich tu's trotzdem nicht.« Die Strafe wurde auf hundertzwanzig Sätze heraufgesetzt, und die Mutter wurde in die Schule bestellt. Viele Lehrer glauben, daß Strafen nicht wirken, weil die Eltern sie nicht unterstützen. Marks Mutter war Leiterin von Elternstudiengruppen und hielt nicht viel von Strafen.

Bei dem Gespräch machte sie deutlich, daß sie auch der Meinung sei, daß Mark sich respektlos und störend verhalten habe, und daß das zu korrigieren sei. Dann schlug sie vor: »Da Mark etwas getan hat, das Ihre Arbeit stört und unangenehm gemacht hat, wie wäre es, wenn Sie ihn etwas tun ließen, das das wiedergutmacht und Ihnen hilft, Ihren Job angenehmer zu gestalten?«

»Was denn, zum Beispiel?« fragte Mr. Smith.

Sie schlug vor, er könne die Wandtafel putzen, den Papierkorb ausleeren oder Mitschülern bei der Arbeit helfen.

Der Vorschlag gefiel Mark, und er platzte dazwischen: »Ja, ich könnte den anderen die transitiven und intransitiven Verben erklären!«

»Ja, die hast du gut verstanden«, meinte Mr. Smith. »Und vielen deiner Mitschüler ist es noch nicht klargeworden.« Dann schaute er Marks Mutter an und meinte: »Aber das würde ihm doch Spaß machen!«

Mr. Smith war nicht bereit, dem Vorschlag zu folgen, wo störendes Verhalten durch konstruktive Leistungen beantwortet wurde, weil er fürchtete, daß Mark dadurch für seine Ungezogenheit auch noch belohnt würde.

Dies ist ein gutes Beispiel für den Irrtum, daß man Kinder besser

machen könne, indem man sie erst einmal schlecht macht. Doch viele Lehrer haben die Erfahrung gemacht, daß das Umkehren von Fehlverhalten auf konstruktive Mithilfe die Kinder ermutigt, ihr Fehlverhalten aufzugeben oder wenigstens stark zu vermindern, wie Sie in späteren Beispielen noch sehen werden.

Ein weiterer Aspekt, der die Verwendung der logischen Konsequenzen erschwert, liegt darin, daß es Nachdenken, Geduld und Selbstkontrolle erfordert. Viele Erwachsenen finden es leichter, Forderungen an die Kinder zu stellen, statt an sich selbst.

Dreikurs lehrte, wie wichtig es ist, im Umgang mit Kindern freundlich und bestimmt zu sein. Freundlichkeit ist wichtig, um unseren Respekt vor dem Kind zu zeigen. Bestimmtheit zeigt den Respekt vor uns selbst und vor den Erfordernissen einer Situation. Autoritärem Vorgehen fehlt meist die Freundlichkeit, permissivem Vorgehen die Bestimmtheit. Freundlichkeit und Bestimmtheit sind grundlegende Voraussetzungen für einen positiven Ansatz.

Dreikurs erkannte auch, daß es manchen Leuten leichtfällt, bestimmt zu sein, aber nicht freundlich. Sie ziehen autoritäre Methoden vor. Anderen fällt es leichter, freundlich zu sein, aber nicht bestimmt. Sie verfallen auf Permissivität. Die Mehrheit von uns kann sowohl freundlich als auch bestimmt sein, aber nicht beides gleichzeitig, besonders, wenn wir es mit einem ungezogenen Kind zu tun haben.

Als ich diese Konzepte kennenlernte, war ich davon überzeugt, es sei vor allem wichtig, offen, ehrlich und spontan zu sein. Mein Problem war, daß meine offene, ehrliche und spontane Reaktion auf meine ungezogenen Kinder in Drohen, Schreien und Prügeln bestand. Ich wußte, daß es weder ehrlich noch spontan war, wenn ich mich freundlich gab, obwohl ich das Bedürfnis hatte, bestimmt zu sein, da ich im allgemeinen zornig über Ungezogenheit wurde. Andererseits sagte ich mir, daß es nicht zuviel verlangt sei, mein Verhalten zu kontrollieren, da ich von meinen Kindern nichts Geringeres erwartete. Es brauchte einige Übung, doch die Ergebnisse waren der Mühe wert.

Mein erster Versuch mit logischen Konsequenzen schlug erbärmlich fehl, weil mir nicht klargewesen war, wie wichtig es ist, *gleichzeitig* freundlich und bestimmt zu sein, und ich zudem die drei Kriterien der logischen Konsequenzen nicht kannte. Ich war bestimmt, aber nicht freundlich, und ich fügte Demütigung hinzu.

Ich ließ meine Kinder im voraus wissen, daß sie, wenn sie zu spät

zum Abendessen kämen, bis zum Frühstück warten müßten. Ich wollte weder dafür verantwortlich sein, sie zu suchen, noch ein zweites Mal Essen zu servieren und hinterher aufzuräumen. Als sie das nächste Mal zu spät kamen, bestand ich nicht freundlich und bestimmt darauf, die Abmachung einzuhalten, sondern beschimpfte sie, daß sie trotz der Warnung nicht pünktlich gewesen seien und fügte meine »Ich hab' euch doch gewarnt«-Sprüche hinzu. Ich verwandelte das, was eine logische Konsequenz hätte sein können, in Bestrafung und wunderte mich dann, daß es nicht funktionierte.

Nachdem ich schließlich all die Voraussetzungen begriffen und gelernt hatte, konnte ich logische Konsequenzen erfolgreich einsetzen. Jahrelang hatte ich mich damit gequält, meine Kinder dazu zu bringen, am Morgen pünktlich mit dem Anziehen fertig zu werden. Nachdem ich die Konzepte der natürlichen und logischen Konsequenzen kennengelernt hatte, hielten wir eine Familienkonferenz ab und faßten gemeinsam den Beschluß, daß das Frühstück morgens zwischen halb acht und halb neun serviert würde. Wer nicht pünktlich angekleidet am Tisch erschien, würde bis zum Mittagessen warten müssen. Da die Kinder an dieser Entscheidung mitgewirkt hatten, schienen sie während der ersten Wochen besonders eifrig an der Durchführung des Planes mitzuarbeiten. Der siebenjährige Kenny legte sich sogar schon am Abend seine Kleider bereit wie ein Feuerwehrmann, um sich am Morgen besonders schnell anziehen zu können.

Kenny war auch der erste, der den Plan testete. Eines Morgens saß er im Schlafanzug im Wohnzimmer auf dem Sofa. Mit einem Auge beobachtete er die Uhr. Eine Minute nach halb neun kam er in die Küche und verlangte sein Frühstück. »Bedaure, Kenny«, sagte ich, »aber die Frühstückszeit ist vorbei. Ich bin sicher, du hältst es bis zum Mittagessen aus.« Kenny knurrte, daß er nicht warten würde, und kletterte auf die Anrichte, um sich die Getreideflocken zu holen. Ich mußte mich höllisch zusammenreißen, um freundlich zu bleiben, während ich ihn mit Bestimmtheit von der Anrichte hob. Er schrie und hatte einen erstklassigen Wutanfall, der ungefähr eine dreiviertel Stunde anhielt und den er nur hin und wieder unterbrach, um erneut auf die Anrichte zu klettern. Jedesmal holte ich ihn freundlich, aber bestimmt wieder runter. Schließlich ging er hinaus. Ich war überhaupt nicht sicher, ob es gewirkt hatte, und dachte daran, wieviel einfacher es wäre, ihn zu bestrafen, statt sich eine dreiviertel Stunde lang sein Geschrei anhören zu müssen.

Während der nächsten zwei Wochen erschienen alle Kinder pünktlich und fertig angezogen zum Frühstück. Dann beschloß Kenny, den Plan erneut zu testen. Als er eine Minute nach halb neun im Schlafanzug in die Küche kam, sagte ich wie beim vorigen Mal: »Tut mir leid, daß du das Frühstück verpaßt hast, aber ich bin sicher, du kannst bis zum Mittagessen durchhalten.« Im stillen dachte ich: »Nur das nicht! Noch mal halte ich nicht eine dreiviertel Stunde lang mit Freundlichkeit und Bestimmtheit durch, bis er mit seinem Wutanfall fertig ist!«

Zu meiner großen Erleichterung mußte ich ihn nur einmal von der Anrichte holen, während er vor sich hinmurmelte, er ginge zum Spielen nach draußen. »Ich hatte sowieso keinen Hunger.«

Das war das letzte Mal, daß ich Schwierigkeiten damit hatte, die Kinder am Morgen vor dem Frühstück zum Anziehen zu kriegen. Es hatte geklappt!

Dieses Beispiel zeigt gleichzeitig zwei Aspekte, die weiter oben schon erwähnt wurden:

1. Meist wird es erst einmal schlimmer, weil die Kinder den Plan testen. Es ist schwierig, aber wirksam, während der Testphase freundlich und bestimmt zu bleiben.
2. Bestrafung mag kurzfristig schneller wirken, doch logische Konsequenzen helfen den Kindern, die für langfristige Ergebnisse nötigen Eigenschaften zu entwickeln.

Janet trödelte gern und schaffte es nie, in der Schule ihre Aufgaben in der gegebenen Zeit zu erledigen. Schließlich erklärte die Lehrerin, daß Janet die unfertigen Aufgaben während der Pause zu Ende machen müsse. Zwei Tage verbrachte Janet die Pausen bei der Arbeit, danach beschloß sie, die Aufgaben in der gegebenen Zeit fertig zu machen.

Es gibt jeweils nicht nur eine logische Konsequenz zu einer Problemsituation. Es bestehen mehrere mögliche Variationen, das anstehende Problem zu lösen.

Manche Lehrer mögen es nicht, wenn die Kinder eine Pause verpassen, und ziehen es vor, sie nach der Schule dazubehalten, bis sie ihre Arbeit erledigt haben. In anderen Fällen haben die Lehrer es so eingerichtet, daß Schüler, die ihre Arbeit nicht rechtzeitig fertig bekommen haben, in eine andere Klasse umziehen, die nicht gleichzeitig Pause hat.

Dort werden die Schüler respektvoll gebeten, sich in die hinteren Reihen zu setzen und ihre Aufgaben zu Ende zu machen.

Wenn Lehrer der Meinung sind, die Schüler hätten nicht genug Bewegung, kommt es vor, daß sie sie ein paar Gymnastikübungen machen lassen, bevor sie mit ihren Sachen in die andere Klasse geschickt werden. Das ist keine Strafe, solange die drei Kriterien für logische Konsequenzen nicht außer acht gelassen werden.

Im folgenden Beispiel wären natürliche oder logische Konsequenzen wirksam gewesen, doch keine der beiden wurden eingesetzt.

Gina verlor ihren Baseballhandschuh. Die natürliche Konsequenz wäre gewesen, daß sie ohne gespielt hätte. Aber ihre Supermutti konnte nicht ertragen, daß ihr »armes Schätzchen« so leiden müßte. Sie hielt ihrer Tochter eine Moralpredigt darüber, daß sie besser auf ihre Sachen aufpassen solle (was Gina schon oft gehört hatte), und fuhr mit ihr zu einem Sportgeschäft (wobei sie – wie immer – schwor, das sei jetzt aber das allerletzte Mal) und kaufte neue Handschuhe. Gina die natürlichen Konsequenzen ihrer Nachlässigkeit vorzuenthalten, wäre nicht gar so schlimm gewesen, wenn sie Gina die logischen Konsequenzen erleben und das Geld für die Handschuhe selbst hätte verdienen lassen. Doch Ginas Mutter handelte wie so viele andere Mütter. Ihr Eingreifen hatte mit Logik nicht viel zu tun.

Gina war blendend darauf trainiert worden, nicht verantwortlich zu sein.

Viele Eltern und Lehrer verwenden den Satz: »Ich hab' es dir doch schon hundertmal gesagt.« Sie müssen begreifen, daß nicht die Kinder schwer von Begriff sind. Kinder wissen, was funktioniert. Erwachsene müssen lernen, daß es nichts bewirkt, etwas hundertmal zu sagen. Kinder werden niemals lernen, sich für ihr Verhalten verantwortlich zu fühlen, solange die Erwachsenen ihnen diese Verantwortung abnehmen, indem sie ihre Ermahnungen ständig wiederholen oder die Probleme *für* sie lösen, statt *mit* ihnen.

Mrs. Silvester hatte ihre Kinder schon hundertmal aufgefordert, ihre Spielsachen aufzuräumen. Nachdem sie diese Konzepte kennengelernt hatte, erklärte sie ihnen freundlich, daß sie, wenn sie ihre Spielsachen nicht aufräumten, es selbst tun würde. Sie fügte jedoch hinzu, daß sie in diesem Fall all die Spielsachen, die sie aufräumen musse, aus dem Verkehr ziehen würde, bis sie bewiesen hätten, daß sie sich selbst um ihre Sachen kümmern könnten, indem sie Ordnung hielten.

Vergessen Sie nicht, daß das Problem der nicht aufgeräumten Spielsachen oft an der zu großen Menge liegt. Wenn die Eltern zu viele Spielsachen kaufen, ist es ihren Kindern egal, wenn sie sie einsammeln und aus dem Verkehr ziehen. Diese Eltern sollten sich klarmachen, daß das Problem bei ihnen liegt, und etwas dagegen unternehmen, statt Kooperation von ihren Kindern zu erwarten.

Mrs. Silvester erkannte recht bald, welche Spielsachen ihren Kindern wirklich wichtig waren und welche eine Folge ihres eigenen Problems waren, ihnen zu viele zu kaufen. Wenn Spielsachen umherlagen, sagte sie ein einziges Mal: »Wollt ihr eure Sachen aufräumen, oder soll ich das tun?« Die Kinder räumten all das auf, was ihnen wichtig war. Der Rest, den sie einsammelte und auf dem Schrank verstaute, geriet in Vergessenheit.

Nachdem alles überflüssige Spielzeug weggeräumt worden war, erklärte Mrs. Silvester ihren Kindern, daß sie sie nun nicht mehr ermahnen würde, sondern sämtliche Spielsachen, die nicht an ihren Platz geräumt worden seien, einsammeln würde. Sie brauchte nicht mehr viel einzusammeln. Und wenn die Kinder um etwas baten, das sie fortgetan hatte, gab sie es erst heraus, wenn die anderen Spielsachen eine Woche lang aufgeräumt worden waren.

Mrs. Silvester ging sogar noch weiter. Sie kaufte nur noch jene Spielsachen, die die Kinder so gerne haben wollten, daß sie bereit waren, mit ihrem Taschengeld wenigstens die Hälfte des Preises zu finanzieren. Seither hat sie kein ernstes Problem mehr damit.

Es braucht Übung, natürliche und logische Konsequenzen virtuos einzusetzen. Ich erinnere mich sehr wohl daran, wie ich selbst diesen Prozeß durchlebt habe. Zuerst wurde mir klar (nachdem ich all meine üblichen unwirksamen Methoden durchprobiert hatte), daß ich logische Konsequenzen hätte einsetzen sollen – aber ich wußte nicht, was eine gute Konsequenz gewesen wäre. Dann machte ich Fortschritte und wußte (während ich wieder mitten in meinen üblichen Methoden steckte), daß ich eine logische Konsequenz verwenden müßte – aber ich wußte nach wie vor nicht, was denn eine gute Konsequenz gewesen wäre. Und dann erinnerte ich mich (ehe ich meine alten Methoden anwandte) daran, daß es klug wäre, jetzt mit logischen Konsequenzen zu operieren – und konnte mir noch immer nicht schnell genug eine gute ausdenken.

Und während ich zögerte und versuchte, eine logische Konsequenz

zu finden, wurde mir klar, wie wertvoll es sein kann, nichts zu unternehmen. Während ich mich emotional zurückzog, um nachzudenken, lösten entweder die Kinder ihr Problem selbst, oder die Atmosphäre veränderte sich einfach deshalb, weil ich mich nicht hineinverwickeln ließ.

Das bringt uns einen anderen Grundsatz in Erinnerung: Logische Konsequenzen sind nicht die einzige Lösung für ein anstehendes Problem. Viele Eltern und Lehrer begeistern sich so für dieses Prinzip, daß sie für jegliches Fehlverhalten eine logische Konsequenz zu finden suchen.

Logische Konsequenzen sind in Konfliktzeiten nur wirksam, wenn das Ziel Aufmerksamkeit heißt. Wenn es um Macht oder Rache geht, können logische Konsequenzen während einer Problemlösungssitzung *nach* einer Abkühlungsphase wirksam werden, *nachdem* man die Kooperationsbereitschaft des Kindes gewonnen hat.

Natürliche und logische Konsequenzen sollten nicht verwendet werden, wenn das falsche Ziel vermeintliche Unfähigkeit ist.

Ich fand es hilfreich, ein Tagebuch zu führen. Ich begann damit, sämtliche Problemsituationen aufzuschreiben, in die ich geriet. Wenn ich anfing zu schreiben, hatte ich mich schon so weit beruhigt, daß ich die Dynamik der Probleme objektiver und klarer erkennen konnte. Ich identifizierte das falsche Ziel und beobachtete, welche Lösungen am besten wirkten. Und ich stellte fest, daß ich mir logische Konsequenzen ausdenken konnte, wenn ich nicht emotional verstrickt war. Die meisten Probleme wiederholen sich, so daß ich beim nächsten Mal eine logische Konsequenz bereit hatte – wenn ich beschlossen hatte, daß eine logische Konsequenz das wirksamste Vorgehen zur Lösung des betreffenden Problems wäre.

Eltern und Lehrer, die eben erst anfangen, sich dieser Techniken zu bedienen, sollten nur ein Problem auf einmal angehen und den Mut haben, nicht perfekt zu sein. Mit der Zeit werden Sie feststellen, daß die Verwendung von logischen und natürlichen Konsequenzen eine wichtige Technik ist, Kindern dabei zu helfen, langfristig Selbstdisziplin, Verantwortungsbewußtsein, Kooperationsbereitschaft und Problemlösungsfähigkeiten zu entwickeln.

Natürliche und logische Konsequenzen haben langfristige Wirkung, weil den Kindern, die sie am eigenen Leibe erfahren haben, ein Gefühl von Fairneß bleibt, auch wenn sie die Konsequenzen nicht gemocht

haben. Statt wutentbrannt auf Rache gegen die Erwachsenen zu sinnen, sind sie in der Lage, ihre Energie darauf zu verwenden, logische Gründe für Kooperation und Verantwortlichkeit zu erkennen. Sie lernen, nützliche Mitglieder der Gesellschaft zu werden, was ihr Selbstwertgefühl sowie ihr Gefühl, dazuzugehören und wertvoll zu sein, enorm fördert.

Diskussionsfragen

1. Woran denken viele Kinder, während sie bestraft werden?
2. Welches sind die sofortigen Folgen von Strafe?
3. Welches sind die langfristigen Folgen von Strafe?
4. Warum müssen wir uns manchmal vor dem hüten, was sofort wirkt?
5. Wenn Erwachsene unbedingt gewinnen wollen, was bleibt dann für die Kinder übrig?
6. Wie definiert man natürliche Konsequenzen? Geben Sie ein Beispiel.
7. Welche Rolle spielen die Erwachsenen bei den natürlichen Konsequenzen?
8. Wie definiert man logische Konsequenzen?
9. Welches sind die drei Kriterien für logische Konsequenzen?
10. Geben Sie ein Beispiel dafür, wie eine logische Konsequenz zur Strafe wird, wenn eines der drei Kriterien fehlt.
11. Wenn Kinder die drei Kriterien für logische Konsequenzen nicht erfahren, welche drei anderen Kriterien können dann ins Spiel kommen?
12. Aufgrund welcher falschen Vorstellung setzen Erwachsene ihre Macht ein, um Leiden zuzufügen?
13. Welche Richtlinien sind zu beachten, wenn Isolation verwendet wird?
14. Warum ist es wichtig, gleichzeitig freundlich und bestimmt zu sein?
15. Warum ist es schwierig, gleichzeitig freundlich und bestimmt zu sein?
16. Warum ist es manchmal am wirkungsvollsten, gar nichts zu tun?
17. Sind logische Konsequenzen die beste Lösung für sämtliche Fehlverhaltensprobleme?
18. Bei welchem falschen Ziel sind logische Konsequenzen meistens wirksam, sogar während des Konflikts?
19. Was muß stattfinden, ehe logische Konsequenzen während einer Konfliktlösungssitzung verwendet werden können, wenn das falsche Ziel Macht oder Rache ist?

20. Bei welchen falschen Zielen sollen logische Konsequenzen besser nicht benutzt werden?

21. Warum helfen logische und natürliche Konsequenzen Kindern dabei, langfristig positive Eigenschaften zu entwickeln.

Kapitel 6

Erfolgreich ermutigen

Wenn ein Kind auf Sie zukäme und arglos bäte: »Ich bin ein Kind, ich möchte einfach dazugehören.« Wären Sie dann fähig, böse zu werden und auf das Kind in irgendeiner Weise herabzusehen? Natürlich nicht! Aber den wenigsten Erwachsenen ist bewußt, daß ein ungezogenes Kind unbewußt sagt: »Ich möchte nur dazugehören, auch wenn ich ein paar falsche Vorstellungen darüber habe, wie ich das erreichen kann.«

Ein ungezogenes Kind ist ein entmutigtes Kind, und wir können es leichter zu positivem Verhalten zurücksteuern, wenn wir uns der im Fehlverhalten verborgenen Botschaft erinnern. Das ungezogene Kind gibt uns zu verstehen, daß es sich nicht dazugehörig und wertvoll fühlt und daß es falsche Vorstellungen darüber hat, wie es das ändern könnte.

Wenn man diese Prämisse akzeptiert, dann leuchtet sofort ein, daß der beste Weg, einem ungezogenen Kind zu helfen, Ermutigung ist. Wenn die Mutlosigkeit behoben ist, sind auch die Motive für das Fehlverhalten verschwunden.

Dreikurs legt großen Wert auf die Ermutigung und hält sie für die wichtigste Fähigkeit von Erwachsenen, um Kindern zu helfen. Er sagte oft: »Kinder brauchen Ermutigung wie Pflanzen Wasser. Ohne können sie nicht überleben.«

Vor nicht allzu langer Zeit fing mein Sohn an zu quengeln, und es ging mir so auf die Nerven, daß ich Lust hatte, ihm den Hintern zu versohlen. Aber ich dachte an dieses Konzept, hockte mich neben ihn, umarmte ihn und sagte ihm, wie sehr ich ihn liebhatte. Er hörte sofort auf zu quengeln, und auch meine Ungeduld wich in dem Moment, in dem ich die in seinem Verhalten unterschwellig verborgene Botschaft erkannte und mir ein paar Minuten Zeit nahm, um ihn zu ermutigen, statt ihn zu bestrafen.

Leider ist das Ermutigen nicht immer so einfach, wie das eben

aufgeführte Beispiel glauben machen könnte. In diesem Kapitel werden wir erkunden, wie wir unser Verständnis von Ermutigung erweitern und im Umgang mit Kindern erfolgreich einsetzen können.

Zeitpunkt

Im obigen Beispiel reagierte mein Sohn positiv auf die Ermutigung, während er ungezogen war. Meistens wird Ermutigung erst nach einer Abkühlungsphase positiv aufgenommen. Während der Konfliktzeit sind sowohl der Erwachsene als auch das Kind viel zu zornig, um Ermutigungen zu geben oder zu akzeptieren, insbesondere, wenn es um Macht oder Rache geht. Daher ist es oft am wirkungsvollsten, wenn man sich aus der Konfliktsituation zurückzieht. Wenn Sie nicht einfach fortgehen oder das konfliktverursachende Verhalten ignorieren können, bis Sie beide die Gelegenheit haben, sich zu beruhigen, verwenden Sie wenigstens »Ich«-Mitteilungen, um Ihre Gefühle und Absichten zum Ausdruck zu bringen, statt kränkender Kommentare.

Mr. Anderson berichtete in einer Elterngruppe von einer solchen Situation. Er erklärte seinem achtjährigen Sohn: »Ich bin im Augenblick so wütend, daß du lieber weglaufen solltest, damit ich dich nicht verhaue.« Also verkrümelte sich sein Sohn. Nachdem sie sich beide wieder beruhigt hatten, fanden sie gemeinsam eine Lösung für das Problem.

Lehrer können sich zurückziehen, indem sie erklären: »Ich glaube, wir sind im Augenblick beide viel zu aufgebracht, um darüber zu diskutieren, aber ich würde das gern mit dir besprechen, wenn wir beide Zeit gehabt haben, uns wieder zu beruhigen.« Das ist besonders wirksam, wenn Sie das Konzept der Abkühlungsphase während einer Klassenkonferenz besprochen haben.

Wenn Sie mit Ermutigungen keinen Erfolg haben, mag es daran liegen, daß Sie nicht den richtigen Zeitpunkt gewählt haben. Wenn Sie die Bedeutsamkeit der Abkühlungsphase berücksichtigen, wird das ihre Erfolgsrate erhöhen.

Kooperationsbereitschaft gewinnen

Kinder fühlen sich ermutigt, wenn sie glauben, Sie verstünden ihren Standpunkt. Wenn sie sich verstanden fühlen, sind sie eher bereit, Ihren Standpunkt zu verstehen und an einer Lösung des Problems mitzuwirken.

Folgende »Vier Schritte zum Gewinnen der Kooperationsbereitschaft« helfen, eine Atmosphäre zu schaffen, in der Kinder zur Kooperation bereit sind:

1. Bringen Sie zum Ausdruck, daß Sie sich vorstellen können, wie dem Kind zumute ist. Vergewissern Sie sich mit ihm zusammen, ob Sie richtig vermutet haben.
2. Zeigen Sie Verständnis. Verständnis heißt nicht, daß Sie einverstanden sind oder zustimmen, sondern nur, daß Sie den Standpunkt des Kindes verstehen können. Es ist nett, wenn Sie hier von einer Situation berichten, in der Sie sich ähnlich gefühlt oder verhalten haben.
3. Bringen Sie Ihre eigenen Gefühle und Ihren Standpunkt zum Ausdruck. Wenn die ersten zwei Schritte freundlich und ehrlich vollzogen worden sind, wird das Kind bereit sein, Ihnen zuzuhören.
4. Fragen Sie das Kind, ob es willens ist, mit Ihnen zusammen eine Lösung zu erarbeiten. Fragen Sie, ob es einen Vorschlag hat, was zu tun sei, um das Problem in Zukunft zu vermeiden. Falls es keinen hat, schlagen Sie etwas vor und suchen Sie sein Einverständnis.

Eine freundliche, wohlwollende, respektvolle Einstellung ist für diese Schritte unabdingbar. Ihre Entscheidung, diese Schritte zu tun, reicht aus, positive Gefühle in Ihnen zu wecken. Und nach den beiden ersten Schritten wird auch das Kind gewonnen sein. Es wird nun bereit sein, Sie anzuhören, wenn Sie den dritten Schritt vornehmen (selbst wenn Sie bis dahin Ihre eigenen Gefühle viele Male zum Ausdruck gebracht haben, ohne gehört zu werden). Der vierte Schritt betrifft Lösungen, die nun, da Sie eine respektvolle Atmosphäre geschaffen haben, gefunden werden können.

Mrs. Martinez berichtete folgendes Erlebnis: Ihre Tochter Linda kam aus der Schule nach Hause und beklagte sich, daß der Lehrer sie vor der ganzen Klasse angeschrien habe. Mrs. Martinez stemmte die

Hände in die Hüften und fragte Linda vorwurfsvoll: »Und was hast du angestellt?«

Linda schaute zu Boden und erwiderte trotzig: »Gar nichts!«

»Na, erzähl mir doch nichts! Lehrer schreien ihre Schüler doch nicht grundlos an!« Linda schmiß sich aufs Sofa und starrte ihre Mutter nur wütend an. Mrs. Martinez fuhr in vorwurfsvollem Ton fort: »Tja, und was hast du jetzt vor, um das Problem zu lösen?«

»Nichts!« gab Linda herausfordernd zurück.

An diesem Punkt erinnerte Mrs. Martinez sich an das Konzept, wie man Kooperationsbereitschaft gewinnt. Sie veränderte ihre Haltung und sagte freundlich: »Ich weiß, wie peinlich das ist, wenn der Lehrer einen vor der ganzen Klasse anschreit!« Linda schaute ihre Mutter mit mißtrauischem Interesse an. »Mir ist das mal passiert, als ich im vierten Schuljahr war, weil ich bei einer Mathearbeit aufgestanden bin, um meinen Bleistift über dem Papierkorb anzuspitzen. Ich war schrecklich verlegen und gleichzeitig unheimlich sauer auf meinen Lehrer, weil er mich vor der ganzen Klasse angebrüllt hat.«

Linda war jetzt wirklich interessiert. »Echt?« fragte sie. »Und ich habe nur gefragt, ob mir jemand einen Bleistift leihen kann. Ich finde es wirklich nicht fair, daß man mich deswegen anschreit.«

»Ich kann mir vorstellen, wie dir zumute ist. Hast du 'ne Ahnung, was man tun kann, um so eine peinliche Situation in Zukunft zu vermeiden?«

»Vielleicht sollte ich einfach mehrere Bleistifte bei mir haben, damit ich mir keinen leihen muß«, meinte Linda.

»Eine ausgezeichnete Idee«, erwiderte Mrs. Martinez.

Mrs. Martinez hatte zum Ziel, Linda dazu zu bringen, sich so zu verhalten, daß der Lehrer keinen Grund fand, ärgerlich zu werden. Ihr erster Ansatz schuf eine tiefe Kluft zwischen ihr und ihrer Tochter, statt es Linda möglich zu machen, ihr Verhalten zu korrigieren. Nachdem Mrs. Martinez ihre Haltung und ihren Ansatz geändert hatte, konnte sie Linda gewinnen und in eine Position bringen, aus der heraus sie kooperationsbereit eine Lösung finden konnte, die ihr in Zukunft helfen würde. Linda brauchte nicht mehr defensiv zu reagieren, sobald ihre Mutter die Sache aus der Sicht ihrer Tochter betrachtete.

Mrs. Jones erfuhr, daß ihr neunjähriger Sohn Jeff klaute. In einer stillen Stunde, als die beiden allein waren, nahm sie ihn auf den Schoß und erzählte ihm, daß sie gehört habe, er klaue Kaugummi. Dann fuhr

sie fort und erzählte ihm, wie sie, als sie im fünften Schuljahr war, in einem Laden einen Radiergummi geklaut hatte. Sie fügte hinzu, daß sie gewußt hätte, daß es verboten war, und daß sie deshalb schreckliche Schuldgefühle gehabt hätte, so daß sie beschlossen hatte, es nicht wieder zu tun. Jeff gab zu, daß es ihm auch so ginge. Dann verwickelte Mrs. Jones Jeff in eine Diskussion darüber, wieviel Kaugummi und andere Waren der Ladenbesitzer verkaufen müsse, um seine Ladenmiete und seinen Lebensunterhalt zu finanzieren. Jeff gestand, daß er noch nie daran gedacht habe. Außerdem diskutierten sie darüber, wie unerfreulich es wäre, wenn andere ihnen ihre Sachen klauten. Jeff erklärte, er wolle nichts mehr klauen.

Mrs. Jones konnte Jeff gewinnen, weil sie ihn nicht anklagte, schlechtmachte oder ermahnte. Jeff brauchte sich wegen seiner Tat nicht als schlechter Mensch vorzukommen, sondern war bereit, Gemeinschaftsgefühl zu entwickeln und zu entscheiden, es nicht wieder zu tun.

Gegenseitiger Respekt

Gegenseitiger Respekt schließt (a) Vertrauen in sich selbst und andere, (b) Interesse am Standpunkt anderer wie am eigenen und (c) die Bereitschaft, Verantwortung für den eigenen Beitrag zur Lösung des Problems zu übernehmen, ein. Die beste Methode, Kinder dies zu lehren, ist das eigene Beispiel. Sie werden sehen, wie die Konzepte des richtigen Zeitpunkts und des Gewinnens von Kooperationsbereitschaft mit dem des gegenseitigen Respekts zusammenhängen.

Jason, ein Schüler aus Mr. Bradshaws fünfter Klasse, geriet häufig in Wut und gab seiner Feindseligkeit gegenüber anderen, einschließlich Mr. Bradshaw, lauthals Ausdruck. Mr. Bradshaw probierte verschiedene Strafformen, die jedoch Jasons Ausbrüche eher zu verstärken schienen. Er hatte es damit versucht, ihn zum Rektor zu schicken, hatte ihn nach der Schule dabehalten und fünfhundertmal den Satz schreiben lassen, daß man seine Wut zügeln müsse, und hatte ihn schließlich vor die Tür geschickt, wo Jason auf der Bank sitzen bleiben sollte, bis er sich wieder beruhigt habe. Jason knallte die Tür hinter sich zu, als er hinausging. Kampflustig kam er wieder herein, und es dauerte nicht lange, bis er seinen nächsten Wutanfall bekam.

Mr. Bradshaw beschloß, es mit Ermutigung zu versuchen und die Konzepte vom richtigen Zeitpunkt, Gewinnung von Kooperationsbereitschaft und gegenseitigem Respekt im Sinn zu behalten. Er begann damit, Jason zu bitten, nach der Schule noch dazubleiben, damit sie unter vier Augen miteinander reden könnten. Dann ließ er Jason wissen, wie sehr es ihm zu schaffen machte, daß seine Wutanfälle den Unterricht störten. Er fragte Jason, ob er bereit wäre, mit ihm zusammen eine Lösung zu erarbeiten. Jason war noch nicht bereit zu kooperieren und gab seiner Feindseligkeit Ausdruck, indem er erklärte, er könne nichts dafür, daß die anderen Kinder ihn so wahnsinnig machten. Mr. Bradshaw gestand ein, daß er das verstehen könnte, weil ihn manchmal Leute auch fürchterlich zornig machten. Jason schaute Mr. Bradshaw überrascht und ein wenig erleichtert an. Mr. Bradshaw fuhr fort und berichtete Jason, daß gewisse Dinge mit seinem Körper passierten, wenn er zornig wurde, wie zum Beispiel ein Knoten in der Magengegend und eine Versteifung seiner Schultern. Er fragte, ob er etwas Vergleichbares auch an sich beobachtet habe. Jason konnte sich an nichts erinnern. Dann fragte er den Jungen, ob er bereit wäre, ein Experiment zu machen und zu beobachten, was in seinem Körper passierte, wenn er das nächste Mal einen Wutanfall bekam. Jason sagte, er würde es versuchen. Sie einigten sich darauf, sich nach der Schule zu treffen, wenn Jason wieder aus der Haut gefahren sei, so daß er Mr. Bradshaw von seiner Beobachtung berichten könne.

Erst fünf Tage später hatte Jason wieder einen Wutanfall während des Unterrichts. Das war eine lange Zeit für ihn. Er hatte sich dazugehörig und wertvoll gefühlt, weil Mr. Bradshaw sich die Zeit genommen hatte, freundlich und respektvoll mit ihm zu sprechen. Eine Weile hatte er nicht das Bedürfnis, Zugehörigkeit durch Fehlverhalten zu erreichen.

Nach dem nächsten Wutanfall berichtete Jason Mr. Bradshaw, er habe festgestellt, daß er die Fäuste balle und mit den Zähnen knirsche. Mr. Bradshaw fragte Jason, ob er bereit sei, beim nächsten Mal, wenn er spüre, daß er wütend wird, die Verantwortung für sich zu übernehmen, hinauszugehen und abzuwarten, bis er sich beruhigt habe. Er brauche ihn nicht um Erlaubnis zu bitten, fügte Mr. Bradshaw hinzu, denn er wisse dann schon, was Jason tue, und er habe volles Vertrauen, daß er das ganz allein handhaben könne.

Am nächsten Tag ging Jason dreimal hinaus und blieb jeweils drei

bis fünf Minuten draußen, bevor er sichtlich beruhigt in den Klassenraum zurückkam. In der folgenden Zeit übernahm Jason die Verantwortung für sich selbst und verließ den Klassenraum etwa vier- bis fünfmal in der Woche für ein paar Minuten. Erst nach drei Wochen verlor er wieder die Kontrolle und brüllte einen Mitschüler an, statt den Klassenraum zu verlassen.

Während der großen Pause sprach Mr. Bradshaw mit Jason und lobte, wie gut er die Angelegenheit gemeistert habe. Er fügte hinzu, daß jeder während des Lernprozesses Fehler mache, und fragte, ob Jason willens sei, sich weiter zu bemühen. Jason war bereit. Mr. Bradshaw berichtete, daß Jason während des verbleibenden Schuljahres hin und wieder hinausgegangen sei, doch nur selten einen Wutanfall gehabt habe. Wenn der Junge nach einer Abkühlungsphase wieder in den Klassenraum zurückkam, blinzelte Mr. Bradshaw ihm zu und lächelte. Jason wurde nicht perfekt, aber er besserte sich spürbar. Mr. Bradshaw war besonders froh, weil sich gleichzeitig ihre ganze Beziehung so erfreulich verbessert hatte.

Besserung, nicht Perfektion

Das obige Beispiel illustriert das Konzept der Bemühung um Besserung, ohne Perfektion zu erwarten. Perfektion ist eine unrealistische Erwartung und sehr entmutigend für diejenigen, die meinen, sie müßten danach streben. Kinder versuchen es lieber erst gar nicht, als sich ständig entmutigt zu fühlen, weil sie die Erwartung eines Erwachsenen nach Perfektion nicht erfüllen können.

Anerkennung von Besserung ist ermutigend und animiert Kinder, ihre Bemühungen fortzusetzen.

Mrs. Bradley war sehr enttäuscht, als ihr Sohn in der Schule Schwierigkeiten bekam. Sein Lehrer bestrafte ihn jedesmal, wenn er während des Unterrichts geschwatzt oder gestört hatte, indem er ihn fünfzigmal einen Satz schreiben ließ. Bills Reaktion war ähnlich wie die von Mark (die im letzten Kapitel erwähnt wurde). Auch er rebellierte dagegen und weigerte sich, die Strafarbeit zu machen, so daß sein Lehrer die Zahl verdoppelte. Mrs. Bradley fürchtete sich vor möglichen Konsequenzen und fing an ihn auszuschimpfen. Bill wurde nun sowohl in der

Schule als auch zu Hause bestraft. Er rebellierte weiter, indem er so tat, als sei ihm das egal, und haßte die Schule.

Schließlich bat Mrs. Bradley um eine Unterredung mit dem Lehrer und fragte ihn, wieviel Prozent von Bills Verhalten denn »ungezogen« sei. Der Lehrer erwiderte: »Etwa fünfzehn Prozent.«

Mrs. Bradley wunderte sich sehr, als sie feststellte, daß der schlechte Ruf, den Bill hatte (und dementsprechend er lebte), darauf beruhte, daß man den fünfzehn Prozent schlechten Benehmens mehr Aufmerksamkeit schenkte als den fünfundachtzig Prozent seines Wohlverhaltens.

Mrs. Bradley nahm zu jener Zeit an einer Elterngruppe teil. Im Gegensatz zu Marks Lehrer zeigte Bills Lehrer sich sehr an dem Konzept der logischen Konsequenzen interessiert. Sie beschlossen, einen positiven Plan zu erarbeiten. Während einer zweiten Unterredung, an der Bill teilnahm, einigten sie sich darauf, daß Bill jedesmal, wenn er während des Unterrichts störte, etwas tun würde, das diese Störung wieder wettmachte, zum Beispiel einem Mitschüler zu helfen oder einen Teil des Unterrichts zu bestreiten.

Bills Fehlverhalten wurde *umgelenkt*, so daß er einen eigenen Beitrag leisten konnte. Von da an hatte er nur noch sehr selten Disziplinschwierigkeiten. Der Lehrer begann zudem mit Klassenkonferenzen, bei denen die ganze Klasse an der Lösung von auftauchenden Problemen beteiligt wurde.

An diesem Beispiel können wir sehen, wie negatives Strafen Rebellion zur Folge hat und Kind, Eltern und Lehrer entmutigt. Es illustriert auch mehrere Konzepte, die Kinder ermutigen, sich dazugehörig zu fühlen und Verantwortungsgefühl zu entwickeln. Die verwendeten Konzepte, die schon besprochen wurden, sind gegenseitiger Respekt, Aufmunterung und logische Konsequenzen. Weitere positive Konzepte sollen im folgenden besprochen werden.

Man bekommt, was man sieht

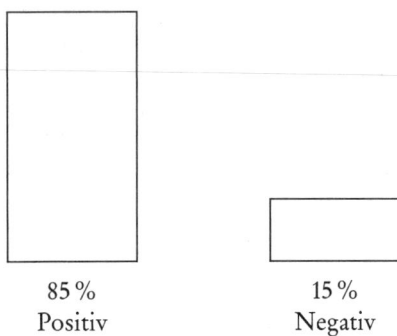

85 %
Positiv

15 %
Negativ

Wenn man 85 Prozent seiner Zeit und Energie darauf verwendet, sich auf jene negativen 15 Prozent zu konzentrieren, wird das Negative zunehmen und das Positive über kurz oder lang ganz verschwinden. *Wie man in den Wald hineinruft, so schallt es heraus.* Wenn man dagegen 85 Prozent seiner Zeit und Energie auf das Positive lenkt, wird es nicht lange dauern, bis das Negative verschwindet und das Positive zu 100 Prozent heranwächst, weil man nur das sieht. *Es ist für Sie selbst und für die anderen außerordentlich ermutigend, wenn Sie Ihre Aufmerksamkeit auf das Positive konzentrieren.*

Fehlverhalten umlenken

Halten Sie nach Stärken im Verhalten eines jeden Kindes Ausschau. Kinder, die den Unterricht zu stören neigen, besitzen häufig gute Führereigenschaften. Wenn Sie das bemerken, ist es nicht schwierig, mit einem Kind zu arbeiten und sein Verhalten auf Nützliches umzulenken. Ein Ratgeberprogramm (siehe Anhang) wurde auf diesem Konzept aufgebaut. Lehrer empfahlen die Schüler, die Führerqualitäten besaßen, die sie jedoch negativ einsetzten. Diese Schüler wurden zu Ratgebern ausgebildet und setzten ihre Führerqualitäten ein, um ihren Mitschülern zu helfen.

Ein Vorschullehrer wurde ein Meister dieses Konzepts und benutzte es sehr oft. Debbie wollte am Ende der Mal- und Bastelstunde ihren Dreck nicht saubermachen. Der Lehrer machte Debbie zur Beauftragten und zeigte ihr ganz genau, wie sie ihren Mitschülern beibrachte, was zu tun war. Sean warf immer die Bausteine der anderen um. Der Lehrer machte Sean zum Bausteinbeauftragten, der den Mitschülern zeigte, wie man zu mehreren zusammenarbeitet und wie man die Bausteine am Ende der Stunde wieder aufräumt.

Wiedergutmachen

Es ist sehr ähnlich wie das Umlenken von Verhalten, doch läßt es das Kind am Problemlösungsprozeß stärker teilnehmen. Wenn Kinder etwas Verantwortungs- oder Respektloses anstellen, dann sollten Sie ihnen die Möglichkeit geben, dies wiedergutzumachen, indem Sie sie etwas tun lassen, das der Person, der sie Schaden zugefügt haben, das Leben erleichtert. Wenn Bill während des Unterrichts störte, machte er dem Lehrer das Leben schwer. Man gab ihm die Gelegenheit, dies wiedergutzumachen, durch etwas, das dem Lehrer das Leben erleichterte. Das klappt nicht, wenn der Erwachsene strafend handelt. Aber wenn der Erwachsene freundlich und respektvoll bleibt und das Kind an der Entscheidung mitwirken darf, ist es sehr wirksam.

Judy und Linda warfen Apfelsinen auf das Auto des Nachbarn. Bei einem Problemlösungsgespräch beschlossen sie, das Auto zu waschen.

Fünf Jungen der Elementarschule wurden dabei erwischt, wie sie Klassenzimmertüren verschandelten. Der Hausmeister ließ sie beim Überstreichen der Türen mitarbeiten. Er behandelte die Jungen so respektvoll, daß sie stolz auf ihre Arbeit waren und von da an ihre Mitschüler daran hinderten, zu randalieren.

Sozialer Druck

Es erweist sich als ausgesprochen schwierig, die bei Kindern wirksamsten Verfahren anzuwenden, wenn man unter sozialem Druck steht. Sobald Freunde, Nachbarn, Verwandte oder Lehrer unsere Interaktion mit ungezogenen Kindern beobachten, haben wir das Gefühl, unsere Fähigkeiten als Eltern oder Lehrer würden je nach Art und Weise, wie wir die Situation handhaben, beurteilt. Es liegt nahe, unter solchen Umständen das Gefühl zu haben, daß diese Beobachter auf der Stelle eine perfekte Lösung erwarten – und schon ist der Druck da.

Es braucht einigen Mut, um unter sozialem Druck einen klaren Kopf zu behalten und zu tun, was langfristig die besten Erfolge bringt.

Im letzten Sommer machten wir mit einer Reihe von Freunden eine große Wanderung. Unser zehnjähriger Sohn Mark erwies sich als außerordentlich tapfer und trug seinen Rucksack den ganzen, fast zehn Kilometer langen Weg in den Canyon. Als wir uns wieder für den langen, mühsamen Aufstieg bereitmachten, klagte Mark darüber, wie unbequem sein Rucksack sei. Sein Vater bemerkte im Spaß: »Das hältst du schon aus als Sohn eines Marinesoldaten.« Mark taten die Schultern zu weh, um das komisch zu finden, doch er machte sich auf den Weg. Er war nicht sehr weit vor uns hergegangen, als uns sein Rucksack den Berg herunter vor die Füße gekullert kam. Ich glaubte, er sei gestürzt, und fragte, was denn passiert sei. »Nichts!« schrie Mark wütend. »Es tut weh!« Er ging ohne sein Gepäck weiter. Interessiert beobachteten alle die Szene. Einer der Erwachsenen bot an, Marks Rucksack zu übernehmen. Mir war es schrecklich peinlich – unter dem zusätzlichen sozialen Druck, daß alle wußten, daß ich an diesem Buch arbeitete!

Ich zwang mich, daran zu denken, wie wichtig es war, das Problem in einer Weise zu lösen, die Mark die Möglichkeit gab, sich verantwortlich und ermutigt zu fühlen.

Ich bat die anderen vorauszugehen, so daß wir das Problem unter uns regeln konnten. Dann benutzten wir die vier Schritte zur Gewinnung von Kooperationsbereitschaft.

Ich sagte zu Mark: »Ich kann mir denken, wie wütend du bist, daß wir dich nicht ernstgenommen haben, als du versucht hast, uns zu sagen, daß dir der Rucksack weh tut, noch ehe wir überhaupt losgegangen sind.«

Mark stimmte zu.

Ich sagte ihm, daß ich das gut verstehen könnte und daß es mir an seiner Stelle nicht anders ergangen wäre.

Sein Vater entschuldigte sich und bat Mark darum, ihm noch mal eine Chance zu geben, das Problem zu lösen. Gemeinsam fanden sie eine Möglichkeit, Marks Schultern mit seiner Jacke zu polstern, so daß der Rucksack weniger drückte. Mark trug seinen Rucksack den ganzen Weg allein und stöhnte nur hin uns wieder ein bißchen.

Wenn Sie unter sozialem Druck stehen, entfernen Sie sich vom Publikum, indem Sie entweder die Szene selbst verlassen oder die anderen bitten, Sie allein zu lassen, damit Sie das Problem unter vier Augen lösen können.

Spezielle Zeiten zusammen verbringen

Dieses Konzept besteht aus zwei Teilen:

1. Dem Kind das Gefühl zu vermitteln, es sei etwas Besonderes, indem man sich speziell mit ihm beschäftigt;
2. gleichzeitig auch von sich selbst zu berichten, wenn man Interesse an dem Kind zeigt.

Es gehört zu den ermutigendsten Dingen, die Eltern für ihre Kinder tun können, wenn sie sich regelmäßig Zeit für sie nehmen. Das können fünfzehn bis dreißig Minuten täglich nach der Schule oder auch nur zweimal in der Woche sein oder eine oder mehrere Stunden regelmäßig an jedem Wochenende. Die Wahl der Dauer und des Zeitpunkts ist je nach Familie unterschiedlich. Was zählt, ist, daß die Kinder genau wissen, wann sie damit rechnen können, daß man ganz speziell für sie Zeit eingeplant hat.

Diese Technik ist einfach und kann doch so wirkungsvoll sein. Lehrer haben mit oft berichtet, daß nur wenige Minuten, die sie nach der Schule zusammen mit einem Kind verbrachten, geholfen haben, das Kind so weit zu motivieren, daß es aufhörte, ungezogen zu sein, obwohl das Fehlverhalten nicht einmal Thema gewesen war.

Mrs. Petersen machte sich Sorgen um ein Kind in ihrer Klasse, dem es

um Macht ging. Debbie weigerte sich häufig, ihre Aufgaben zu machen, und gab sich demonstrativ feindselig. Eines Tages bat Mrs. Petersen Debbie, nach der Schule noch einen Moment dazubleiben. Debbie blieb, doch sie schaute schon kampflustig. Mrs. Petersen machte keinerlei Anspielungen auf ihre Ungezogenheit, sondern fragte Debbie, ob sie ihr erzählen könnte, was ihr von dem, was sie am Vorabend getan hatte, am meisten Spaß gemacht hätte. Debbie gab keine Antwort. Mrs. Petersen fuhr fort. »Nun, dann würde ich dir gerne erzählen, was mir gestern am meisten Spaß gemacht hat.« Dann berichtete sie Debbie von etwas, das sie am Vorabend mit ihrer Familie getan hatte. Debbie weigerte sich nach wie vor, darauf einzugehen. Mrs. Petersen sagte ihr, sie könne jetzt nach Hause gehen, doch sie würde sie gerne nach der Schule für ein paar Minuten wiedersehen.

Mrs. Petersen war enttäuscht, weil sie dachte, die Methode habe nicht gewirkt. Doch am nächsten Tage stellte sie fest, daß Debbie sich nicht mehr feindselig gab. Nach dem Unterricht zeigte ihr das Mädchen ein Bild, auf dem sie sich und ihre Freundin beim Radfahren gezeichnet hatte, und erklärte, das habe abends am meisten Spaß gemacht. Mrs. Petersen berichtete dann wieder ihrerseits.

Wenn man die Geschichte analysiert, wird verständlich, warum so ein kurzer Austausch so dramatische Ergebnisse erzielen kann. Zunächst hat das Kind das Gefühl, etwas Besonderes zu sein, weil es besondere Aufmerksamkeit erhält. Das Kind mag sich gegen diese besondere Aufmerksamkeit zunächst wehren, da es den Verdacht hegt, es sei nur eine weitere vorwurfsvolle Moralpredigt vorgesehen. Das Kind erlebt also etwas *Unerwartetes*, wenn die Lehrerin nicht auf seine Verhaltensprobleme eingeht. Und schließlich zeigen sich Erwachsene oft interessiert daran, daß Kinder ihnen etwas berichten, ohne dabei gegenseitigen Respekt zu beweisen, indem sie auch etwas von sich selbst preisgeben. Es ist sehr ermutigend, wenn Ihnen jemand etwas von sich preisgibt. Die kleine Unterhaltung hilft dem Kind, sich dazugehörig und wertvoll zu fühlen.

Es wird empfohlen, daß Lehrer im Laufe des Schuljahres mit jedem ihrer Schüler ein paar Minuten ganz allein verbringen. Am besten beginnt man mit jenen Kindern, die am mutlosesten wirken. Doch achten Sie darauf, niemanden auszulassen.

Eltern können das abendliche Zubettgeh-Ritual für diese Momente der Gemeinsamkeit verwenden.

Wenn Mrs. Bruner ihre Kinder ins Bett bringt, fragt sie sie zunächst nach dem traurigsten Erlebnis des Tages und dann nach dem glücklichsten. Danach berichtet sie ihrerseits, was für sie das traurigste und das glücklichste Erlebnis gewesen ist.

Zu Anfang nutzten die Kinder die Gelegenheit, um sich über die traurigen Dinge zu beklagen und steigerten sich manchmal so hinein, daß sie weinen mußten. Sie wartete dann ruhig ab, bis sie sich wieder beruhigt hatten, und schlug dann vor: »Morgen abend, wenn du nicht so aufgebracht bist, können wir noch mal darüber reden und überlegen, was sich da machen läßt. Aber jetzt erzähl mir mal dein glücklichstes Erlebnis.« Wenn dem Kind kein glückliches Erlebnis einfiel, berichtete Mrs. Bruner ein glückliches Ereignis von ihrem Tag. Als die Kinder sich an die Routine gewöhnt hatten, wurden die traurigen Erlebnisse ganz nebensächlich berichtet, und es wurden Ideen erarbeitet, um das Problem in Zukunft zu vermeiden oder zu lösen. Den Kindern war es bald wesentlich lieber, die glücklichen Erlebnisse zu erzählen.

Ermutigung/Lob

Jahrelang wurde eine Kampagne für den Wert des Lobs geführt, das den Kindern helfen soll, ein positives Selbstbild zu bekommen und ihr Verhalten zu verbessern. Auch hier sollten wir uns »*vor dem, was funktioniert*« in acht nehmen.

Das Problem ist, daß Kinder leicht gefallsüchtig und zu »Applaus-Junkies« werden. Solche Kinder (und die Erwachsenen, zu denen sie werden) werden in ihrem Selbstverständnis vollständig von der Meinung anderer abhängig. Andere wiederum nehmen Lob übel und rebellieren dagegen, sei es, weil sie den Erwartungen nicht entsprechen wollen, sei es, weil sie fürchten, daß sie nicht mit jenen konkurrieren können, die Lob so leicht bekommen.

Auch wenn das Loben zu funktionieren scheint, müssen wir die langfristigen Folgen im Auge behalten.

Die Alternative ist, langfristig betrachtet, Ermutigung. Die langfristige Folge von Lob ist Abhängigkeit von der Meinung anderer.

Die erfolgversprechende Verwendung von Ermutigung verlangt von

seiten des Erwachsenen Respekt, Interesse am kindlichen Standpunkt und den Wunsch, Fähigkeiten zu beeinflussen, die das Kind zu Unabhängigkeit und Selbstvertrauen führen.

Die folgende Tabelle stellt Ermutigung und Lob gegenüber und bietet Richtlinien zur Beurteilung der folgenden Beispiele an.

Ermutigung	Lob
Selbsteinschätzung (»Erzähl mir davon.«) (»Was meinst du dazu?«)	**Bewertung durch andere** (»Das gefällt mir.«)
Tat-orientiert **Würdigung – respektvoll** (»Danke für die Hilfe.«) (»Gute Arbeit.«) (»Wer kann mir zeigen, wie man sich richtig hinsetzt?«)	**Täter-orientiert** **Erwartung – bevormundend** (»Was bist du für ein nettes Kind.«) (»Feiner Kerl.«) (»Mir gefällt die Art, wie Suzie sitzt.«)
Einfühlung (»Was denkst und fühlst du?«) (»Ich kann verstehen, daß dir das Spaß gemacht hat.«)	**Fügsamkeit** (»Das hast du richtig gemacht.«) (»Ich bin sehr stolz auf dich.«)
Selbstoffenbarende **»Ich«-Mitteilungen** (»Ich weiß deine Hilfe zu schätzen.«)	**Beurteilende** **»Ich«-Mitteilungen** (»Mir gefällt die Art, wie du sitzt.«)
Fragen (»Wer kann mir zeigen, wie man sitzt, wenn man fertig ist?«)	**Ermahnen** (»Ihr sollt still sitzen.«)

Denjenigen, die an Lob glauben und gute Erfahrungen damit gemacht haben, mag es schwerfallen, den Unterschied zwischen Lob und Ermutigung zu sehen. Und sogar denjenigen, die sich von Lob auf Ermutigung umstellen wollen, fällt es nicht leicht, innezuhalten und nachzudenken, ehe sie in der gewohnten Weise reagieren.

Es ist vielleicht hilfreich, die folgenden Fragen im Sinn zu behalten, wenn man herausfinden will, ob die Bemerkung, die man einem Kind gegenüber macht, Lob oder Ermutigung ist:

- Rege ich zur Selbsteinschätzung oder zu Abhängigkeit von Fremdeinschätzung an?
- Bin ich respektvoll oder bevormundend?
- Berücksichtige ich den Standpunkt des Kindes oder nur meinen eigenen?
- Würde ich die gleiche Bemerkung zu einem Freund machen?

Vor allem die letzte Frage hat mir immer sehr geholfen. Bemerkungen, die wir Freunden gegenüber machen, entsprechen im allgemeinen den Kriterien der Ermutigung.

Ermutigung/Kritik

Es ist ein Fehler, zu glauben, man könne Kindern am besten helfen, indem man kritisiert, was sie falsch machen. Viele argumentieren, daß konstruktive Kritik hilfreich sei. Von Sid *Simon* stammt das Wortspiel: *constructive criticism = constrictive crudicism* (Konstruktive Kritik = »erdrosselnde Roheit«).

Dr. John Lewis *Lund* zeigt in seinem Buch *Avoiding Emotional Divorce*, daß konstruktive Kritik einen Widerspruch in sich darstellt. Konstruktiv heißt aufbauend, Kritik heißt niedermachend. Er weist außerdem darauf hin, daß Kritik ein Krebsgeschwür ist und Verhalten nicht verändert. Ich empfehle dieses Buch aufs wärmste, nicht nur wegen seines Kapitels über die Kritik, sondern auch wegen vieler ausgezeichneter Gedanken zum Verständnis und der Verbesserung von Beziehungen.

Dies soll nicht heißen, daß wir es Kinder nicht wissen lassen sollen,

wenn Raum für Verbesserungen besteht. Es heißt aber, daß wir Kinder nicht sich schlechter fühlen lassen müssen, um sie dazu zu bringen, sich zu bessern.

Als Eltern und Lehrer sind wir gehalten, mehr als nur Ermutigung zu leisten. Wir sind dafür verantwortlich, Kindern dabei zu helfen, intellektuelle und soziale Fähigkeiten zu erwerben. Dennoch ist Ermutigung meistens das beste Mittel, um ein Kind dazu zu bringen, besser werden zu wollen. Wenn andere Methoden, wie die im folgenden besprochenen, verwendet werden sollen, so sind sie am wirksamsten, wenn das Kind zuvor durch Ermutigung gewonnen wurde, so daß es aufnahmebereit ist.

Methoden, Kinder beim Lernen und bei Fortschritten zu unterstützen

1. Nehmen Sie sich Zeit zum Üben

Es ist nicht so selbstverständlich, wie es klingen mag. Erwachsene erwarten oft von Kindern, daß sie Aufgaben erfüllen, die sie nicht in angemessener Weise haben üben können. Zum Beispiel erwarten Eltern, daß die Kinder ihre Zimmer saubermachen, ohne ihnen beizubringen, wie man das macht. Oder sie erwarten anständiges Benehmen, selbst wenn das Training nur in ständigem Bemängeln bestanden hat. Dr. Stephen *Glenn* weist in seinen Vorlesungen darauf hin, daß Eltern ihren Kindern häufig ihre Erwartungen mitteilen, ohne ihnen jedoch eindeutig klarzumachen, wie diese Erwartungen erfüllt werden sollen. Häufig besteht eine gewaltige Kommunikationslücke. Wenn Papa seiner Tochter aufträgt, die Garage sauberzumachen, mögen sie jeweils sehr unterschiedliche Vorstellungen davon haben, was das heißt. Wenn man sich die Zeit nimmt, die entsprechenden Tätigkeiten zu üben, kann man Mißverständnisse vermeiden.

Dr. *Glenn* illustriert die Kommunikationslücke mit folgendem Beispiel:

Mutti: Bill, räum dein Zimmer auf!

Bill: Hab' ich doch schon. (Will sagen: Man kann wieder treten.)

Mutti: Nein, hast du nicht. (Will sagen: Ich kann nicht vom Boden essen.)

Sich die Zeit zum Üben zu nehmen heißt, eigene Vorstellungen und Erwartungen ganz klar zum Ausdruck zu bringen. Eine Mutter nahm sich mehrere Jahre Zeit, ihren Kindern beim Bettenmachen zu helfen. Sie gab ihnen Hinweise von der Art: »Was passiert, wenn ich hier ziehe?« (Die Falten werden glatt.) Sie kaufte gestreifte Laken, so daß die Kinder lernen konnten, sie gerade zur Bettkante aufzuspannen. Im Alter von sechs Jahren konnten die Kinder ihre Betten fast so perfekt machen, daß sie einem militärischen Bettenappell standgehalten hätten.

Wenn Sie die Kinder beauftragen, die Küche sauberzumachen, sorgen Sie dafür, daß sie wissen, was Sie darunter verstehen. Für sie kann es einfach heißen, die Teller ins Waschbecken zu stellen. Eltern regen sich sehr oft darüber auf, wie schlecht ihre Kinder gewisse Haushaltsarbeiten erledigen, obwohl sie sich nie die Zeit genommen haben, es ihnen beizubringen.

Sich Zeit nehmen zum Üben heißt auch, Ihre Kinder wissen zu lassen, wenn Sie Ihre Methoden ändern. Mrs. Roberts hatte von mir gehört, wie wichtig es ist, den Kindern zu erlauben, sich selbst anzuziehen. Ihre Tochter Connie war im dritten Schuljahr. Mrs. Roberts zog Connie nicht mehr an, aber sie legte ihr jeden Abend die Kleider bereit. Sie beschloß, das von nun an nicht mehr zu tun, doch sie sagte Connie nichts davon. Am nächsten Morgen rief Connie ärgerlich: »Mutti, wo sind meine Kleider?«

Mrs. Roberts antwortete sehr respektvoll: »Im Schrank, mein Liebes. Ich bin überzeugt, daß du sie dir selber herausholen kannst.«

»Mutti«, schnaubte Connie zurück, »wenn du so was entscheidest, könntest du es mich wenigstens vorher wissen lassen.«

Connie hatte recht. Es sollte selbstverständlich sein, Veränderungen respektvoll mit allen zu diskutieren, die davon betroffen sind, ehe man sie in die Tat umsetzt.

2. Fördern Sie Selbsteinschätzung

Wenn Sie das Gefühl haben, das Training sei ausreichend gewesen, überprüfen Sie das, indem Sie das Kind fragen: »Was verstehst du darunter, wenn es heißt... muß gemacht werden?«

Cory zeigte ihrer Lehrerin ihre Schreibübung des Buchstabens g. Mrs. Tuttle schaute sich die Arbeit an und bat dann Cory, ihr zu zeigen, welches g sie am schönsten fand. Cory zeigte es ihr. Dann fragte Mrs.

Tuttle: »Darf ich dir zeigen, welches *g* mir am besten gefällt?« Cory stimmte gern zu. Mrs. Tuttle zeigte auf ein anderes schön geschriebenes *g*. Dann zeigte Mrs. Tuttle auf ein *g* mit zwei Schlaufen und fragte Cory, was sie dazu meine.

Cory zeigte ihre Überraschung, indem sie ihren Mund mit der Hand bedeckte und »Oh!« ausrief. Mrs. Tuttle fragte Cory, ob sie das allein korrigieren könne oder ob sie Hilfe brauche. Cory erklärte, sie könne es allein und setzte sich an ihren Platz, um es zu korrigieren.

Mrs. Tuttle hatte sie nur auf ihren Fehler aufmerksam gemacht. Sie hatte zunächst ihre Stärken beachtet und dann Cory die Möglichkeit gegeben, den Fehler selbst zu erkennen.

Wenn wir Kinder fragen, woran sie arbeiten müssen, um etwas zu verbessern, so wissen sie meistens die Antwort, ohne daß man es ihnen vorschreibt.

3. Bauen Sie auf Stärken statt auf Schwächen auf

Das obige Beispiel enthält dieses Konzept. Wenn Sie darauf hinweisen, was gut gemacht worden ist, möchten Kinder es meist weiterhin ebenso gut oder noch besser machen.

4. Stellen Sie Fragen

Sie werden bei Kindern stärkere Anteilnahme und größeres Verständnis erzielen, wenn Sie Fragen stellen, statt Feststellungen zu treffen. Wenn Kinder Ihre Fragen beantworten, sind sie aktiv beteiligt. Wenn Sie Feststellungen treffen, sind sie nur passiv beteiligt. Wenn sie auf eine Frage antworten, haben Sie die Möglichkeit zu hören, ob ihr Verständnis dem Ihren entspricht oder nicht. Statt zum Beispiel Ihr Kind zu bitten, die Küche aufzuräumen, können Sie fragen: »Was meinst du muß getan werden, damit die Küche wieder sauber wird?«

Das Kind antwortet so etwas wie: »Geschirrspülen.«

Sie können dann fragen: »Und die Sachen, die da auf dem Tisch stehen?«

»Oh, ich glaube, die müssen wohl auch noch weggeräumt werden.«

»Stimmt«, können Sie antworten. »Und was da auf dem Herd steht? Und was muß mit dem Tisch und dem Herd geschehen, wenn das alles weggeräumt ist?«

Wenn Sie diese Technik verwenden, nehmen Sie sich gleichzeitig Zeit zum Üben. In den beiden folgenden Kapiteln werden Sie sehen, wie

wichtig es ist, Kinder dadurch aktiv zu beteiligen, daß man ihnen bei Klassen- und Familienkonferenzen Fragen stellt.

5. Der Mut, nicht perfekt zu sein

Wir sind alle nicht perfekt. Was wir erreichen müssen, ist der Mut, unseren Mangel an Perfektion zu akzeptieren. Dies ist eines der ermutigendsten Konzepte und dennoch eines der in unserer Gesellschaft am schwersten zu erreichenden. Es gibt in der ganzen Welt niemanden, der perfekt wäre, und doch verlangt jeder es von sich und anderen. Wir setzen uns durch dieses unmögliche Perfektionsideal selbst ständig Enttäuschungen und Frustrationen aus. Verbesserung: ja. Perfektion: nein.

Unsere Gesellschaft lehrt uns, uns für Fehler zu schämen. Statt dessen sollten wir lernen und unsere Kinder lehren, uns über Fehler als Gelegenheiten, etwas Neues dazuzulernen, zu freuen. Wäre es nicht wunderbar, einen Erwachsenen zu einem Kind sagen zu hören: »Du hast einen Fehler gemacht. Fantastisch! Was können wir daraus lernen?« Und ich meine *wir*. Bei den meisten Fehlern, die Kinder begehen, sind wir Partner. Viele Fehler geschehen, weil wir uns nicht die Zeit genommen haben, zu üben und zu ermutigen. Oft provozieren wir Rebellion, statt zu Verbesserungen anzuregen. Geben Sie ein Beispiel für den Mut zum Mangel an Perfektion, so daß Kinder von Ihnen lernen können, daß Fehler tatsächlich Chancen sind, dazuzulernen. Die *drei Schritte zum Wiedergutmachen von Fehlern* (siehe Kapitel 9) taugen ausgezeichnet dazu, den Mut zum Mangel an Perfektion vorzuleben.

Wenn von den obengenannten Methoden keine wirkt, dann ist anzunehmen, daß das Verhalten des Kindes auf einem der vier falschen Ziele beruht und es mehr Ermutigung, Hilfe durch eine Familien- oder Klassenkonferenz oder eine andere, in diesem Buch besprochene Methode braucht.

Gruppenübungen

Ermutigung, Lob, Kritik
Zeichnen Sie ein Haus, wie ein Erstkläßler es zeichnen würde, einschließlich der Verzerrungen und Fehler. Bitten Sie die Gruppenmitglieder um Beispiele, was sie sagen würden, wenn ein Kind damit zu ihnen käme: »Mami (Papi oder Lehrer), schau mal mein Bild an.« Weisen Sie darauf hin, daß Sie Beispiele für Lob, Ermutigung und Kritik erwarten, so daß es niemandem peinlich ist, wenn ihm kein ermutigender Kommentar einfällt. Lassen Sie die Gruppe bei jedem Beispiel aufgrund der in diesem Kapitel besprochenen Kriterien entscheiden, ob es sich um Ermutigung, Lob oder Kritik handelt.

Der Standpunkt des Kindes
Ein ausgezeichnetes Mittel, Erwachsenen zu helfen, den Standpunkt des Kindes zu erkennen, besteht darin, sie an ihre eigene Kindheit zu erinnern. Geben Sie der Gruppe folgenden Auftrag:
»Schließen Sie die Augen, und denken Sie zurück an Ihre Kindheit. Erinnern Sie sich an ein Erlebnis zwischen Ihnen und einem Erwachsenen zu Hause oder in der Schule, als Sie sich entmutigt, mißverstanden, gedemütigt oder ungerecht behandelt gefühlt haben. Führen Sie sich diese Erinnerung lebhaft vor Augen. Erinnern Sie sich ganz genau daran, was geschehen ist und was Sie gefühlt haben. Erleben Sie diese Gefühle noch einmal.« (Lassen Sie der Gruppe etwa zwei Minuten Zeit dafür.)
»Halten Sie die Augen weiter geschlossen, und erinnern Sie sich nun an einen anderen Zwischenfall zwischen einem Erwachsenen und Ihnen als Kind, bei dem Sie sich ermutigt, verstanden, geschätzt oder zu etwas Besonderem angeregt gefühlt haben. Führen Sie sich diese Erinnerung lebhaft vor Augen. Erinnern Sie sich ganz genau, was Sie dabei gefühlt haben, und erleben Sie diese Gefühle noch einmal.« (Geben Sie der Gruppe wieder etwa zwei Minuten Zeit für diese Übung.)
Bitten Sie Freiwillige, zunächst von ihrem entmutigenden Erlebnis zu berichten. Weisen Sie anschließend auf die gemeinsamen Aspekte dieser Erinnerungen hin. In welcher Hinsicht ähneln sich die Gefühle? Worin ähnelt sich das Verhalten der Erwachsenen?
Die gemeinsamen Aspekte entmutigender Erlebnisse sind meist die

obengenannten: Das Kind fühlt sich unverstanden, gedemütigt oder ungerecht behandelt. Ein weiterer gemeinsamer Aspekt ist, daß Kinder sich im allgemeinen nicht angeregt fühlen, sich aufgrund dieser entmutigenden Erlebnisse mehr Mühe zu geben, auch wenn der Erwachsene meist genau das zum Ziel hat. Immer wieder kommen Erlebnisse zur Sprache, wo jemand gewisse Aktivitäten wie Klavierspielen, Lesen, Schreiben, Sport usw. wegen der entmutigenden Kritik eines Erwachsenen aufgegeben hat.

Die gemeinsamen Aspekte ermutigender Erlebnisse sind ebenfalls oben aufgeführt. Im allgemeinen fühlt sich das Kind verstanden, geschätzt und als etwas Besonderes. Solche Erfahrungen ermutigen Kinder oft dazu, sich noch mehr Mühe zu geben und nützliche Fähigkeiten und Ziele anzustreben. Ein weiterer erstaunlicher Aspekt der meisten ermutigenden Erlebnisse ist, daß der Erwachsene nur ganz wenig Zeit braucht, um ein paar ermutigende Worte der Wertschätzung zu äußern.

Diskussionsfragen

1. Was ist ein ungezogenes Kind?
2. Welche Mitteilung verbirgt sich hinter seinem Fehlverhalten?
3. Was ist nach *Dreikurs* die wichtigste Fähigkeit, die Erwachsene lernen können, um Kindern zu helfen?
4. Diskutieren Sie die Bedeutung der Wahl des richtigen Zeitpunktes.
5. Welches sind die vier Schritte, Kooperationsbereitschaft zu gewinnen?
6. Welche Einstellungen von seiten des Erwachsenen sind nötig, damit diese vier Schritte erfolgreich sein können?
7. Welches sind die notwendigen Einstellungen des Erwachsenen für gegenseitigen Respekt?
8. Warum ist gemeinsam verbrachte, spezielle Zeit so wirkungsvoll zum Ermutigen und Motivieren von Kindern?
9. Wo liegen die Gefahren des Lobes?
10. Welches sind die langfristigen Wirkungen von Ermutigung?
11. Zählen Sie ein paar Unterschiede zwischen Lob und Ermutigung auf.
12. Welche Fragen dienen als Selbsttest, um zu prüfen, ob Ihre Bemerkungen Lob oder Ermutigung sind?
13. Nennen und beschreiben Sie fünf Methoden, Kindern beim Lernen und Fortschrittemachen zu helfen.
14. Wenn diese fünf Methoden nicht wirken, was ist der wahrscheinlichste Grund?
15. Warum ist es wichtig, den Mut zum Mangel an Perfektion zu haben?
16. Warum ist es nützlich, Kinder zu lehren, daß Fehler Gelegenheit zum Lernen sind, und nicht etwas, worüber man sich schämen muß?

Kapitel 7

Klassenkonferenzen

Inzwischen wissen Sie, daß die Wirksamkeit des positiven Ansatzes davon abhängt, daß der Erwachsene gegenseitigen Respekt und Interesse an einer langfristigen Wirkung auf Kinder beweist. Es wurde versprochen, daß Kinder, die die in diesem Buch beschriebenen Interaktionen erleben, Selbstdisziplin, Verantwortungsbewußtsein und Problemlösungsfähigkeiten entwickeln.

Die Kulmination all dieser Versprechungen läßt sich am besten bei regelmäßig angesetzten Klassen- und Familienkonferenzen erkennen und erleben. Solche Versammlungen bieten Erwachsenen und Kindern die beste Gelegenheit, die demokratischen Handlungsweisen von Kooperation, gegenseitigem Respekt, Verantwortungsbewußtsein und Gemeinschaftsgefühl zu erlernen. Dies sind bedeutsame Langzeitziele, die viele Eltern und Lehrer motivieren, Klassen- und Familienkonferenzen abzuhalten, doch es gibt auch noch zahlreiche erfreuliche und sofort erkennbare Nebenwirkungen.

Zum Beispiel fühlen Lehrer sich erleichtert, wenn sie aus der Rolle von Polizisten, Richtern, Geschworenen und Henkern schlüpfen können. Wann immer ein Schüler mit einem Problem kommt, kann der Lehrer einfach darum bitten, das Problem auf die Tagesordnung der nächsten Klassenkonferenz zu setzen. Das allein reicht schon, um als sofortige Lösung Befriedigung zu geben, während gleichzeitig eine Abkühlungsphase gewährt wird, bevor man versucht, das Problem zu lösen.

Schüler können oft ein Problem besser lösen, einfach weil sie zu mehreren sind. Sie haben viele ausgezeichnete Ideen, wenn man ihnen erlaubt und sie ermutigt, sie zum Ausdruck zu bringen. Lehrer staunen oft, was für intellektuelle und soziale Fähigkeiten Schüler während der Klassenkonferenzen entwicklen können. Da Kinder bei der Lösung von Problemen, die für sie höchst relevant sind, intensiv beteiligt

werden, lernen sie zuzuhören und umfassender zu denken. Sie entwickeln ihren sprachlichen Ausdruck, ihre Erinnerungsfähigkeit und Objektivität in bezug auf den Wert und die Mechanik des Lernens.

Lehrer stellen fest, daß Kinder wesentlich bereitwilliger kooperieren, wenn sie an den Entscheidungen mitgewirkt haben, selbst wenn die Lösungen am Ende die gleichen sind, die der Lehrer zuvor viele Male ergebnislos vorgeschlagen hatte.

Ehe wir nun aufzeigen, was zu tun ist, damit eine Klassenkonferenz erfolgreich verläuft, werfen wir einen Blick auf ein paar Einstellungen und Handlungsweisen, die es zu vermeiden gilt:

1. Benutzen Sie die Klassenkonferenz nicht als weitere Plattform für Belehrungen und Moralpredigten. Es ist wichtig, so objektiv und vorurteilsfrei zu sein wie möglich. Das soll nicht heißen, daß Sie keinen Beitrag leisten dürfen. Sie können Ihrerseits ebenfalls Themen auf die Tagesordnung setzen, Ihre Meinung sagen und mit abstimmen.

2. Benutzen Sie die Klassenkonferenz nicht als Tarnung für zusätzliche übermäßige Kontrolle. Kinder durchschauen solche Tricks und verweigern die Kooperation.

Klassenkonferenzen sollten täglich oder wenigstens dreimal in der Woche abgehalten werden. Wenn Klassenkonferenzen nicht oft genug stattfinden, werden die Schüler entmutigt, Themen auf die Tagesordnung zu setzen, weil es zu lange dauert, bis sie zur Sprache kommen. Es empfiehlt sich, eine mindestens drei Tage dauernde Abkühlungsphase einzuschieben, ehe ein Problem angegangen wird. Es ist entmutigend, wenn man wesentlich länger warten muß. (Bei jüngeren Kindern ist eine kürzere Wartezeit zu empfehlen. Im Vorschulalter reicht oft sogar schon eine Stunde.)

Entscheidungen werden durch Mehrheitsbeschluß getroffen. Dies muß nicht zu Parteibildungen in der Klasse führen, wenn eine positive Atmosphäre geschaffen worden ist, sondern bietet den Schülern die Gelegenheit zu lernen, daß nicht jeder genauso denkt und fühlt wie man selbst. Gleichzeitig lernen die Schüler, daß es unmöglich ist, es allen recht zu machen, und daß man trotzdem kooperieren kann.

Gewisse Vorstellungen müssen den Kindern erklärt und mit ihnen

diskutiert werden, ehe die eigentlichen Tagesordnungsthemen zur Sprache kommen. Interessieren Sie die Kinder bei der ersten Klassenkonferenz so stark wie möglich, während Sie ihnen Sinn und Verfahren erläutern: Wie wichtig es ist, sich gegenseitig zu respektieren, wie man Anerkennung ausdrückt, wie man Probleme mit Hilfe logischer Konsequenzen löst, welches die drei Kriterien der logischen Konsequenzen sind, wie man die Tagesordnung verwendet, wie wichtig eine Abkühlungsphase ist.

Aufgaben von Klassenkonferenzen
1. Anerkennung ausdrücken.
2. Einander helfen.
3. Probleme lösen.
4. Pläne machen.

Oft beginnen die Lehrer jede Konferenz mit der Frage: »Welches sind die beiden Hauptanliegen von Klassenkonferenzen?« Die Antwort lautet: Einander helfen und Probleme lösen.

Einige Ziele von Klassenkonferenzen

Respekt voreinander haben

Lehren Sie die Kinder gegenseitigen Respekt, indem Sie folgende Fragen diskutieren lassen:
1. Warum ist es rücksichtslos, wenn mehrere gleichzeitig reden? (Wir können niemanden verstehen. Derjenige, der das Wort hat, glaubt, die anderen interessieren sich nicht für das, was er sagen will, usw.)
2. Warum ist es rücksichtslos, andere zu stören? (Sie können sich nicht konzentrieren und lernen nichts.)
3. Warum ist es wichtig, die Hand zu heben, wenn man in einer größeren Gruppe etwas sagen will? (Um Ordnung zu halten und zu wissen, wer dran ist.)

4. Warum ist es wichtig, zuzuhören, wenn ein anderer spricht? (Um voneinander lernen zu können, um einander Respekt zu zeigen und weil wir wollen, daß die anderen uns auch zuhören.)

Anerkennung ausdrücken

Nehmen Sie sich Zeit, mit den Kindern die Bedeutung von Anerkennung zu erforschen. Dies kann informell während der ersten Versammlung getan werden. Anerkennung sollte in folgenden Bereichen zum Ausdruck gebracht werden:

Leistungen.
Hilfsbereitschaft.
Beteiligung.

Lassen Sie die Kinder für jeden dieser Bereiche Beispiele sammeln. Lehren Sie sie dann, die Formel: »Ich möchte... *(Name)* meine Anerkennung dafür ausdrücken, daß sie (oder er)... *(etwas Bestimmtes)* getan hat.« Die Verwendung einer solchen Formel hilft Kindern, bei der Sache zu bleiben und anderen Anerkennung für ihr Tun statt zum Beispiel für ihre Kleidung auszudrücken. Ich habe Hunderte von Klassenkonferenzen in den verschiedensten Schulen besucht, die dieses Programm übernommen hatten. Wenn immer sie die vorgegebene Formel nicht benutzten, waren die Formulierungen oberflächlicher und weniger spezifisch.

Am Anfang mögen viele Kinder sagen: »Ich möchte Jill Anerkennung dafür ausdrücken, daß sie meine Freundin ist.« Lassen Sie dies am Anfang während des Lernprozesses durchgehen, doch irgendwann kann die Klasse wieder einmal darüber nachdenken, was ein Freund *tut*, das wir anerkennen wollen.

Der Lehrer kann damit beginnen, aufgrund von Notizen, die er im Laufe des Tages über anerkennenswerte Leistungen der Kinder gemacht hat, Lob auszusprechen. Viele Lehrer liefern ein Beispiel, indem sie jeden Tag mehrere Komplimente nennen und darauf achten, innerhalb eines bestimmten Zeitraumes alle Kinder der Klasse dabei zu bedenken.

Sorgen Sie dafür, daß jeder Schüler bei der ersten Versammlung

mindestens einmal mitmacht, um sicher zu sein, daß alles verstanden worden ist. Wenn ein Schüler Schwierigkeiten hat, lassen Sie die Klasse helfen, indem Sie fragen, ob jemand eine Idee hat, was diesem Kind im Laufe des Tages widerfahren ist und ob es ein Lob verdient.

Es empfiehlt sich auch, Kinder zu lehren, sich für ein erhaltenes Kompliment zu bedanken. Sie können mehrere Klassenkonferenzen für dieses Thema verwenden, so daß die Kinder diesen Prozeß erlernen.

Viele Lehrer haben berichtet, daß allein die Anerkennungen schon helfen, eine positivere Atmosphäre im Klassenzimmer zu schaffen. Nach der anfänglichen Ungeschicklichkeit lieben die Kinder es, nach positiver Anerkennung zu streben, sie zu geben und sie zu erhalten. *Wo sonst können sie dieses wertvolle Training erhalten?*

Logische Konsequenzen

Bringen Sie den Kindern bei, logische Konsequenzen zu verwenden, ehe Sie versuchen, irgendwelche Probleme zu bewältigen. Beginnen Sie damit, auf natürliche Konsequenzen aufmerksam zu machen, indem Sie sie fragen, was passiert, wenn in den folgenden Situationen niemand eingreift:

Wenn du im Regen stehst? (Wirst du naß.)

Wenn du auf der Schnellstraße spielst? (Kannst du überfahren werden.)

Wenn du nicht schläfst? (Wirst du müde.)

Wenn du nicht ißt? (Wirst du hungrig.)

Danach erklären Sie, daß logische Konsequenzen helfen, zu lernen, die Verantwortung für das eigene Verhalten zu übernehmen. Erläutern Sie die drei Kriterien der logischen Konsequenzen, die in Kapitel 6 besprochen worden sind. Es hat sich als nützlich erwiesen, ein Plakat mit den drei Kriterien aufzuhängen, an dem die Kinder sich orientieren können. Dann lassen Sie sie logische Konsequenzen für folgende Probleme suchen:

Jemand, der auf seinen Tisch schreibt.

Jemand, der während des Unterrichts nicht mitarbeitet.

Jemand, der zu spät zur Schule kommt.

Es ist leichter, die Kinder mit hypothetischen Situationen arbeiten zu lassen, so daß keine emotionalen Verstrickungen und Vorwürfe aufkommen. Nachdem Sie so viele Vorschläge wie möglich gesammelt haben, gehen Sie sie einzeln durch. Lassen Sie die Kinder prüfen, wie gut sie den drei Kriterien der logischen Konsequenzen entsprechen. Lassen Sie sie darüber diskutieren, warum sie meinen, ob und inwiefern jeder der Vorschläge *verknüpft, respektvoll und vernünftig* ist oder nicht. Lassen Sie sie ebenfalls diskutieren, inwiefern jeder der Vorschläge helfen oder schaden kann. Lassen Sie die Klasse entscheiden, welche Vorschläge ausgeschieden werden sollen, weil sie den drei Kriterien der logischen Konsequenzen nicht entsprechen oder anderweitig schädlich sind.

Gebrauchsanweisung für Klassenkonferenzen

Die Tagesordnung

Stellen Sie der Gruppe die Tagesordnung vor. Manche Lehrer reservieren einen Teil der Tafel dafür, andere benutzen ein Blatt Papier am Schwarzen Brett, wo es leicht zugänglich ist.

Erklären Sie den Kindern, daß Sie vorhaben, ihnen beizubringen, wie sie Probleme selbst lösen können. Von jetzt an können die Kinder ihren Namen und eine kleine Notiz, die ihnen hilft, sich zu erinnern, um was es geht, auf die Tagesordnung setzen, statt mit dem Problem zu Ihnen zu kommen. Bereiten Sie sie darauf vor, daß sie es am Anfang manchmal vergessen und sich mit Problemen an Sie wenden werden, aber daß Sie sie dann daran erinnern werden, ihren Namen und ihr Anliegen auf die Tagesordnung zu setzen. Irgendwann werden sie es dann leid sein, Sie wie eine zerkratzte Schallplatte immer das gleiche wiederholen zu hören, und sie werden ihre Probleme auf die Tagesordnung setzen.

Wann immer Lehrer oder Eltern mich nach Lösungen für Probleme mit Kindern fragen, ist mein Lieblingswort: »Setzen Sie es auf die Tagesordnung.« Die Kinder werden die besten Lösungen finden und

bereit sein zu kooperieren, weil sie an der Entscheidung mitgewirkt haben. Wenn Lösungen nicht zu klappen scheinen, setzen Sie das Problem einfach wieder auf die Tagesordnung, damit es erneut in einer kooperativen Atmosphäre diskutiert werden kann. Wenn Sie Ihrerseits ein Problem auf die Tagesordnung setzen, denken Sie daran, daß es wirklich *Ihr* Problem ist. Kinder sind stolz darauf, wenn sie Ihnen bei der Lösung *Ihres* Problems helfen können. Die Themen der Tagesordnung sind in chronologischer Reihenfolge innerhalb der vorher festgesetzten Zeit zu behandeln. Probleme, die bis dahin nicht gelöst sind, werden am nächsten Tag vorgenommen.

Es geschieht oft, daß ein Problem, wenn es schließlich an die Reihe kommt, von demjenigen, der es auf die Tagesordnung gesetzt hat, als schon gelöst erklärt wird. Manche Erwachsene sagen dann nur: »Fein« und gehen zum nächsten Punkt über. Andere fragen das Kind, ob es Lust hat, den anderen zu berichten, wie das Problem gelöst wurde.

Die Abkühlungsphase

Erklären Sie, warum Probleme nicht gelöst werden können, solange die Beteiligten aufgebracht sind. Ältere Kinder kann man fragen warum. Kleineren erklärt man, daß man ein paar Stunden oder ein paar Tage wartet, ehe man das Problem löst, damit jeder die Möglichkeit hat, sich zu beruhigen, so daß man es respektvoll lösen kann.

Einen Kreis bilden

Es ist wichtig, daß die Schüler bei einer Klassenkonferenz im Kreis sitzen. Wenn sie an ihren Tischen sitzen bleiben, erzeugt das nicht nur äußerliche Schranken, die den Prozeß verzögern; ich habe auch noch keine Klassenversammlung gesehen, bei der die Schüler nicht auf ihrem Pult mit Gegenständen hantiert hätten, wenn sie an ihrem üblichen Platz sitzen geblieben waren.

Nehmen Sie sich die Zeit, mit Ihren Schülern ein möglichst geräuschloses Verschieben der Tische zu üben. Einige Klassen brauchen meh-

rere Tage, bis sie es ohne allzuviel Durcheinander schaffen. Ich habe alle Sorten von Pulten aus allen möglichen Konstellationen verrücken sehen, so daß die Schüler schließlich im Kreis sitzen und einander anschauen konnten. Die kürzeste Zeit waren fünfzehn Sekunden, die längste fünfundvierzig.

Das Training kann in mehreren Etappen vor sich gehen. Sie können die Schüler zum Beispiel erst einmal fragen, was sie meinen, wie man die Tische mit so wenig Krach und Durcheinander wie möglich in einen Kreis schieben kann. Im allgemeinen werden sie alle Elemente aufzählen, die einen glatten Übergang gewährleisten. Fragen Sie sie dann, wie oft sie meinen üben zu müssen, bis alle diese guten Ideen in die Tat umgesetzt werden können.

Manche Lehrer ziehen es vor, Plätze zuzuweisen. Am ersten Tag lassen sie einen Schüler nach dem anderen seinen Tisch verschieben und den Stuhl an den vorgegebenen Platz rücken. Andere wiederum lassen ein paar Schüler gleichzeitig reihenweise umziehen. Wenn sie laut und unordentlich sind, lassen Sie sie üben, bis sie die Probleme bewältigen. Sobald sie gelernt haben, es leise zu tun, können Sie sie alle gleichzeitig umziehen lassen.

Aufbau der Klassenkonferenz

Die im folgenden aufgeführten Schritte wurden von Frank *Meder* entwickelt und bieten Lehrern nützliche Richtlinien zur Organisation von Klassenkonferenzen. Bevor ich diese Schritte lernte, gingen viele Klassenkonferenzen, die ich leitete, daneben, weil sie nicht genügend strukturiert waren. Wenn die Schüler von dem, was ich zu erreichen versuchte, nicht sofort beeindruckt waren und unruhig wurden, gab ich auf und erklärte: »Nun, offenbar liegt euch im Augenblick nichts an einer Klassenkonferenz. Wir werden es später noch einmal versuchen, wenn *ihr* bereit seid.« Mit anderen Worten, ich übernahm die Verantwortung für meinen eigenen Mangel an Bereitschaft nicht und fügte mich zudem noch der Anarchie.

1. Beginnen Sie mit dem Ausdrücken von Anerkennung. Schüler, die jemandem ihre Anerkennung ausdrücken wollen, heben die Hand,

und der Lehrer oder der Konferenzleiter erteilt einem nach dem anderen reihum das Wort. Beginnen Sie an einem Punkt des Kreises, und achten Sie darauf, daß jeder, der sich gemeldet hat, zu Wort kommt. Auf diese Weise vermeidet man den Vorwurf »ungerecht« zu sein, was leicht geschehen kann, wenn ein Lehrer seinen Schülern ohne bestimmte Ordnung das Wort erteilt: Es gibt immer einen, der sich beklagt, er sei nicht drangekommen. Manche Lehrer sind dazu übergegangen, statt der Wortmeldungen einen Gegenstand im Kreis herumwandern zu lassen. Wem der Gegenstand gereicht wird, kann entweder das Wort ergreifen oder ihn weitergeben.

2. Geben Sie den ersten Punkt auf der Tagesordnung bekannt, und fragen Sie denjenigen, der ihn aufgeschrieben hat, ob das Problem noch immer bestehe. Wenn nicht, gehen Sie zum nächsten Punkt über. Falls eine weitere Person in das Problem verwickelt ist, bitten Sie diese um ihre Darstellung der Angelegenheit.

3. Fragen Sie den »Angeklagten«, ob er einen Lösungsvorschlag hat. Wenn ja, bitten Sie die Klasse, über den Vorschlag abzustimmen. Wenn sich die Mehrheit dafür ausspricht, gehen Sie zum nächsten Punkt über.

4. Wenn kein Lösungsvorschlag gemacht wird oder keine Mehrheit zustande kommt, fragen Sie zweimal im Kreis herum nach Vorschlägen und Kommentaren. Beginnen Sie bei demjenigen, der den Gegenstand auf die Tagesordnung gesetzt hat, und enden Sie direkt vor ihm, nachdem Sie zweimal im Kreis herum gefragt haben.

5. Schreiben Sie jeden Vorschlag wortgetreu an die Tafel. Für den Fall, daß die Kinder eher verletzend statt hilfreich sind (also keine echten logischen Konsequenzen vorschlagen), finden Sie Anregungen unter »Allgemeine Fragen« am Ende dieses Kapitels.

6. Lesen Sie sämtliche Vorschläge einmal laut vor, ehe Sie zur Abstimmung übergehen. Dann bitten Sie die Schüler, für jeweils eine Lösung zu stimmen, und stellen dann jeden Vorschlag einzeln zur Abstimmung. Schreiben Sie die Zahl der Stimmen neben jeden Vorschlag.

7. Wenn es Zeit für die Endabstimmung ist, fragen Sie denjenigen, für den die Lösung gesucht wird, wann er es tun möchte, und geben Sie ihm zwei Möglichkeiten zur Wahl, wie heute oder morgen oder nach der Schule oder während der Pause. Es ist psychologisch klug, Schülern die Wahl zu lassen, wenn Sie die Konsequenzen erfüllen

möchten. Es gibt ihnen das Gefühl von positiver Macht und Anteilnahme.

Franks Methode kann Schritt für Schritt befolgt werden, doch sie ist nicht so starr, daß dem Lehrer kein Spielraum für Individualität und Kreativität bliebe. Überall in Kalifornien haben Lehrer diesen Prozeß gelernt und mich dann neue Ideen gelehrt, wenn ich sie in Aktion sah. Viele ihrer Ideen haben in diesem Buch Niederschlag gefunden.

Manche Lehrer fühlen sich mit Mehrheitsabstimmungen nicht glücklich. Sie fragen das »angeklagte« Kind, wenn alle Vorschläge eingegangen sind, welcher ihm der nützlichste zu sein scheint. Diese Lehrer behaupten, daß das Kind im allgemeinen den logischsten wählt, auch wenn es nicht notwendigerweise der einfachste ist. Andere Lehrer wiederum geben an, daß das bei ihnen nicht funktioniert, weil die Kinder den einfachsten Vorschlag wählen, was nicht ihr Verhalten zu ändern hilft.

Handzeichen sind ein bewährtes Mittel für die Kinder, ihre Meinung zum Ausdruck zu bringen, ohne dabei störend dazwischenzureden. Bringen Sie ihnen ein Zeichen bei, mit dem sie Widerspruch ausdrücken können, zum Beispiel auf dem Schoß die Hände kreuzen, und eines, mit dem sie Zustimmung zeigen, zum Beispiel die Faust auf die Schulter legen.

Manche Lehrer finden Handzeichen störend. Sie sagen, sie können es nicht ausstehen, wenn jemand mit Händen und Armen fuchtelt, während sie reden. Ich kann es ihnen nachfühlen. Es würde mich auch irritieren, vor allem, wenn dadurch zum Ausdruck gebracht wird, daß man anderer Meinung ist als ich. Doch wenn Sie Kinder bei diesem Prozeß genau beobachten, werden sie feststellen, daß es sie in keiner Weise irritiert.

Während einer Klassenkonferenz wurde ein Kind gebeten, sich vor der ganzen Klasse für ein Fehlverhalten zu entschuldigen, das auf die Tagesordnung gesetzt worden war. Ein Erwachsener war dagegen. Er war der Meinung, es sei demütigend für das Kind. Ich bat ihn, das Kind und seine Mitschüler zu fragen, ob es sie störe, sich vor der ganzen Klasse zu entschuldigen. Die Klasse gab einstimmig an, daß es ihnen nichts ausmache. Es ist also äußerst wichtig, daß wir uns, so gut es geht, auf die Welt der Kinder einstellen, statt unsere eigenen Vorstellungen auf sie zu projizieren.

Lehrerfähigkeiten

Nachdem wir nun eine Reihe der Fähigkeiten diskutiert haben, die die Schüler lernen müssen, damit Klassenkonferenzen erfolgreich sind, gibt es auch einige Fähigkeiten auf seiten des Lehrers, die den Erfolg von Klassenkonferenzen wesentlich fördern. Es ist außerordentlich wichtig, daß Sie ein Beispiel für das geben, was Sie hoffen, die Kinder zu lehren – gegenseitigen Respekt und Kooperationsbereitschaft. Lehrer sollten mit Ausdrücken wie *bitte, danke, gern geschehen* usw. ein Beispiel für *Höflichkeit* geben.

Zu den wichtigsten Fähigkeiten, die sowohl gegenseitigen Respekt zeigen, als auch den Kindern ermöglichen, ihre Fähigkeiten zu entwikkeln, zählen *offene Fragen.* Jede Äußerung, die Sie machen möchten, kann auch als Frage formuliert werden. Wenn Sie die Kinder wissen lassen möchten, daß sie zuviel Krach machen, dann fragen Sie: »Wie viele von euch meinen, daß es hier zu laut ist?« Besonders wirksam ist es, die Frage in beiden Richtungen zu stellen. Wenn Sie fragen, wie viele etwas okay finden, dann stellen Sie auch die Gegenfrage, wie viele es nicht okay finden. Je weniger Sie Ihre eigene Meinung zeigen, desto mehr Spielraum geben Sie den Kindern zum Nachdenken. Es ist erstaunlich, wie oft Kinder genau die Art von moralisierenden Ermahnungen aufbringen, die sie von seiten eines Erwachsenen nicht akzeptieren würden.

Offene Fragen können eine negative Stimmung positiv machen, wie das folgende Beispiel zeigt. Ein Lehrer erbat Hilfe wegen eines Schülers, der auf dem Pausenhof Schwierigkeiten verursachte. Dr. John *Platt* hatte das Gefühl, das Problem ließe sich am besten im Rahmen einer Klassenkonferenz lösen. Der betreffende Lehrer hatte noch nie eine Klassenkonferenz veranstaltet, und Dr. Platt nutzte die Gelegenheit für eine Demonstration.

Er bat Billy hinauszugehen. Die Grundregel besagt eigentlich, daß man nicht über ein Kind während seiner Abwesenheit diskutiert, doch in diesem Fall wußte er, daß es noch nicht gelungen war, eine positive Stimmung zu schaffen, und er wollte nicht riskieren, daß Billy durch die Bemerkungen seiner Mitschüler in die Enge getrieben würde. Die Klassenkonferenz begann mit der Frage, wer der größte Unruhestifter der Klasse sei und die Antwort erschallte im Chor: »Billy.« Dann

wurde gefragt, welche Art von Unruhe Billy denn stiften würde. Die Angaben reichten von Raufen, Bälle klauen, über Fluchen, Schimpfen und so weiter. Diese ersten Fragen erlaubten den Kindern, ihren Gefühlen und Gedanken Ausdruck zu verleihen.

Die folgenden Fragen gaben den Kindern die Gelegenheit, ihre Gedanken und Gefühle in eine positive Richtung zu lenken: »Was glaubt ihr, warum Billy das alles macht?«

Die Antworten umfaßten Dinge wie »weil er ein Ekel ist«, »weil er böse ist« und dergleichen. Schließlich meinte einer der Mitschüler: »Vielleicht, weil er keinen Freund hat.« Da warf ein anderes Kind ein, daß Billy ein Pflegekind sei.

Als die Kinder gebeten wurden, zu diskutieren, was es heißt, ein Pflegekind zu sein, brachten sie ihre Vorstellungen darüber zum Ausdruck, wie schwer es sein müßte, die Familie zu verlassen, sooft umzuziehen und so fort. Sie zeigten jetzt Verständnis für Billy statt der üblichen Feindseligkeit.

Die ganze Klasse hob die Hand, als sie gefragt wurde, wie viele denn bereit seien, Billy zu helfen. Sämtliche Vorschläge, wie man Billy helfen könnte, zum Beispiel den Schulweg mit ihm zusammen zu machen, in der Pause mit ihm zu spielen, mit ihm zusammen zu essen usw., wurden auf die Tafel geschrieben. Daneben wurden diejenigen aufgelistet, die sich freiwillig zur Verfügung stellten, die jeweilige Aufgabe zu übernehmen.

Später wurde Billy unterrichtet, daß die Klasse über die Probleme diskutiert habe, die er auf dem Schulhof habe. Auf die Frage, ob er sich vorstellen könne, wie viele seiner Mitschüler ihm gerne helfen würden, schaute er zu Boden und meinte: »Wahrscheinlich kein einziger.« Als ihm gesagt wurde, daß sämtliche Mitschüler bereit seien, ihm zu helfen, schaute er mit weit aufgerissenen Augen auf und fragte ungläubig: »Wirklich?«

Daß die ganze Klasse beschlossen hatte, Billy zu helfen, gab ihm ein so starkes Zugehörigkeitsgefühl, daß sein Verhalten sich drastisch besserte.

Eine weitere Fähigkeit besteht darin, für gewisse Probleme, die Sie versucht haben, den Kindern anzulasten, *selbst die Verantwortung zu übernehmen*. Eine Lehrerin der siebten Klasse berichtete von ihrem Erlebnis mit den Zahnstochern. Es machte sie verrückt, mitansehen zu müssen, wie ihre Schüler auf Zahnstochern herumkauten. Sie fand es

nicht nur abstoßend, sie beklagte sich auch, daß überall im Klassenzimmer und auf dem Schulhof zerkaute Zahnstocher herumlagen. Für sie war das ein Problem, nicht jedoch für ihre Schüler. Sie hatte sie wiederholt gebeten, mit dem Zahnstocherkauen aufzuhören. Ohne Erfolg. Schließlich setzte sie es auf die Tagesordnung und gab zu, daß es für die Schüler offenbar kein Problem darstellte, doch daß sie dankbar wäre, wenn sie ihr helfen würden, eine Lösung für ihr Problem zu finden. Aus Zeitgründen hatten sie täglich nur etwa zehn Minuten für die Klassenkonferenz zur Verfügung, so daß es nicht selten vorkam, daß eine Lösung für ein Problem erst nach mehreren Tagen gefunden werden konnte. Am dritten Tag, an dem die Zahnstocher diskutiert wurden, fragte ein Schüler, ob die Lehrerin in letzter Zeit jemanden beim Zahnstocherkauen gesehen habe. Da erst fiel es ihr auf, und sie mußte eingestehen, daß sie niemanden gesehen hatte. Der Schüler bemerkte, daß das Problem offenbar gelöst war.

Dies ist ein ausgezeichnetes Beispiel dafür, wie oft es schon reicht, ein Problem zur Diskussion zu stellen, so daß es jedem bewußt wird und er außerhalb der eigentlichen Klassenkonferenz auf Lösungen hinarbeitet.

Seien Sie so *urteilsfrei* wie möglich. Wenn Schüler das Gefühl haben, sie können jedes Thema diskutieren, ohne deswegen beurteilt zu werden, werden sie vieles ans Tageslicht holen und zur Diskussion stellen. Ein Lehrer machte sich Sorgen, ob das Reden über gewisse Dinge, wie zum Beispiel das Spucken auf den Toiletten, nicht andere Schüler auf den Gedanken bringen könnte, die bis dahin noch nicht auf die Idee gekommen waren. Während wir darüber diskutierten, stellte er fest, daß die Schüler genau wußten, was vorging. Es nicht offen zu diskutieren, hätte das Problem nicht lösen können.

Üben Sie *keine Zensur* der Tagesordnungspunkte aus. Manche Erwachsene möchten Tagesordnungspunkte streichen, die sie als »unnützes Geschwätz« betrachten. Aber auch wenn es Ihnen unnütz erscheint, so mag es für das Kind von Wichtigkeit sein. Andere Erwachsene möchten Tagesordnungspunkte absetzen, die einem schon diskutierten Problem ähneln. Wiederum mag es für Sie ähnlich klingen, doch für das Kind einmalig sein. Es ist wichtig, daran zu denken, daß der *Vorgang noch wichtiger ist als die Lösungen*. Wenn Ihnen der Gegenstand identisch erscheint, können die Kinder aufgrund der vorangegangenen Erfahrung eine schnellere und unterschiedliche Lösung finden.

Und schließlich ist es wichtig, die positive Absicht zu erkennen, die hinter jedem Verhalten steckt. Das gibt Kindern das Gefühl, geliebt und geschätzt zu werden – eine Voraussetzung zur Verhaltensänderung. Während einer Klassenkonferenz diskutierten die Schüler das Problem des Schummelns. Das Mädchen, dessen Problem es war, erklärte, daß sie geschummelt habe, weil sie den Test unbedingt habe bestehen wollen. Mr. Meder fragte: »Wer von euch glaubt, daß es großartig ist, wenn Leute ihren Test bestehen wollen?« Die meisten Schüler hoben die Hand. Ein Junge gab zu, daß er beim Schummeln erwischt worden sei und daß er den Test habe wiederholen müssen. »Und hat dir das weitergeholfen?« fragte Mr. Meder. Der Junge sagte ja. Dies sind zwei Beispiele dafür, wie man die positiven Aspekte hinter etwas finden kann, das man als rein negativ zu betrachten geneigt wäre.

Allgemeine Fragen

Frage: Brauchen Kinder nicht sofortige Lösungen ihrer Probleme? Ich glaube nicht, daß meine Schüler drei Tage warten können, bis ihr Problem auf der Tagesordnung an die Reihe kommt.

Antwort: Ich habe mit einer anderen Lehrerin zusammengearbeitet, die das gleiche Problem sah. Sie hielt nach jeder Mittagspause eine Klassenkonferenz ab, um die Probleme, die während der Mittagspause aufgekommen waren, sofort behandeln zu können. Ich schlug ihr vor, die Schüler ihre Probleme auf die Tagesordnung setzen zu lassen und mindestens drei Tage zu warten, ehe sie in der Klassenkonferenz behandelt wurden. Sie berichtete mir später, wie sehr es sie überrascht und erfreut habe, welche Genugtuung ihre Schüler allein aus der Tatsache, daß sie ihr Problem auf die Tagesordnung setzen konnten, gezogen hatten. Das entsprach der *sofortigen* Lösung. Durch ihre Körperhaltung drückten sie große Erleichterung aus, nachdem sie ihr Anliegen auf die Liste geschrieben hatten und davongingen. Sie berichtete überdies, daß die Diskussion des Themas drei Tage später wesentlich rationaler und damit erfolgreicher verlief, weil die Gemüter sich in der Zwischenzeit beruhigt hatten.

Frage: Was tun, wenn eine Konsequenz beschlossen worden ist, die nicht erfolgreich wirkt?

Antwort: Die Entscheidung sollte aufrechterhalten werden, bis jemand das Problem erneut auf die Tagesordnung setzt. In einer Klasse gab es das Problem, daß die Schüler sich auf ihren Stühlen herumfläzten. Die Klasse beschloß, daß jeder, der sich fläzte, aufstehen und sich hinter seinen Stuhl stellen sollte. Die Sache klappte nicht, weil es zu vielen Kindern Spaß machte aufzustehen, und das stiftete zuviel Unruhe während der Klassenkonferenz. Der Lehrer setzte das Problem erneut auf die Tagesordnung. Die Schüler stimmten zu, daß es störend war, und einigten sich darauf, daß jeder, der sich auf seinem Stuhl herumfläzte, die Klassenkonferenz verlassen solle, bis er bereit war, ordentlich still zu sitzen.

Frage: Was tun, wenn jemand das Gefühl hat, eine Konsequenz sei ungerecht?

Antwort: Er kann das Thema erneut auf die Tagesordnung setzen. Eine Klasse entschied, daß Julia fünfhundertmal den Satz schreiben sollte, daß sie sich nicht vordrängeln dürfe. Sie schrieb den Satz fünfhundertmal, doch dann setzte sie auf die Tagesordnung, daß es ihrer Ansicht nach keine gerechte, *angemessene* Konsequenz sei. Sie wies darauf hin, daß andere in die gleiche Situation geraten könnten und daß sie es vermutlich genausowenig mögen würden wie sie. Ein Mitschüler fragte Julia, ob es ihr geholfen habe, sich vorzunehmen, sich nicht mehr vorzudrängeln. Sie gab zu, daß dies vermutlich der Fall sei, doch die Klasse wurde sich dennoch darüber einig, daß das Schreiben von Sätzen nicht unbedingt die *sinnvollste* Konsequenz war. Dies ist ein ausgezeichnetes Beispiel für die Art von Kommunikation, Nachdenken und Zusammenarbeit, wie sie in Gruppen verwirklicht werden können.

Frage: Was tun, wenn die Schüler Strafe statt logischer Konsequenzen vorschlagen?

Antwort: Sobald die Schüler sich an das Vorgehen gewöhnt haben, werden sie es im allgemeinen wie im oben aufgeführten Beispiel handhaben. Um ihnen beim Lernen zu helfen, können Sie versuchen, sie zu fragen, in welcher Weise sie ihren Vorschlag für hilfreich halten und inwiefern er die drei Kriterien der logischen Konsequenzen erfüllt und gleichzeitig *verknüpft, respektvoll und vernünftig* ist. Das wirkt vor allem, wenn jeder Vorschlag daraufhin untersucht wird und nicht nur die »verdächtigen«. Manche Lehrer halten dies für zu zeitraubend. Sie

schreiben die Vorschläge an die Tafel und lassen die Schüler entscheiden, welche davon den Kriterien entsprechen, ehe sie zur Abstimmung übergehen.

Frage: Was tun, wenn Schüler sich gegen ein Kind »verschwören«?

Antwort: Das kann vorkommen, selbst wenn die Schüler inzwischen gelernt haben, in den meisten Fällen positiv und respektvoll zu sein. Während einer Klassenkonferenz, die von Frank *Meder* abgehalten wurde, diskutierten sie das Problem, daß eine neue Schülerin auf dem Schulhof »üble Ausdrücke« verwendet hätte. Sie schienen sich in verletzender Weise gegen das Mädchen zu verschwören. Frank steuerte sie durch gezielte Fragen in eine positive Richtung. Er fragte: »Wie viele von euch wissen, wie es ist, wenn man neu ist in einer Schule?« Mehrere Schüler berichteten von ihren eigenen Erfahrungen. Dann fragte Frank, wie viele von ihnen sich Zeit genommen hätten, ihr freundschaftlich von den hier gültigen Schulregeln zu berichten. Ein paar Kinder hoben die Hand. Dann wandte Frank sich an die neue Schülerin und fragte, ob man in ihrer alten Schule »üble Ausdrücke« verwendet habe, und sie bestätigte es. Dann fragte Frank, wie viele von der Klasse mit ihr Freund sein wollten und ihr die hier geltenden Regeln erklären würden. Viele Hände schnellten in die Höhe. Dann setzten sie die Versammlung fort, doch die Atmosphäre war jetzt wohlwollend. Die Schüler beschlossen, daß es diesmal keine Konsequenzen geben dürfe, da das Mädchen ja die hier geltenden Regeln noch nicht gekannt habe.

Bei einer Klassenkonferenz in einem achten Schuljahr war offensichtlich, daß der Schüler, der zur Diskussion stand, das Gefühl hatte, die anderen hätten sich gegen ihn verschworen. Ich fragte die Klasse: »Wie viele von euch hätten das Gefühl, Opfer einer Verschwörung zu sein, wenn ihr an Bills Stelle wäret?« Die meisten hoben die Hand. Dann fragte ich weiter: »Wie viele von euch wären bereit, sich in den anderen zu versetzen, während ihr Kommentare und Vorschläge macht?« Sie gingen darauf ein und gaben zu, es sei komisch, daß sie bislang noch nie daran gedacht hätten.

Es war dieselbe Klasse, die schon früher beschlossen hatte, bei Abstimmungen den Kopf zu senken und die Augen zu schließen, so daß niemand durch die Meinung der anderen oder durch die Sorge, jemand könne ihnen ihre Wahl übelnehmen, beeinflußt würde.

Frage: Was tun, wenn ein Problem einen Schüler einer anderen Klasse betrifft?

Antwort: In vielen Schulen werden die Klassenkonferenzen gleichzeitig abgehalten, so daß Schüler aus anderen Klassen dazu eingeladen werden können. Ehe sie einen Schüler zu ihrer Klassenkonferenz einladen, lassen Sie Ihre Klasse darüber diskutieren, wie es ihm wohl zumute sein mag, wenn er in eine fremde Klasse eingeladen wird. Und lassen Sie sie darüber diskutieren, was sie tun können, damit der Eingeladene erkennt, daß man ihn nicht verletzen, sondern ihm helfen will.

In manchen Klassen diskutieren die Schüler über positive Seiten des eingeladenen Schülers, so daß sie mit Anerkennungen anfangen können. Stuart war in Mrs. Petersens Klasse geladen worden, weil sich ein paar Schüler beschwerten, er habe ihr Sandburgen zertrampelt. Sie begannen damit, ihn wegen seiner sportlichen Leistungen und seiner Führerqualitäten zu loben. Dann fragte ihn Mrs. Petersen, ob er wisse, warum er die Sandburgen zertrampelt habe. Er erklärte, daß es das eine Mal ein Unfall gewesen sei und das andere Mal habe es ohnehin gerade geläutet. Stuart wurde gefragt, ob er irgendwelche Vorschläge zur Lösung des Problems habe. Stuart schlug vor, daß er gern Sandburgenpatrouille wäre, um darauf aufzupassen, daß niemand Sandburgen zerstöre. Die Klasse nahm den Vorschlag einstimmig an.

Wenn man mit Lob anfängt, ermutigt man zu Kooperation und verringert das defensive Verhalten. In manchen Klassen beginnt man grundsätzlich mit Lob über die positiven Seiten der beteiligten Parteien.

Frage: Wie verhindert man unnützes Geschwätz auf der Tagesordnung?

Antwort: Gar nicht. Nur zu oft handelt es sich dabei um Probleme, die für die Schüler sehr real sind. Wenn Lehrer Zensur auf Tagesordnungspunkte ausüben, verlieren die Schüler das Vertrauen in das Prinzip. Andererseits verlieren die Probleme den Charakter von Geschwätzigkeit, wenn die Schüler sie im Rahmen der Klassenkonferenz behandeln, weil sie versuchen, sie in positiver statt in verletzender Weise zu lösen.

Frage: Was tun, wenn wenige Schüler die Tagesordnung monopolisieren?

Antwort: Setzen Sie das Problem auf die Tagesordnung, und lassen Sie es von den Schülern lösen. Eine Lehrerin berichtete, daß sie vor diesem Problem stand. Tommy setzte täglich ungefähr zehn Punkte auf die Tagesordnung. Ich riet ihr, dies auf die Tagesordnung zu setzen, doch

sie stellte fest, daß ein Schüler es schon getan hatte. Die Klasse entschied, daß jeder am Tag nur ein Thema auf die Liste setzen könne. Die Lehrerin gab zu, daß sie, wenn sie das Problem allein hätte lösen müssen, drei bis fünf Punkte pro Tag pro Schüler zugelassen hätte und daß ihr die Lösung der Kinder wesentlich besser gefiel.

Frage: Dürfen die Schüler ein Problem, das ihre Lehrer betrifft, auf die Tagesordnung setzen?

Antwort: Wenn die Lehrer den Geist der Klassenkonferenz voll erfaßt haben, werden sie kein Unbehagen empfinden, wenn ihre eigenen Fehler von der Klasse diskutiert werden. Sie werden es als eine Gelegenheit benutzen, dazuzulernen. Es ist ein ausgezeichnetes Vorbild für die Schüler.

Frank *Meder* ließ meine Collegestudenten einer Klassenkonferenz seiner Klasse beiwohnen. Ein Punkt auf der Tagesordnung war, daß Frank einem Schüler eine Tüte Kartoffelchips abgenommen hatte, weil die Schulvorschriften das Essen auf dem Schulhof untersagten. Auf dem Weg zum Lehrerzimmer hatte er selbst ein paar Chips aus der Tüte gegessen. Die Konsequenz, die von der Klasse beschlossen wurde, bestand darin, daß Mr. Meder dem Schüler eine Tüte Kartoffelchips kaufen müsse – aus der er die Hälfte essen dürfe, da die Tüte ja nur noch halbvoll gewesen sei, als er sie einkassierte.

Ein anderes Mal setzte ein Schüler Mr. Meder auf die Tagesordnung, weil er einen Mitschüler beim Sportunterricht wegen schlechten Benehmens einmal um den Sportplatz hatte rennen lassen. Die Schüler waren der Meinung, daß dies eher eine Strafe als eine logische Konsequenz sei. Sie entschieden, daß er viermal um den Platz rennen solle. Frank akzeptierte ihre Entscheidung, doch nachdem er gelaufen war, setzte er es wieder auf die Tagesordnung und diskutierte, daß es unfair gewesen sei, ihn viermal um den Platz laufen zu lassen, wo der Schüler nur einmal hatte laufen müssen. Er nutzte dies als Gelegenheit, darüber zu diskutieren, wie leicht man auf Rache sinnt, wenn man das Gefühl hat, bestraft worden zu sein.

Frage: Was tun, wenn Kinder das, was man ihnen vorwirft, nicht zugeben wollen?

Antwort: Sobald eine vertrauensvolle, wohlwollende Atmosphäre geschaffen worden ist, kommt es selten vor, daß Schüler sich scheuen, die Verantwortung für ihr Tun zu übernehmen. Bevor Sie diese Atmosphäre geschaffen haben, können Sie fragen, ob jemand anderes gesehen

hat, was geschehen ist. Manche Lehrer lassen die Kinder das Ereignis im Rollenspiel darstellen. Das Rollenspielen wird meistens so lustig, daß alle lachen müssen. Das reicht manchmal schon aus, den widerstrebenden Schüler zu animieren, seinerseits zu berichten, wie es *wirklich* passiert ist.

Sie können bei dieser Gelegenheit auch ein paar Fragen darüber stellen, warum Schüler sich sträuben können, etwas zuzugeben, das sie getan haben, wie zum Beispiel: »Wie viele von euch würden etwas zugeben wollen, wenn sie das Gefühl hätten, die anderen würden ihnen weh tun, statt ihnen helfen zu wollen?« Oder: »Wie viele von euch sind schon von anderen beschuldigt worden, etwas angestellt zu haben, wenn sie das Gefühl hatten, sie hätten nichts Böses getan?« Viele Lehrer finden es auch hilfreich, die Schüler zu fragen, ob sie bereit wären, dem anderen zu glauben und das Thema erst dann wieder auf die Tagesordnung zu setzen, wenn es noch einmal vorkomme.

Frage: Was tun, wenn Schüler die Tagesordnung benutzen, um sich zu rächen? Meine Schüler studierten die Tagesordnung, und wenn sie ihren Namen darauf fanden, setzten sie ihrerseits denjenigen ebenfalls auf die Liste.

Antwort: Dies geschieht recht oft, bis die Schüler lernen, daß der Sinn der Tagesordnung darin besteht, einander zu helfen, nicht einander zu »bekriegen«. Viele Lehrer lösen das Problem, indem sie zunächst eine Schachtel für die Tagesordnung benutzen, in die die Schüler auf den dem Wochentag entsprechenden farbigen Zetteln ihr Problem notieren, so daß man erkennen kann, welches die ältesten Zettel sind. Manchmal lassen sie auch schriftliche Anerkennungen auf diese Weise sammeln, die dann vorgelesen werden. Die meisten Lehrer, die mit der Schachtel beginnen, gehen dann zur offenen Tagesordnung über, wenn sie das Gefühl haben, die Schüler seien dazu bereit.

Frage: Was tun, um zu verhindern, daß die Schüler sich vor der Tagesordnung versammeln und herumtrödeln, wenn sie aus der Pause kommen?

Antwort: Wenn die Schüler den Unterrichtsbeginn schwierig machen, dann machen Sie es zur Regel, daß die Tagesordnung nur am Ende der Stunde auf dem Weg nach draußen konsultiert werden darf. Manchmal reicht das Warten bis zur nächsten Pause als Abkühlungsphase, und der Schüler beschließt, das Problem nicht auf die Tagesordnung zu setzen. Manche Lehrer geben diese Regel anfangs, bis die

Schüler, ohne zu stören, damit umgehen können. Danach erlauben sie, daß die Tagesordnung jederzeit benutzt werden kann.

Frage: Ist es wirklich nötig, jeden Tag Klassenkonferenzen abzuhalten? Ich habe nicht so viele Probleme, und ich möchte nicht soviel Zeit verschwenden.

Antwort: Der Sinn einer täglichen Klassenkonferenz besteht darin, den Vorgang zu üben. Viele Schüler können den Vorgang nicht lernen, wenn eine ganze Woche zwischen den Versammlungen liegt. Manche Lehrer haben die Erfahrung gemacht, daß Erfolg oder Mißerfolg davon abhängt, sie täglich abzuhalten. Ein Lehrer mit einer besonders schwierigen Klasse war drauf und dran, die Klassenkonferenzen ganz aufzugeben, bis er sie täglich abhielt. Dann stellte er fest, daß seine Schüler den Vorgang lernten und Vertrauen darauf entwickelten, als er jeden Tag stattfand. Die Atmosphäre in seiner Klasse wandelte sich, weil die Schüler positive Fähigkeiten erwarben, die sie auch während der übrigen Stunden einsetzten.

Eine andere Lehrerin gab an, sie halte keine Klassenkonferenzen ab, da sie eine sehr kooperative Klasse habe, die keine Probleme mache. Sie versuchte, eine Klassenkonferenz abzuhalten, als ein großes Problem auftauchte, und mußte feststellen, daß die Klasse es nicht handhaben konnte, weil sie den Vorgang nicht gelernt hatte. Diese Lehrerin hatte die Bedeutung von Klassenkonferenzen als Gelegenheit, die Kinder Fähigkeiten zu lehren, die sie befähigen, Probleme zu bewältigen, wenn sie auftauchen, nicht erkannt.

Ein anderer Lehrer stellte fest, daß seine Schüler keine Tagesordnungspunkte auf die Liste setzten, weil es zu lange dauerte, bis sie bei der einmal in der Woche stattfindenden Klassenkonferenz behandelt wurden.

Es ist ratsam, jeden Tag eine Klassenkonferenz abzuhalten. Wenn keine Probleme auf der Tagesordnung vermerkt sind, nutzen Sie die Zeit zum gegenseitigen Lob und zur Planung oder zur Diskussion anderer Themen.

Frage: Was tun, wenn ein Tagesordnungspunkt einen Schüler betrifft, der abwesend ist?

Antwort: Falls der abwesende Schüler es war, der einen Tagesordnungspunkt auf die Liste gesetzt hat, streichen sie ihn und gehen zum nächsten über. Wenn der abwesende Schüler Gegenstand des Vorwurfs ist, überspringen Sie ihn und lassen ihn auf der Liste, um ihn als ersten

Punkt zu diskutieren, wenn der Schüler wieder da ist. Das vermindert die Gefahr von Abwesenheiten wegen der Tagesordnung. Wenn Sie allerdings den Verdacht haben, daß Schüler fehlen, weil ihr Name auf der Liste steht, so sollte dies bei einer Klassenkonferenz diskutiert werden, so daß die Klasse entscheiden kann, was zu tun ist, damit alle sicher sein können, daß sie einander helfen und nicht einander weh tun.

Frage: Was tun, wenn Eltern dagegen sind?

Antwort: Laden Sie sie zu einer Klassenkonferenz ein. Nur wenige Eltern haben etwas dagegen, wenn sie einmal eine Klassenkonferenz in Aktion erlebt haben. Hin und wieder glauben manche Schüler, besondere Aufmerksamkeit erregen zu können, wenn sie sich bei ihren Eltern darüber beklagen, man würde bei Klassenkonferenzen »auf ihnen herumhacken«. Selbst wenn Schüler versuchen, eine Klassenkonferenz genau zu beschreiben, mag es in den Ohren der Eltern nach einem Strafprozeß klingen. Erklären Sie den Eltern, daß Sie ihre Sorge verstehen können und daß Sie sich wahrscheinlich ebenso fühlen würden, wenn Sie nicht genau informiert wären. Manche Eltern kommen vielleicht, andere werden durch die Einladung und Ihr Verständnis schon beruhigt sein.

Wenn die Eltern nach dem Besuch noch immer darauf bestehen, daß ihr Kind nicht an den Klassenkonferenzen teilnimmt, oder wenn sie sich weigern, sich selbst zu vergewissern, dann sorgen Sie dafür, daß das Kind während der Zeit der Klassenkonferenz in eine andere Klasse oder in die Bibliothek geht.

Frage: Was tun, wenn Schüler nicht teilnehmen wollen?

Antwort: Schüler sollten nicht darüber entscheiden können, genausowenig, wie sie entscheiden können, ob sie am Rechenunterricht teilnehmen.

Frage: Wie funktioniert dieser Prozeß mit Vorschulkindern und Erstkläßlern?

Antwort: Großartig! Ich habe viele Schulanfängerklassen besucht, die das so gut machen, daß ich mich kneifen mußte, um daran zu denken, daß es sich nicht um kleine Sechstkläßler handelte! Sie verwendeten das gleiche Vokabular und die gleichen Problemlösungstechniken.

Jüngere Kinder brauchen allerdings manchmal mehr Hilfe bei der Tagesordnung. Einige Lehrer lassen sich von ihnen diktieren, was sie auf die Liste setzen wollen. Andere lassen sie ihren Namen und eine Zeichnung auf die Liste setzen, die ihnen hilft, sich an ihr Problem zu

erinnern. In den unteren Klassen wird die Hälfte der Probleme allein dadurch gelöst, daß die Kinder sie vergessen haben, wenn sie an die Reihe kommen.

Jüngere Kinder werden auch etwas mehr Führung und Anteilnahme von seiten des Lehrers brauchen. Zu Beginn jeder Versammlung läßt Mrs. Binns ihre Erstkläßler aufzählen, was ihr Ziel ist:

1. Einander zu helfen.
2. Probleme zu lösen.

Dann werden die drei Regeln aufgesagt:

1. Keiner bringt einen Gegenstand mit in den Kreis.
2. Nur jeweils einer darf sprechen.
3. Alle sechs Beine müssen auf dem Boden bleiben (zwei Menschen- und vier Stuhlbeine).

Noch ein paar Anregungen

Heinzelmännchenpartner

Manche Lehrer benutzen die Montagsklassenkonferenz dazu, daß jeder Schüler einen geheimen Partner für die Woche auswählt und seinen Namen auf einen Zettel schreibt. Bei der Versammlung am Freitag muß dann jeder Schüler raten, wer ihn als Heinzelmännchenpartner gewählt hatte, und berichten, an welchen Nettigkeiten er es erkannt hat.

Damit dies erfolgreich funktioniert, ist ein wenig Übung nötig. Lassen Sie die Schüler zunächst darüber diskutieren, was sie für ihren Heinzelmännchenpartner tun könnten, wie zum Beispiel kleine, freundliche Botschaften schicken, etwas mit ihm zusammen machen, mit ihm spielen, ihm jeden Tag zulächeln und ihm »guten Tag« sagen, ein Bonbon auf seinen Platz legen. Nachdem eine Liste auf die Tafel geschrieben worden ist, lassen Sie die Schüler je mindestens fünf Ideen

aufschreiben, die sie gern ausführen möchten. Auf dieser Liste können sie dann abhaken, was sie schon getan haben. Das Spiel hat die positiven Freundschaftsgefühle in vielen Klassen wesentlich erweitert.

Vorsitz

Viele Lehrer lassen den Vorsitz und das Sekretariat reihum führen. Jede Woche übernimmt ein Schüler die Rolle des Vorsitzenden und sorgt für die Einhaltung der Regeln. Der Sekretär ist verantwortlich für das Aufschreiben von Vorschlägen und Beschlüssen.

Planung

Es gibt gewisse Entscheidungen, bei denen die Schüler nicht mitwirken können, wie zum Beispiel beim Lehrplan (es sei denn, Sie wollen sie dazu ermuntern, mit den Erwachsenen zu diskutieren, die diese Entscheidungen treffen). Doch es gibt zahlreiche Gebiete, auf denen Schüler bei der Planung beteiligt sein könnten. Wenn die Schüler eingeladen sind, sich an den Entscheidungen zu beteiligen, sind sie stärker motiviert, bei der Ausführung dieser Entscheidungen mitzuarbeiten.

Ich war hingerissen, als ich sah, wie eine Lehrerin diese Anregung aufgriff. In den meisten Schulklassen hängen irgendwo die Regeln an der Wand. In ihrer Klasse stand darüber: »Wir haben beschlossen.« Die Regeln waren fast identisch mit denen, die sie selbst aufgestellt hatte, doch sie stellte fest, daß sowohl die Kooperationsbereitschaft als auch der gegenseitige Respekt gewachsen waren, seit die Schüler an der Entscheidung mitgewirkt hatten.

Viele Lehrer haben die Erfahrung gemacht, daß Ausflüge erfolgreicher verliefen, wenn sie vorher bei einer Klassenkonferenz diskutiert worden waren. Lassen Sie die Schüler alles das diskutieren, was bei einem Ausflug schiefgehen und ihn damit zu einer unangenehmen Erfahrung machen kann. Lassen Sie sie dann Lösungen zu diesen möglichen Problemen vorschlagen. Anschließend können Sie darüber sprechen, was getan werden muß, damit der Ausflug ein Erfolg wird.

Klassenkonferenzen haben sich auch als sehr nützlich erwiesen, um Referendaren das Leben leichter zu machen. Lassen Sie die Schüler über Referendare diskutieren. Fragen Sie sie, was sie tun können, um einen Referendar zu ärgern. Wenn Sie darüber diskutiert haben, fragen Sie sie, wie einem Referendar wohl zumute sein mag, wenn er so behandelt wird. Es ist verblüffend, wie wenige der Schüler je an die Gefühle des Referendars gedacht haben. Bitten Sie um Ideen, wie man ihm das Leben leichter machen könnte, und fragen Sie dann, wie viele ihm lieber helfen als ihm weh tun wollen. Wenn Klassenkonferenzen eine regelmäßige Einrichtung sind, ist Ungezogenzeit von seiten der Schüler gegenüber einem Referendar weniger ausgeprägt, weil Selbstdisziplin und Kooperationswillen gestärkt worden sind. Wenn Schüler sich vergessen, kommt ihr Fehlverhalten einfach auf die Tagesordnung.

Wie man eine Klassenkonferenz beendet

Wenn Klassenkonferenzen erfolgreich verlaufen, geraten die Schüler oft so in Eifer, daß sie am liebsten weit über eine vernünftige Zeit hinaus fortfahren würden. Dieses Problem entsteht nicht, wenn man die Versammlung direkt vor der Pause ansetzt. Es kommt selten vor, daß Schüler während der Pause weitermachen wollen.

Konsequenzen durchsetzen

Es ist nicht nötig, daß der Lehrer die von der Gruppe beschlossenen Konsequenzen durchsetzt. Die Schüler achten selbst ganz genau darauf, was geschieht. Wenn ein Mitschüler seine Pflichten »vergessen« sollte, wird man ihn daran erinnern oder den Punkt erneut auf die Tagesordnung setzen.

Meist wird es erst einmal schlimmer, ehe die Situation sich bessert

Denken Sie an diese Tatsache, damit Sie nicht enttäuscht werden. Schüler trauen Erwachsenen oft nicht zu, daß sie tatsächlich bereit sind, auf sie zu hören und sie ernstzunehmen. Es mag eine gewisse Zeit dauern, bis sie sich darauf einstellen, und zunächst werden sie vielleicht versuchen, ihre neue Macht in verletzender, strafender Weise zu nutzen, entsprechend dem Vorbild, an das sie gewöhnt waren.

Behalten Sie Ihre langfristigen Ziele im Auge, und bewahren Sie sich den Mut, nicht perfekt zu sein. Viele Lehrer waren versucht aufzugeben, ehe sie die harten Zeiten überstanden hatten. Manche geben vermutlich wirklich auf. Doch diejenigen, die es durchstehen, geben ihrer Freude und all den Vorteilen für sich und ihre Schüler Ausdruck, wenn die Dinge leichter werden.

Es empfiehlt sich, dieses Kapitel mehrfach zu lesen, weil es vieles enthält, das erfolgreiche Klassenkonferenzen bestimmt. Wenn Sie es noch einmal lesen, nachdem Sie Ihre ersten Klassenkonferenzen versucht haben, werden Sie vermutlich viele Punkte verstehen, die Ihnen beim ersten Lesen entgangen sind.

Gruppenübungen

Sie sollten im Rahmen Ihrer Gruppe alle unter »Allgemeine Fragen« aufgeführten Fragen und Antworten durchsprechen.

Es empfiehlt sich außerdem, daß Sie sich bei der Leitung von Klassenkonferenzen gegenseitig beobachten. Man kann viel lernen, wenn man anderen zuschaut. Und Sie können sich gegenseitig wertvolle Anregungen geben. Im Anhang befindet sich für diesen Zweck ein Klassenkonferenz-Beobachtungsbogen.

Kapitel 8

Familienkonferenzen

Als Jim und Betty heirateten, brachte jeder drei Kinder im Alter zwischen sechs und vierzehn in die Ehe. Da hieß es natürlich ein paar Anpassungen vornehmen.

Betty war berufstätig. Sie genoß ihre neue Familie aus ganzem Herzen und freute sich, nach der Arbeit nach Hause zu kommen – mit einem Haken. Das erste, was ihr auffiel, war die Unordnung. Die Kinder verstreuten ihre Bücher, Pullover, Schuhe über das ganze Haus, wenn sie aus der Schule kamen. Dazu gesellten sich dann noch Kekskrümel, leere Milchgläser und Spielsachen.

Betty fing an zu schimpfen. »Warum könnt ihr denn eure Sachen nicht aufräumen? Ihr wißt doch, daß mich das krank macht. Ich freu' mich darauf, mit euch zusammen zu sein, aber wenn ich diesen Saustall hier sehe, werde ich so sauer, daß mir der ganze Spaß vergeht.« Die Kinder machten sich dann ans Aufräumen, aber Betty war aufgebracht und mit ihnen und sich selbst unzufrieden.

Schließlich setzte Betty das Problem auf die Tagesordnung ihrer wöchentlichen, jeden Montagabend stattfindenden Familienkonferenz. Sie gab zu, daß es für sie ein Problem war; die Kinder störte das Durcheinander im Haus offensichtlich nicht, aber sie bat darum, ihr bei ihrem Problem zu helfen.

Die Kinder schlugen vor, ein »Sicherheitsdepot« einzurichten: eine große Kiste, die in der Garage aufgestellt wurde. Die Regel lautete, daß alles, was in den Gemeinschaftsräumen, das heißt in der Küche, im Wohnzimmer usw. herumlag, von jedem, der es fand, eingesammelt und in die Sicherheitsdepotkiste getan werden konnte. Die Kinder setzten außerdem fest, daß es eine ganze Woche dort bleiben solle, ehe der Eigentümer es zurückbekam.

Der Plan funktionierte großartig. Die Unordung im Haus war behoben, und die Kiste war vollgestopft.

Doch es entstanden neue Probleme, die den Plan auf die Probe stellten. Wenn sie sich nicht an die Regeln gehalten hätten, wäre die ganze Geschichte erfolglos verlaufen. Zum Beispiel verlor der zwölfjährige David seine Schuhe. Er suchte überall danach und erinnerte sich schließlich an das Depot. Natürlich waren sie dort.

David zog seine alten, stinkigen Turnschuhe zur Schule an, doch am nächsten Tag verlor er auch sie. Er hatte keine anderen Schuhe, aber die Geschwister beharrten darauf, daß sie eine Woche lang in der Kiste bleiben müßten.

David wandte sich an Mutter, die weise erwiderte: »Tut mir leid, David. Ich habe keine Ahnung, was du tun kannst, aber ich muß mich auch an die Regeln halten.« Seine hilfsbereiten Geschwister brachten ihn schließlich auf die Idee, seine Pantoffeln anzuziehen. David wußte nichts Besseres und trug drei Tage lang seine Pantoffeln zur Schule. Nach dieser Woche ließ er seine Schuhe nie mehr herumliegen.

Dann verlor seine Schwester, die achtjährige Susan, ihren Mantel. Es fiel Mami und Papi ziemlich schwer, sich aus diesen Problemen fernzuhalten. Was sind das für Eltern, die ihre Kinder in Pantoffeln und ohne Mantel zur Schule gehen lassen? Sie beschlossen, sich nicht um das zu kümmern, was andere Leute denken oder sagen mochten, und ließen Susan wie David ihr Problem selbst lösen. Susan zog eine Woche lang zwei Pullover an, wenn sie zur Schule ging.

Für Betty war höchst aufschlußreich, wie viele ihrer eigenen Sachen in dem Depot verschwanden. Sie erkannte, wieviel leichter man die Unordnung der anderen sieht als die eigene.

Auch Jim »verlor« ein paar Krawatten, eine Sportjacke und ein paar Zeitschriften.

Der Plan funktionierte aufgrund folgender Konzepte:

- Das Problem wurde vor die Familienkonferenz gebracht.
- Die Kinder beschlossen die Lösung.
- Die Eltern mischten sich nicht ein, als es darum ging, die von der Familie beschlossenen Regeln anzuwenden.
- Die Kinder bestätigten die Regeln, weil die Eltern sich nicht einmischten.
- Die Regeln galten für jedes Familienmitglied einschließlich der Eltern.

Eine andere Familie bewältigte dieses Problem auf ähnliche Weise. Bei einer Familienkonferenz beschlossen sie die verschiedenen Regeln für das, was sie die »Verschwindekiste« nannten. Wer etwas verloren hatte, konnte es sich jederzeit aus der Kiste holen, doch er mußte einen Groschen in die Sparbüchse tun. Wenn die Sparbüchse voll war, was häufig vorkam, wurde das Geld für eine Runde Eiscreme für die ganze Familie ausgegeben.

Eltern können die meisten Schwierigkeiten mit ihren Kindern vermeiden, wenn sie vorschlagen, daß die Probleme zur Lösung nach einer Abkühlungsphase auf die Tagesordnung der Familienkonferenz gesetzt werden.

Familienkonferenzen könnten gleichzeitig eine sehr erfolgreiche Methode sein, Familienzusammenarbeit und -zusammenhalt zu fördern. Ihr Erfolg hängt natürlich an den gleichen Fähigkeiten und Einstellungen der Erwachsenen, die in den vorangegangenen Kapiteln besprochen worden sind.

Das Kapitel über Klassenkonferenzen sollte auch von Eltern gelesen werden, da viele der Konzepte für erfolgreiche Gruppenarbeit in diesem Kapitel nicht wiederholt werden.

Die Struktur für Familienkonferenzen entspricht im wesentlichen der von Klassenkonferenzen, mit sechs wichtigen Unterschieden:

1. Familienkonferenzen sollten nur einmal in der Woche und nicht täglich abgehalten werden. Wenn eine Zeit festgesetzt worden ist, sollte nichts dazwischenkommen. Wenn jemand anruft, sagen Sie, daß Sie später zurückrufen werden. Wir stellen das Telefon während dieser Zeit ab. Lassen Sie keine Familienkonferenz aus, weil Sie beschäftigt sind oder etwas anderes zu tun haben. Ihre Kinder werden Ihrem Beispiel in bezug auf die Wichtigkeit, die Sie der Familienkonferenz beimessen, folgen. Wenn die Tradition einmal erfolgreich etabliert ist, werden sich alle auf diese Gelegenheiten für das Zusammensein der Familie freuen.

2. Entscheidungen sollten einstimmig statt über eine Mehrheitsabstimmung getroffen werden. Wenn die Familie sich über einen Tagesordnungspunkt nicht einigen kann, sollte er auf die nächste Versammlung verschoben werden, wenn es wahrscheinlich ist, daß dann aufgrund der zusätzlichen Abkühlungszeit und der Möglichkeit, neue Vorschläge zu finden, eine Einigung erreicht werden kann. Eine

Mehrheitsabstimmung im Rahmen der Familie würde Parteibildungen fördern.

3. Familienkonferenzen sollten auch einen Überblick über die Aktivitäten der kommenden Woche enthalten. Das ist besonders wichtig, wenn die Kinder heranwachsen und in viele verschiedene Aktivitäten verwickelt sind wie Babysitten, Sport, Verabredungen, Nachhilfestunden usw. Die Koordination der Benutzung zum Beispiel des Autos kann von großer Wichtigkeit sein.

4. Familienkonferenzen sollten nicht enden, ohne daß ein Familienvergnügen für die kommende Woche geplant worden ist.

5. Beenden Sie die Konferenz, indem Sie zusammen ein Gesellschaftsspiel spielen oder einen Nachtisch essen.

6. An einem abgeräumten Tisch sitzen zu bleiben, fördert die Aufmerksamkeit für Diskussionen. In der Familie scheint ein Tisch nicht in gleicher Weise eine Barriere zu sein wie im Klassenraum. Informell im Wohnzimmer zu sitzen oder am gedeckten Tisch, ist weniger produktiv für eine Familienkonferenz als ein abgeräumter Tisch.

Komponenten der Familienkonferenz

Vorsitz

Diese Aufgabe sollte reihum übernommen werden. Kinder spielen liebend gern den Vorsitzenden, und sie tun das ausgesprochen gut, sobald sie etwa vier oder fünf Jahre alt sind. Die Aufgabe des Vorsitzenden besteht darin, die Anwesenden zur Ordnung zu rufen, mit Anerkennung zu beginnen, die Diskussionen einzuleiten und der Reihe nach diejenigen aufzurufen, die sich zu Wort melden.

Sekretär

Diese Aufgabe sollte ebenfalls reihum von den Familienmitgliedern übernommen werden, die schreiben können. Der Sekretär macht Notizen über die diskutierten Probleme und die getroffenen Entscheidungen. (Alte Familienkonferenzprotokolle zu lesen, kann mehr Spaß machen, als alte Fotoalben anzuschauen.)

Anerkennung

Fangen Sie damit an, daß jeder jedem Familienmitglied etwas Nettes sagt. Dies mag zunächst schwierig sein, wenn die Kinder die Gewohnheit haben, sich gegenseitig schlechtzumachen. Wenn das der Fall ist, verwenden Sie eine gewisse Zeit darauf, zu diskutieren, wonach sie Ausschau halten können, um sich dafür gegenseitig Anerkennung auszusprechen. Die Eltern können eine Beispiel geben, indem sie beginnen. Wenn Ihnen etwas Nettes auffällt, das zwischen den Kindern abläuft, erinnern Sie sie daran, daß sie es zum Gegenstand für ein Kompliment machen können. Sie können sogar vorschlagen, es auf die Tagesordnung zu setzen, damit sie es nicht vergessen.

Mrs. Stover berichtete von folgendem Zwischenfall, der sich ereignete, als ihre Familie anfing, die Familienkonferenzen abzuhalten. Die sechsjährige Tammy meldete sich freiwillig. Sie sagte Mami und Papi fröhlich und unbeschwert Nettes. Als dann ihr neunjähriger Bruder Marcus an die Reihe kam, machte sie eine Pause und meinte: »Das ist wirklich gar nicht leicht.« Mr. und Mrs. Stover redeten ihr gut zu, sie solle es trotzdem versuchen. Schließlich fiel ihr etwas ein, worüber sie ihrem Bruder ihre Anerkennung aussprechen konnte, und dann fügte sie hinzu: »Aber sonst ist er böse zu mir.«

Die Eltern ermahnten sie: »Kein aber.« Als Marcus an der Reihe war, fiel es ihm keineswegs leichter, aber er tat es. Mrs. Stover berichtet, daß es den beiden mittlerweile überhaupt nicht mehr schwerfällt. »Es ist erstaunlich, wenn man sieht, wie Geschwister sich gegenseitig Nettigkeiten nachsagen, nachdem sie vorher nichts als Schlechtes voneinander zu denken schienen.«

Dankbarkeit

Wir wechseln ab zwischen Anerkennung und Berichten über Dinge, für die wir dankbar sind. Daß jedes Familienmitglied sagt, wofür es dankbar ist, hilft uns, das, was wir sonst als selbstverständlich hinnehmen, zu erkennen und zu schätzen.

Die Tagesordnung

Der Kühlschrank scheint der geeignetste Ort für die Tagesordnungslisten der Familienkonferenzen zu sein; man kann ohne Probleme mit einem kleinen Magneten ein Papier daran befestigen.

Behandeln Sie Tagesordnungspunkte in chronologischer Reihenfolge, das erspart Diskussion darüber, welche Punkte wichtiger sind als andere.

Problembewältigung

Diskutieren Sie logische Konsequenzen wie in Kapitel 7 besprochen. Die drei Kriterien für logische Konsequenzen sollten dafür benutzt werden, anstehende Probleme während der Familienkonferenzen in gleicher Weise zu lösen, wie es für Klassenkonferenzen besprochen worden ist. Bei Familienkonferenzen müssen Konsequenzen allerdings einstimmig beschlossen werden.

Viele Probleme lassen sich bewältigen, wenn man sich auf einen Aktionsplan einigt, der nicht notwendigerweise logische Konsequenzen mit einschließt.

Planung der Aktivitäten

Familienmitglieder sind wesentlich kooperationswilliger, wenn sie in gleichem Maß an der Planung von Unternehmungen beteiligt werden, die allen Spaß machen sollen.

Wochenendausflüge oder Ferien sind erfolgreicher, wenn die ganze Familie an der Diskussion von möglichen Konflikten, und wie sie vermieden werden können, beteiligt sind, wie in dem folgenden Beispiel, das mein Mann Barry Nelsen gern erzählt:

»Laß uns mit den Kindern nach Hawaii fahren«, sagte meine Frau.

»Spinnst du? Sie werden uns die Ferien verderben«, erwiderte ich.

Ich ahnte nicht, daß ich sechs Wochen später aus den seit Jahren schönsten Familienferien zurückkehren würde. Der Grund für diesen Erfolg waren die Familienkonferenzen.

Wir halten jeden Sonntagabend eine Familienkonferenz ab. Jedes Familienmitglied wird respektvoll behandelt, und jede Meinung wird angehört und diskutiert.

Während einer Familienkonferenz mehrere Wochen vor der geplanten Reise nach Hawaii ließ ich die Kinder wissen, daß Mutti und ich vorhätten, demnächst nach Hawaii zu reisen, und ich fragte die Kinder, ob sie Lust hätten, uns zu begleiten. Die Hölle brach los. Nachdem sich alle beruhigt hatten, sagte Mutti: »Wenn wir euch nach Hawaii mitnehmen sollen, dann muß es für Papi und mich auch ein Vergnügen sein. Wenn ihr euch ständig streitet und wegen jeder Kleinigkeit Zirkus macht, haben wir nichts davon.«

Die Kinder versprachen hoch und heilig, die reinsten Engel zu sein! Das war nicht das erste Mal, und ich wußte, daß es mehr brauchte als Versprechungen. Wir beschlossen alles, was den Eltern in den Ferien das Leben schwermachen könnte, aufzulisten.

»Und was ist mit den Sachen, die den Kindern das Leben schwermachen?« fragte Mark. Wir alle stimmten zu, daß dies eine berechtigte Frage sei. Mutti machte zwei Listen: »Mögliche Probleme für Eltern« und »Mögliche Probleme für Kinder«.

Auf der Elternliste standen Ärgernisse wie: betteln um Geld, nichts als »Junkfood« essen wollen, zanken, uns widersprechen, alles rumliegen lassen, das eigene Gepäck nicht tragen wollen, weglaufen, ohne uns Bescheid zu sagen, zu spät schlafen gehen, keine Lust haben, irgendwo

hinzugehen, wo wir hinwollen. Und auf der Kinderliste fanden sich Probleme von der Art: in vornehmen Restaurants essen müssen, fein angezogen sein müssen, im gleichen Bett schlafen müssen, nicht genug Geld haben, gesagt bekommen, was man kaufen darf und was nicht, im Flugzeug keinen Fensterplatz kriegen. Die Lösungen, auf die wir uns einigten, waren folgende: Die Kinder würden sparen, soviel sie konnten, und wir würden eine bestimmte Summe dazugeben (und nicht mehr); sie würden die Gesamtsumme in sieben Teile teilen, und wir würden ihnen jeden Tag die entsprechende Summe aushändigen; wir würden uns nicht einmischen, wenn sie etwas kaufen wollten, aber wir würden auch keinen Pfennig dazugeben; sie erklärten sich damit einverstanden, für ihr eigenes Gepäck verantwortlich zu sein und nicht mehr mitzunehmen, als sie tragen wollten; Mark würde seinen Schlafsack mitnehmen und auf dem Boden schlafen, wenn es nur ein Doppelbett für die beiden gäbe; sie würden bei McDonald's essen, wenn wir in vornehmen Restaurants essen wollten; sie würden sich während des Startens und Landens am Fenster ablösen; und sie versprachen, sich nicht zu zanken und uns immer Bescheid zu sagen, wenn sie irgendwo hingehen wollten.

»Und was passiert, wenn ihr's vergeßt und anfangt, euch zu zanken?« fragte ich.

»Wie wäre es, wenn ihr uns ein Geheimzeichen geben würdet?« schlug Mark vor.

»Gute Idee«, sagte Mutti. »Wenn ich merke, daß ihr euch zankt, ziehe ich mich am Ohrläppchen, um euch stillschweigend an euer Versprechen zu erinnern, daß ihr euch nicht zanken wolltet.«

»Aber das gilt auch für dich, Papi«, erklärte Mark.

»Was meinst du damit?« fragte ich ein bißchen gereizt.

»Wenn du mit mir oder Mary ungeduldig wirst, kann ich mich dann auch am Ohrläppchen ziehen, um dir ein Zeichen zu machen?«

Du Schlaumeier, dachte ich im stillen, aber dann überlegte ich noch mal. »Das ist eine gute Idee, mein Sohn.«

Eine Woche vor unserer Abreise und drei Familienkonferenzen später waren die Listen länger geworden. In der ganzen Familie herrschten Aufregung und Kooperationsbereitschaft. Die Kinder arbeiteten im voraus für die Schule und sparten jeden Pfennig.

Einer der ersten Konflikte entstand, als Mark sein Skateboard mitnehmen wollte. Ich beschrieb ihm all die Probleme, die das im Ge-

dränge der engen Straßen von Waikiki bedeuten würde, und machte ihn darauf aufmerksam, daß er sich damit zusätzliches Gepäck aufladen würde. Da wir eine kooperative Atmosphäre geschaffen hatten, erklärte er sich widerspruchslos bereit, das Skateboard zu Hause zu lassen.

Die zweistündige Autofahrt nach San Francisco, wo wir das Flugzeug nehmen wollten, dauerte drei Stunden. Mary fing an zu quengeln, sie habe Durst, als wir in einem Verkehrsstau auf der *Bay Bridge* steckenblieben. Als wir sie daran erinnerten, daß wir über diese Art von Schwierigkeiten diskutiert hätten, beschloß sie ganz schnell, daß sie es aushalten würde, bis wir am Flughafen wären. Noch ein Sieg der Familienversammlungen!

Das Hotelzimmer in Honolulu hatte zwei Doppelbetten. Wir waren froh, daß wir Marks Schlafsack mitgenommen und dadurch den Streit vermieden hatten.

Dank der Familienkonferenzen haben wir uns großartig amüsiert! Es gab ein paar heikle Momente, die sich aber mit den vereinbarten Zeichen schnell überbrücken ließen. Die Kinder verliefen sich einmal, und wir hatten eine Familienkonferenz, um zu diskutieren, wie man derartige Risiken in Zukunft vermeiden würde. Wir beschlossen, daß wir in einem solchen Fall alle an den Ort zurückkehren würden, wo wir einander zum letzten Mal gesehen hatten, und dort aufeinander warten würden. Außerdem lernten die Kinder Namen und Adresse des Hotels auswendig, so daß sie gegebenenfalls einen Polizisten um Hilfe bitten konnten, falls sie noch einmal verlorengingen.

Das enge Zusammengehörigkeitsgefühl der Familie war vielleicht noch eindrucksvoller als die Reise nach Hawaii.

Zwei Wochen später rief uns unser Ältester aus Florida an, um uns zu sagen, daß er in zwei Monaten heiraten würde. »Laß uns die Kinder mitnehmen«, sagte ich.

Familienvergnügen planen

Ein wesentlicher Teil der Familienkonferenz ist die Planung von Familienvergnügen, und doch wird das von vielen Familien vernachlässigt.

Es ist so einfach, sich auszudenken, eine glückliche Familie zu sein

und aufregende Sache zusammen zu unternehmen. Der Haken ist, daß viele Familien hoffen, daß es »einfach so« passiert, ohne daß sie sich deswegen besonders anstrengen müssen. Es geschieht aber nicht, daß Sie etwas tun, damit es geschehen kann. Damit es geschieht, müssen Sie *planen und handeln.*

Der erste Schritt der Planung besteht darin, jedem Familienmitglied ein Formular zu geben, auf dem folgende Rubriken auszufüllen sind:

Vergnügen
Die ganze Familie

Umsonst:

Für DM:

Die Eltern

Umsonst:

Für DM:

Allein

Umsonst:

Für DM:

Lassen Sie allen Familienmitgliedern mindestens eine Woche Zeit zum Ausfüllen der Liste, so daß sie in Ruhe nachdenken und alles aufschreiben können, das ihnen einfällt.

Der zweite Schritt besteht darin, eine Familienkonferenz der Besprechung aller Ideen zu widmen. Nehmen Sie einen Kalender, und setzen Sie fest, welche Tage oder Abende für ein gemeinsames Familienvergnügen geeignet sind. Setzen Sie ebenfalls fest, wann und wieviel Geld Sie dafür ausgeben können und wann Dinge veranstaltet werden sollen, die nichts kosten. Dann einigen Sie sich einstimmig darauf, welche Vergnügen an welchen Tagen oder Abenden im Laufe der nächsten drei Monate stattfinden sollen, und vermerken alle Entscheidungen auf dem Kalender.

Der wichtigste Schritt zum *Handeln* besteht dann darin, ganz einfach Ihrem Planungskalender zu folgen.

Unsere Familie verwendete die Vergnügungsformulare folgendermaßen: Wir bestimmten die Samstagabende für familiäre Vergnügen. Am ersten Samstag würden Vati und Mary etwas gemeinsam tun, während Mutti und Mark zusammensein würden. Am ersten Samstag des nächsten Monats wurden die Plätze getauscht, das heißt, Mutti und

Mary bzw. Vati und Mark taten etwas Gemeinsames. Der zweite und vierte Samstag im Monat war für Mutti und Vati allein reserviert, und am dritten Samstag unternahm die ganze Familie etwas gemeinsam.

Wir verwenden die Vergnügungsformulare, um die verschiedenen Aktivitäten zu planen und durchzuführen.

Diskussionen über Pflichten

Diskutieren Sie die Haushaltspflichten bei den Familienkonferenzen, so daß die Kinder an den Aufgaben, die zu erledigen sind, beteiligt werden. Sie sind eher zur Mithilfe bereit, wenn sie ihren Gefühlen Ausdruck verleihen können und an der Planung und Verteilung der Pflichten beteiligt werden.

Bei einer Familienkonferenz machten wir eine Liste all der Arbeiten, die von Mutti und Vati erledigt wurden (einschließlich des jeweiligen Hauptberufs), um dem »Immer-muß-ich-alles-tun« vorzubeugen, wenn wir eines der Kinder baten, eine Aufgabe zu erledigen. Dann machten wir eine Liste all der Dinge, die von den Kindern getan werden konnten. Als sie die Gegenüberstellung zwischen dem, was wir von ihnen erwarten, und dem, was wir selbst tun, miteinander vergleichen konnten, waren sie beeindruckt. Dann schrieben wir die Pflichten, die von ihnen übernommen werden konnten, auf Zettel, die einmal in der Woche ausgelost wurden. Jedes Kind zieht vier Pflichtlose in der Woche. Wir losen jede Woche neu, damit niemand ständig die gleichen Arbeiten zu erledigen hat wie zum Beispiel Müll raustragen usw.

Es ist kein magisches Allheilmittel. Das Problem der Haushaltspflichten kommt mindestens einmal im Monat auf die Tagesordnung. Auch wenn wir noch immer weiter daran zu arbeiten haben, glauben wir, daß wir, seit wir das Problem im Rahmen der Familienkonferenzen behandeln, besser kooperieren als auf irgendeinem anderen Weg, den wir bislang probiert haben. Wir erreichen ein großes Verantwortungsbewußtsein für eine gewisse Zeit. Wenn es nachzulassen beginnt, setzen wir das Thema wieder auf die Tagesordnung, und die Kooperation wird neu belebt. Alle drei bis vier Wochen über das Problem der Haushaltspflichten zu diskutieren ist bei weitem angenehmer, als jeden Tag darüber zu streiten.

Ein paar Sonderfälle

Kleine Kinder

Manche Familien sind der Meinung, daß Kinder unter vier Jahren während der Familienkonferenzen stören. In meiner eigenen Familie warten wir, bis die Kleinen im Bett sind, ehe wir uns zusammensetzen.

Sobald die Kinder groß genug sind, lassen wir sie an bestimmten Phasen der Familienkonferenz teilnehmen. Dreijährige können schon lernen, Anerkennung auszudrücken. Wenn sie ungefähr vier Jahre alt sind, sind sie wunderbar kreativ beim Problemlösen und durchaus imstande, an den Konferenzen aktiv teilzunehmen.

Teenager

Machtkämpfe und Rachezyklen sind in vielen Familien fest installiert, wenn die Kinder zu Teenagern herangewachsen sind. Familienkonferenzen können diese Muster drastisch verändern, doch es braucht speziell eine Vorarbeit, damit sie erfolgreich etabliert werden können. An erster Stelle müssen die Eltern demütig genug sein, um sich einzugestehen, daß das, was sie bisher versucht haben, nicht funktioniert hat. Der zweite Schritt besteht darin, dies den Teenagern gegenüber zuzugeben.

Mr. Lyon berichtete, wie er seine Teenager gewonnen hat. Er sagte ihnen: »Ich hab's einfach nicht richtig angestellt mit euch. Ich hab' euch angeschnauzt und euch was von Kooperation erzählt, und in Wirklichkeit meinte ich, ihr sollt es so machen, wie ich es will. Kein Wunder, daß ihr nicht mitgespielt habt. Ich bewundere euren Scharfblick, euch nicht darauf eingelassen zu haben, und ich würde wirklich schrecklich gern von vorn anfangen, aber dazu brauche ich eure Unterstützung. Ich habe gehört, daß Familienkonferenzen sehr erfolgreich sein sollen, wo sich alle Familienmitglieder zusammensetzen und die Probleme in gegenseitigem Respekt gemeinsam behandeln. Ich brauche euch, damit ihr mich daran erinnert, wenn ich in meine alte Routine zurückfalle.«

Mr. Lyons Teenager waren baff vor Staunen über das neue Benehmen ihres Vaters. Mr. Lyon war so klug, eilig hinzuzufügen: »Ich weiß, daß das ganz neu für euch ist. Wie wär's, wenn ihr mal darüber nachdenkt und mir morgen sagt, ob ihr bereit wäret, mit mir zusammen daran zu arbeiten?«

Mr. Lyon sagte in der Elternstudiengruppe: »Wie konnten sie da widerstehen?« Sie konnten es nicht. Mr. Lyon berichtete regelmäßig von vielen wunderbaren Erfahrungen, die er bei den Familienkonferenzen machte, und wie er jetzt das Leben mit seinen Teenagern genoß – einschließlich der Schwierigkeiten und Auseinandersetzungen.

Alleinstehende Eltern

Das Konzept der Familienkonferenzen ist auch für Familien mit nur einem Elternteil wirksam. Eine Familie kann aus einem Elternteil mit einem oder mehreren Kindern bestehen. Es ist ein Märchen, daß Kinder etwas entbehren, wenn sie nicht beide Eltern haben. Viele großartige Menschen sind von einem alleinstehenden Elternteil großgezogen worden. Unvollständige Familien bieten andersartige Möglichkeiten.

Die Einstellung des Erwachsenen ist von größter Bedeutung. Wenn Sie Schuldgefühle haben, weil Ihre Kinder nur mit einem Elternteil zusammenleben, werden sie das Gefühl haben, eine Tragödie zu erleben, und werden sich entsprechend verhalten. Wenn Sie die Tatsache akzeptieren, daß Sie aus den gegebenen Umständen das Beste machen, und am Erfolg statt am Versagen orientiert sind, werden sich Ihre Kinder entsprechend verhalten.

Familienkonferenzen sind ein ausgezeichneter Weg, Kindern positive Gefühle zu übermitteln und sie aktiv an Lösungen mitarbeiten zu lassen, statt sie zu manipulieren.

Mrs. Doherty und Mrs. Latimer sind alleinstehende Mütter von je einem Einzelkind, aber sie wohnen alle zusammen. Sie berichteten, daß sie ohne die wöchentliche Familienkonferenz nicht hätten überleben können. Einmal in der Woche konnten sie über alle die typischen Probleme reden, die in Wohngemeinschaften zwischen Eltern und Kindern und zwischen Geschwistern auftreten, und sie konnten gemeinsame Lösungen dafür finden.

Für viele Familien sind wöchentliche Zusammenkünfte der Familie Tradition und vermitteln den Kindern Wohlbefinden, Selbstvertrauen, Bedeutsamkeit und Zusammengehörigkeitsgefühl. Und sie liefern gleichzeitig Familienspaß, gegenseitigen Respekt, Problembewältigungserfahrung und schöne Erinnerungen.

Diskussionsfragen

1. Welches sind, unter Berücksichtigung der übrigen Kapitel, die Grundkonzepte und Einstellungen der Erwachsenen, die bestimmen, ob Familienkonferenzen erfolgreich verlaufen oder nicht?
2. Nennen Sie ein paar Fähigkeiten, die die Kinder lernen, wenn sie an Familienkonferenzen teilnehmen?
3. Welches sind die sechs Unterschiede zwischen Klassen- und Familienkonferenzen, und warum sollten sie sich voneinander unterscheiden?
4. Worin liegt der Wert der Einrichtung, daß jedes Familienmitglied jedem anderen seine Anerkennung ausdrücken soll?
5. Worin liegt der Wert der Einrichtung, daß Kinder mitteilen, wofür sie dankbar sind?
6. Welches sind die fünf Konzepte, die dazu beitrugen, daß der Sicherheitsdepot-Plan klappte?
7. Diskutieren Sie darüber, wie man ungetrübte Ferien vorbereitet.
8. Welches ist der beste Weg, Kinder Kooperationsbereitschaft und Verantwortungsbewußtsein in bezug auf Haushaltspflichten zu lehren?
9. Warum ist es für unvollständige Familien genauso wichtig, Familienkonferenzen abzuhalten?
10. Diskutieren Sie einige der Vorteile, die Sie erzielen können, wenn Sie »planen und handeln«.

Kapitel 9

Alles unter einen Hut kriegen

Die meisten der in diesem Buch behandelten Prinzipien verlangen das Verständnis und die Anwendung von mehr als einem Grundkonzept und bestimmte Einstellungen von seiten des Erwachsenen. Wenn wir sie alle zusammenlegen, wachsen die Erfolgschancen, unseren Kindern zu helfen, die Fundamente für Eigenschaften und Fähigkeiten zu entwickeln, die ihnen für ihr ganzes Leben lang dienlich sind.

Alle im folgenden beschriebenen Techniken helfen den Kindern, Verantwortungsbewußtsein, Selbstdisziplin und Kooperationsbereitschaft zu erlernen. Sie alle verlangen die Unterstützung durch andere Techniken, aber auch durch Liebe, Verständnis, Freundlichkeit, Festigkeit und gegenseitigen Respekt.

Die Toilettentechnik

Die Bedeutung der Abkühlungsphase ist mehrfach betont worden. Sie verlangt in den meisten Fällen irgendeine Art von zeitweiligem Rückzug aus der Konfliktsituation.

Der beste Ort, an den Eltern sich zurückziehen können, ist die Toilette. *Dreikurs* ist berühmt für diese Technik. Er schlug die Toilette vor, weil es oft der einzige Ort im Haus ist, den man abschließen kann.

Wenn Sie feststellen, daß Sie viel Zeit zum Abkühlen in der Toilette verbringen, möchten Sie sich dort vielleicht häuslich einrichten und Bücher, Zeitschriften oder sogar Musik installieren.

Eine respektvolle Haltung ist von größter Wichtigkeit für jegliche Art von Abkühlungsphase. Es hilft, wenn man den Wert solcher Phasen

mit den Kindern entweder während einer Familienkonferenz oder auch einzeln diskutiert. Erläutern Sie, daß der Sinn darin besteht, sich zu beruhigen und sich besser zu fühlen, da Probleme in Konfliktsituationen nicht in respektvoller Weise gelöst werden können. Beruhigen Sie die Kinder, daß das Problem respektvoll und kooperativ gelöst werden wird, sobald sich alle wieder besser fühlen.

Die Romantechnik

Da Lehrer die Schüler nicht so ohne weiteres allein lassen können, besteht eine Möglichkeit des Rückzugs darin, sich während Konfliktsituationen hinzusetzen und einen Roman zu lesen. (Lehrer, die es ausprobiert haben, finden es sehr wirksam, aber manche Lehrer fühlen sich bei dieser Technik nicht wohl. Probieren Sie aus, ob es Ihnen angenehm ist.)

Der erste Schritt besteht darin, den Schülern Ihren Plan mitzuteilen. Erläutern Sie ihnen, daß es Ihre Aufgabe ist, zu lehren – die ihre, zu lernen. Wenn sie nicht willens sind, ihren Teil zu tun, dann können Sie den Ihren nicht erfüllen. Und sagen Sie ihnen, daß Sie sich von nun an jedesmal, wenn sie Sie stören, so daß Sie nicht unterrichten können, ihren Roman weiterlesen werden. Wenn sie bereit sind, ihre Pflichten wieder zu tun, so daß Sie die Ihren wieder erfüllen können, sollen sie Ihnen Bescheid sagen. Der Grund, warum viele Lehrer diese Technik nicht mögen, besteht darin, daß sie die Testphase nicht ertragen können, während der es zunächst noch schlimmer wird und die Kinder besonders wild und störend wirken, um ihre neue Freiheit auszuprobieren. Doch nach nicht allzu langer Zeit beruhigen sie sich wieder und lassen den Lehrer wissen, daß sie nun bereit zum Lernen sind.

Diese Technik klappt nur bei Lehrern, die sich die Bewunderung und den Respekt ihrer Schüler erworben haben, weil sie gut vorbereitet und effizient sind. Es klappt außerdem bei Schülern der unteren Klassen. Mit Teenagern, die mehr um die Anerkennung durch ihre Mitschüler als um die des Lehrers bemüht sind, wäre es katastrophal.

Mr. Rasmussen, Lehrer des vierten bis sechsten Schuljahres, erhielt von seinem Rektor die Erlaubnis, den Klassenraum zu verlassen, wenn die Schüler zu unruhig wurden. Er erklärte den Schülern zunächst, daß er hinausgehen würde, wenn sie nicht lernwillig seien, und daß sie ihn im Lehrerzimmer holen könnten, sobald sie wieder bereit seien.

Am selben Tag waren die Schüler so laut, daß er hätte schreien müssen, um gehört zu werden. Er nahm seine Kaffeetasse und verließ den Raum.

Nervös wartete Mr. Rasmussen im Lehrerzimmer. Er war keineswegs sicher, ob es klappen würde. Alle möglichen Katastrophen kamen ihm in den Sinn, die die Kinder während seiner Abwesenheit anstellen könnten. Nachdem sie ihn nach einer halben Stunde noch nicht geholt hatten, begann er sich Sorgen um seinen Lehrvertrag zu machen.

Nach fünfundvierzig Minuten erschien einer der Schüler und sagte Mr. Rasmussen, daß sie nun bereit seien und daß er zurückkommen und unterrichten könne. Er staunte, wie kooperativ die Kinder während der nächsten Tage waren.

Als sie das nächste Mal unerträglich laut wurden, nahm Mr. Rasmussen wieder seine Kaffeetasse aus dem Schrank. Augenblicklich wurde es still in der Klasse, und die Schüler erklärten, sie seien lernwillig.

Eine andere Lehrerin versuchte die gleiche Technik, nachdem sie von Mr. Rasmussens Erfahrung gehört hatte. Sie berichtete, daß ihre Schüler nach zwanzig Minuten mit einer von allen unterschriebenen Petition erschienen seien, in der sie sich zur Kooperation bereit erklärten.

Eine Lehrerin vergaß, ihren Schülern zu sagen, wo sie zu finden sei. Sie schickten einen Abgesandten ins Sekretariat, der sie über die Lautsprecheranlage suchen ließ, als sie bereit waren, wieder zu arbeiten.

Ich möchte Sie nicht auffordern, diese Technik zu probieren, wenn in Ihrer Schule strenge Vorschriften gegen das Verlassen des Klassenraums während des Unterrichts gelten. Aber manche Rektoren erteilen Ihnen die Erlaubnis, ein solches Risiko einzugehen.

Die Isolierungstechnik

In den vorangegangenen Kapiteln wurde besprochen, daß Isolierung eine gute logische Konsequenz für ungezogene Kinder sein kann, wenn sie in bestimmter, freundlicher Weise verlangt und von der ermutigenden Anweisung begleitet wird, wiederzukommen, wenn das Kind bereit ist, wieder mitzuarbeiten.

Die Toiletten- und Romantechniken sind im allgemeinen besser, weil Sie entscheiden, was *Sie* tun wollen, statt das Kind zu einem Verhalten bringen zu wollen (eine Technik, die weiter unten noch erläutert wird). Doch viele Eltern und Lehrer ziehen die Isolierungstechnik vor, weil es ihnen zu abwegig erscheint, sich auf die Toilette zurückzuziehen, wenn sie mitten in einer Tätigkeit stecken wie Abendessen kochen oder eine Unterrichtsstunde abhalten. (Trotzdem ist manchmal eine solche Unannehmlichkeit für kurze Zeit ein kleiner Preis, wenn man Kindern helfen will, Verantwortungsbewußtsein und Kooperativität zu lernen.)

Mrs. James begann damit, Ann, wenn sie ungezogen war, in ihr Zimmer zu bringen, als sie vierzehn Monate alt war. Sie ließ sie dort für drei Minuten allein und holte sie dann wieder heraus. Wenn Ann wieder ungezogen war, wurde sie zurückgebracht und wieder drei Minuten allein gelassen. Ann erkannte sehr schnell die Verknüpfung. Der Grund, warum Mrs. James Ann nach drei Minuten wieder herausholte, war, daß sie noch zu klein war, um sagen zu können, daß sie bereit sei.

Als Ann zwei Jahre alt war, war sie in der Lage zu sagen: »Ich bin bereit, wieder rauszukommen.« Mrs. James ließ sie üben, das mit fröhlicher Stimme zu sagen, um zu zeigen, daß sie wirklich bereit war.

Wenn Ann ungezogen war, zum Beispiel quengelte oder auf den Möbeln herumsprang, brachte Mrs. James sie in ihr Zimmer und schloß die Tür. Ann fing dann oft an zu schreien und zu brüllen und trat auch manchmal gegen die Tür, bis sie sich erinnerte, an die Tür klopfte und sagte, sie sei bereit, wieder herauszukommen.

Als sie drei Jahre alt war, ließ ihre Mutter ihr die Wahl: »Willst du artig sein, oder willst du lieber in dein Zimmer gehen?« Wenn Ann dann

weiterhin ungezogen war, sagte Mrs. James: »Wie ich sehe, hast du beschlossen, in dein Zimmer zu gehen. Willst du allein gehen, oder soll ich dir lieber helfen?« Wenn Ann sich nicht äußerte, sagte Mrs. James: »Wie ich sehe, willst du, daß ich dir helfe.« Dann brachte sie Ann freundlich, aber bestimmt in ihr Zimmer und sagte: »Du kannst in deinem Zimmer bleiben und die Tür offen- oder zulassen, bis du bereit bist, wieder herauszukommen.« Ann kam dann oft noch immer weinend heraus. Dann sagte Mrs. James: »Ich sehe, du hast beschlossen, daß die Tür zu sein soll. Du kannst bei geschlossener oder abgeschlossener Tür in deinem Zimmer bleiben. Wenn du bereit bist, kommst du wieder raus.« Wenn Ann herauskam, ehe sie bereit war, sagte Mrs. James: Ich sehe, du willst, daß die Tür abgeschlossen wird. Sag mir Bescheid, wenn du bereit bist, wieder herauszukommen.«

Als Ann vier Jahre alt war, war sie mit dieser Routine bestens vertraut. Wenn sie ungezogen war, ging sie entweder allein in ihr Zimmer oder wurde freundlich, aber bestimmt dorthin begleitet. Manchmal weinte sie eine Weile, ehe sie sagte, daß sie wieder herauskommen wolle. Manchmal spielte sie auch nur eine Weile in ihrem Zimmer oder schlief ein.

Mrs. James lernte die Toilettentechnik, nachdem sie eine Operation hinter sich hatte und zu schwach war, Ann in ihr Zimmer zu begleiten, wenn sie ungezogen war. Als Ann eines Tages quengelte, humpelte Mrs. James zur Toilette. Ann folgte ihr und trommelte an die Tür. »Ich will, daß du wieder rauskommst!« schrie sie. Nach ein paar Minuten hörte Mrs. James, wie Ann einen Schluchzer unterdrückte und dann mit fröhlicher Stimme sagte: »Ich bin bereit, du kannst wieder rauskommen.«

Ein wichtiges Konzept, das hier noch einmal wiederholt werden sollte, ist: Woher stammt bloß diese verrückte Vorstellung, daß man Kinder zu besserem Verhalten bringt, wenn man erst dafür sorgt, daß sie sich mieser fühlen? Die meisten Erwachsenen haben die falsche Vorstellung, daß der Sinn der Technik, die Kinder in ihr Zimmer zu schicken, darin besteht, sie leiden zu lassen: »Du gehst jetzt in dein Zimmer und denkst darüber nach, was du angerichtet hast.« Und aus dem Tonfall läßt sich gleichzeitig »und leidest gefälligst darunter« heraushören.

Jemand erklärte mir: »Es hat keinen Sinn, meinen Sohn in sein Zimmer zu schicken. Er genießt das.«

»Um so besser«, erwiderte ich, »das bringt noch größeren Erfolg.« Tatsächlich schlage ich den Eltern vor, ihre Kinder in freundlichen, glücklichen Zeiten zu lehren: »Wenn ich dich für eine Ungezogenheit in dein Zimmer schicke, dann geh in dein Zimmer und tue etwas, das dir hilft, dich besser zu fühlen. Du kannst lesen, Musik hören oder ein bißchen schlafen. Wenn du dich dann wieder besser fühlst, kommst du heraus, und wir arbeiten zusammen an einer Lösung.«

Oft widersprechen mir Eltern: »Aber belohnt man damit die Ungezogenheit nicht?«

Es könnte sich nur dann als Belohnung für Ungezogenheit erweisen, wenn der Erwachsene die Problemlösung nicht vorantreibt, wenn es allen wieder gut geht.

Manchmal mögen es auch die Eltern sein, die in ihr Zimmer gehen und etwas tun müssen, um sich gut genug zu fühlen, damit sie mit Würde und Respekt an einer Lösung arbeiten können.

Entscheiden Sie, was Sie tun wollen, nicht, was Sie vom Kind verlangen wollen

Die potentielle Gefahr, wenn man ein Kind in sein Zimmer schickt (oder sonst irgend etwas von ihm verlangt), besteht darin, daß Sie damit einen Machtkampf auslösen, wenn es sich weigert. Das gilt besonders für ältere Kinder. Diese Möglichkeit wird ausgeschaltet, wenn Sie den Kindern aus natürlichen und logischen Konsequenzen das, was *sie* zu tun entscheiden, zu lernen erlauben, statt zu versuchen, etwas von ihnen zu verlangen.

Bonnie heiratete einen Witwer mit sechs Kindern. Das älteste war acht Jahre alt, die beiden jüngsten waren zweijährige Zwillinge. Die Mutter war bei der Geburt der Zwillinge gestorben. Sie können sich denken, wie schwierig es war, für die sechs Kinder, einschließlich der beiden Babys, einen Babysitter zu finden. Sogar die, die verzweifelt einen Job brauchten, blieben nie lange genug, so daß die Kinder keine dauerhafte, konsistente Disziplin hatten lernen können, ehe Bonnie ihre neue Mutter wurde. Vor allem bei den Mahlzeiten wurde das deutlich, weil die Kinder miteinander stritten, sich anschrien und gegenseitig mit Essen bewarfen.

Bonnie hatte die Prinzipien von *Adler* und *Dreikurs* gelehrt, ehe sie die Gelegenheit hatte, sie selbst anzuwenden. Jetzt bekam sie die Gelegenheit.

Bonnies erster Schritt war, daß sie eine Familienkonferenz einberief. Sie verlor kein einziges Wort über das Benehmen bei Tisch. Sie fragte nur, wieviel Zeit die Kinder zum Essen benötigten, wenn es einmal auf dem Tisch stand. Sie diskutierten darüber und entschieden, daß fünfzehn Minuten reichlich Zeit seien. (Sie vergaßen dabei, wieviel Zeit Streiten und Zanken und Mit-Essen-Werfen in Anspruch nehmen.)

Bereitwillig einigten sie sich alle auf die Regel, daß das Abendessen um sechs Uhr auf dem Tisch stehen und der Tisch um Viertel nach sechs abgeräumt werden sollte.

Am nächsten Abend ignorierten Bonnie und ihr Mann das Gezänk und aßen. (Ich weiß, wie schwierig das für Eltern ist, aber wir werden im Anschluß an dieses Beispiel diskutieren, warum es so wichtig ist.) Um Viertel nach sechs räumte Bonnie den Tisch ab. Die Kinder protestierten, sie hätten noch nicht zu Ende gegessen und seien noch hungrig. Freundlich, aber bestimmt erwiderte Bonnie: »Ich halte mich nur an die Regel, auf die wir uns alle geeinigt hatten. Ich bin sicher, ihr könnt es bis zum Frühstück aushalten.« Für den Rest des Abends saß Bonnie mit Pfropfen in den Ohren und einem Roman vor dem Kühlschrank in der Küche.

Am nächsten Abend wiederholte sich die ganze Szene, weil die Kinder testeten, ob ihre neue Mutter es wirklich ernst meinte. Am dritten Abend wußten sie, daß es der Fall war, und sie waren so eifrig mit Essen beschäftigt, daß sie keine Zeit hatten, zu streiten, zu zanken oder mit Essen zu werfen.

Es gibt einen charmanten Nachtrag zu der Geschichte: Sechs Jahre später hatte ich die Gelegenheit, bei diesen Kindern zu bleiben, während die Eltern einen Wochenendausflug machten. Sie erwiesen sich als so verantwortungsbewußt und fähig, daß ich während des ganzen Wochenendes keinen Finger krummzumachen brauchte.

Die Kinder bereiteten sich alle ihre Mahlzeiten selbst und kümmerten sich um sämtliche Haushaltspflichten, ohne daß ich mich einmischen mußte. Sie zeigten mir ihren Mahlzeiten- und Pflichtenplan. Sie planten die Mahlzeiten bei der ersten Familienkonferenz des Monats für vier Wochen im voraus. Jeder übernahm an einem Abend das

Kochen, außer Mutti (die den gesamten Einkauf besorgte) und dem ältesten Jungen (der zum Fußballtraining mußte).

Ich fragte sie, ob immer alles so glatt liefe. Eines der Mädchen erzählte, daß zu Anfang eine Regel bestanden hatte, nach der derjenige, der kochte, die Küche nicht sauberzumachen brauchte. Das führte zu Problemen, weil diejenigen, die saubermachen mußten, sich über den Dreck der Köche beklagten. Sie beschlossen, die Regel zu ändern, so daß derjenige, der mit Kochen dran war, hinterher auch die Küche putzte. So gab es keine Beschwerden mehr.

Dieses Beispiel illustriert mehrere Punkte, die wichtig sind, damit die Technik Erfolg hat:

- Lassen Sie die Kinder wissen, was Sie vorhaben. Wenn möglich, holen Sie sich ihr Einverständnis für das, was unter gewissen Umständen die Folge sein wird.
- Handeln Sie, statt zu reden. Je weniger Sie sagen, wenn die Kinder Ihren neuen Plan testen, desto besser. *Halten Sie den Mund, und handeln Sie.*
- Das wenige, das Sie sagen, muß freundlich und bestimmt sein.
- Unterdrücken Sie die Versuchung, sich in einen Machtkampf oder einen Rachezyklus verwickeln zu lassen. Die Kinder werden ihr Bestes tun, um Sie zu Ihrem gewohnten Verhalten zu treiben.
- Wenn Sie Ihrem Plan treu bleiben, mag es Ihnen vorkommen, als »ließen Sie den Kindern etwas durchgehen«, wenn Sie ihre Ungezogenheit ignorieren. Strafen würden tatsächlich zu schnelleren Ergebnissen führen, aber die hier dargestellte Technik hilft den Kindern, langfristig Verantwortungsbewußtsein zu entwickeln (langfristige Erfolge).
- Die Dinge werden erst einmal schlimmer, ehe sie besser werden. Halten Sie sich standhaft an Ihren neuen Handlungsplan, und die Kinder werden neue Fähigkeiten des Verantwortens entwickeln.

Es folgen ein paar Beispiele für das, was *Sie* tun können, statt die Kinder bewegen zu wollen, etwas zu tun:

Versuchen Sie nicht, die Kinder dazu zu bringen, ihre schmutzigen Kleider in den Wäschekorb zu tun. Entscheiden Sie einfach, daß Sie nur die Kleider waschen werden, die im Korb sind. Kinder lernen rasch aus der natürlichen Konsequenz, keine sauberen Kleider zu finden, wenn sie sie anziehen wollen.

Drängen Sie die Kinder nicht, die Küche sauberzumachen. Weigern Sie sich einfach zu kochen, ehe die Küche sauber ist. Stellen Sie sich vor, wie angenehm es ist, einen spannenden Roman zu lesen, während Sie warten. Zunächst meinen die Kinder vielleicht, es sei Klasse, wenn man sich ein Brot schmiert, wenn man Hunger hat, aber nach einer Weile verliert das den Reiz, und Kinder erkennen sehr bald, daß Kooperation in beiden Richtungen funktionieren muß, wenn sie von den feineren Gerichten des Lebens kosten wollen.

Verbiegen Sie diese Technik nicht zu einem Machtkampf oder Rachezyklus. Eltern mißverstehen das Konzept manchmal und versuchen, es zu benutzen, um die Kinder zu scheuchen, zu erniedrigen oder um sie für etwas zu bestrafen.

Es geht darum, sich von dem, was Kinder in diesen Situationen tun, nicht irritieren zu lassen. Mit anderen Worten, machen Sie sich keine Sorgen, wenn Ihr Kind lieber in dreckigen Sachen rumläuft, statt die Verantwortung dafür zu tragen, sie in den Wäschekorb zu stecken. Machen Sie sich keine Sorgen, wenn Ihre Kinder sich lieber ein paar Brote schmieren, statt die Küche aufzuräumen, so daß Sie kochen können. Genießen Sie den Urlaub vom Herd.

Diese Technik ist äußerst erfolgreich für Lehrer und Eltern, die sich wohl fühlen, wenn sie sie benutzen. Sie verwenden sie gleichzeitig mit anderen Techniken wie Familien- oder Klassenkonferenzen, reichlich Zeit zum Trainieren und Ermutigungen. Wer sie nicht ertragen kann, dem bleiben andere Techniken.

Emotionaler Rückzug

Ich habe die Bedeutung von Abkühlungsphasen, ehe man versucht, Probleme rational zu lösen, in den vorangegangenen Kapiteln mehrfach angesprochen. Es geht darum, sich aus einer Situation zurückzuziehen, bis der emotionale Konflikt vorbei ist, statt in Machtkämpfe oder Rachezyklen verstrickt zu werden. Die Toilettentechnik oder Isolierung ist eine Möglichkeit, da es den meisten Menschen, Erwachsenen wie Kindern, schwerfällt, sich zu beruhigen, solange sie das Konfliktgelände nicht verlassen. Es wäre nicht nötig, das Gelände zu verlassen, wenn wir uns *emotional* zurückziehen könnten.

Bonnie und ihr Mann (die in diesem Kapitel schon erwähnt wurden) mußten sich emotional zurückziehen, um in der Lage zu sein, die Ungezogenheiten der Kinder beim Abendessen zu ignorieren, als sie ihrem neuen Aktionsplan gehorchten.

Mrs. Valdez, Lehrerin eines dritten Schuljahres, lud mich ein, einer Klassenkonferenz beizuwohnen. Ich kam etwas zu früh und hatte die Gelegenheit mitzuerleben, wie erfolgreich sie emotionalen Rückzug einsetzte.

Es war Zeit, vom Rechnen zum Lesen überzuwechseln. Die Kinder wurden unruhig und laut. Ich sah, wie Mrs. Valdez an die hintere Wand des Klassenzimmers starrte, als sei sie in Trance verfallen. Die Kinder sahen es ebenfalls und fingen an zu flüstern: »Sie zählt.« Die Entdeckung sprach sich herum, und kurz darauf saßen die Kinder still und aufmerksam auf ihren Plätzen.

Im Lehrerzimmer fragte ich Mrs. Valdez später: »Bis wieviel zählen Sie, und was tun Sie, wenn Sie dort angekommen sind?«

»Ich zähle nicht wirklich«, erwiderte sie. »Ich habe nur festgestellt, daß ich nicht unterrichten kann, bevor die Kinder ruhig sind, also mache ich eine Pause. Ich starre an die rückwärtige Wand, und die Kinder meinen, ich schaue auf die Uhr und zähle. Sie schienen mich nie zu hören, wenn ich schimpfte, sie sollten still sein, aber sie beruhigen sich in kürzester Zeit, seit ich beschlossen habe, nicht zu unterrichten, bevor sie nicht bereit dazu sind.«

Eine Lehrerin verwendet Zählen und logische Konsequenzen. Sie schreibt die Dauer der Unterbrechung an die Tafel und behält die Klasse nach Schulschluß zurück, um die verlorene Zeit nachzuholen. Das ist ganz etwas anderes, als Namen an die Tafel zu schreiben und einzelne Kinder zum Erniedrigen und Strafen herauszupicken.

Emotionaler Rückzug heißt nicht, daß man sich dem Kind entzieht. Es heißt, daß man sich aus einer Konflikt erzeugenden Situation zurückzieht. Sämtlichen Rückzugstechniken sollten Ermutigungen, Training, Neuorientierung und Problemlösungsaktivitäten nach der Abkühlungsphase folgen.

Vermeiden morgendlicher Reibereien

Die folgende Geschichte illustriert verschiedene Konzepte, Attitüden und Techniken, die wir schon besprochen haben, und zeigt außerdem, wie wichtig es ist, Gewohnheiten zu entwickeln.

Am Morgen herrscht in Dani-Ries Familie meistens große Hektik. Sie betrachtet dies als ausgezeichnete Gelegenheit, Mutters Aufmerksamkeit auf sich zu lenken. Die Szene spielt sich ungefähr folgendermaßen ab:

»Dani-Rie, würdest du bitte aufstehen?... Ich rufe dich jetzt zum letzten Mal!... Woher soll ich wissen, wo du deine Bücher hast? Wo hast du sie denn hingetan?... Du bist noch immer nicht angezogen, und in fünf Minuten ist der Bus da... Dani-Rie, das ist jetzt wirklich das allerletzte Mal, daß ich dich zur Schule fahre, wenn du den Bus verpaßt. Du mußt einfach langsam lernen, selbst die Verantwortung zu übernehmen!«

Wenn Ihnen das bekannt vorkommt, dann mag es Sie trösten, daß diese Szene sich jeden Morgen in Millionen von Familien abspielt.

Es ist nicht das letzte Mal, daß Mutter Dani-Rie zur Schule fahren wird, wenn sie den Bus verpaßt, eine Tatsache, deren Dani-Rie sich voll bewußt ist. Sie hat diese Drohung schon oft gehört und weiß, daß sie nicht wahrgemacht werden wird.

Mutter hat recht: Dani-Rie sollte wirklich langsam lernen, die Verantwortung selbst zu übernehmen. Aber mit morgendlichen Szenen, wie der beschriebenen, trainiert Mutter Dani-Rie in Wirklichkeit zu immer verantwortungsloserem Verhalten. Statt Selbstverantwortung mit ihr zu üben, gewährt sie ihr die Gelegenheit, kalkulierte Manipulation zu trainieren. Mutter trägt die Verantwortung, wenn sie Dani-Rie ständig an alles erinnert, was sie tun muß. Dani-Rie wird Selbstverantwortung erst dann lernen, wenn Mutter sich raushält und ihr erlaubt, die Erfahrung zu machen, was passiert, wenn sie zu spät kommt. Sie muß vielleicht zu Fuß zur Schule gehen, wenn sie den Bus verpaßt, oder der Lehrer läßt sie vielleicht die verlorene Zeit nachholen.

Morgendliche Reibereien können vermieden werden, wenn man

sich die Zeit zum Training nimmt, die Kinder an der Planung teilnehmen läßt, Gewohnheiten etabliert und logische Konsequenz zu-
läßt.

Vermeiden abendlicher Reibereien

Die folgende Geschichte illustriert, wie das Vermeiden morgendlicher
Reibereien auch von gewissen Ritualen abhängt, die am Vorabend als
Teil der Gewohnheiten zum Vermeiden abendlicher Reibereien statt-
finden.

Mrs. Felix nahm sich Zeit, Matthew beizubringen, sich selbst anzuziehen, als er zwei Jahre alt war. Sie besorgte ihm Kleider, die leicht an-
und auszuziehen waren. Dann wiederholte sie diesen Vorgang immer
wieder zusammen mit Matthew. Als sie sicher war, daß er es allein tun
konnte, ließ sie sich nie wieder darauf ein, ihm zu helfen.

Matthew besuchte morgens einen Kindergarten. Mrs. Felix ließ ihn
früh genug aufstehen, so daß er Zeit zum Anziehen und zum Frühstük-
ken hatte und Mr. Felix ihn auf dem Weg zur Arbeit im Auto mitnehmen konnte. Mrs. Felix erklärte Matthew, daß sie ihm seine Kleider in
einer Tüte mitgeben würde und er sich im Auto anziehen könne, wenn
er nicht rechtzeitig angezogen wäre – eine ausgezeichnete logische
Konsequenz.

Sie entwickelten folgende Gewohnheiten: Am Abend zog Matthew
sich aus und aß sein Abendessen im Schlafanzug.

Dann folgte die Badezimmerroutine. Matthews Familie machte ein
Spiel daraus, daß reihum jeder einmal sämtliche Zahnbürsten bereit-
legte und schon Zahnpasta darauf tat. Jedes Familienmitglied, das ins
Bad kam und sah, daß seine Zahnbürste schon vorbereitet war, sang
laut: »Danke«!

Dann gingen Mami oder Papi mit Matthew in sein Zimmer, wo er die
Kleider aussuchte, die er am nächsten Tag anziehen würde, so daß sie
schon bereitlagen. (Diese Routine vermeidet die morgendlichen Ärgernisse, wenn der Zeitdruck nur zu leicht dazu führt, daß das Kind etwas
anziehen möchte, das nicht zu finden oder schmutzig ist. Wenn es älter

wird, lernt es auch, seine Schulbücher und alles, was es sonst braucht, am Vorabend bereitzulegen.) Dann sprachen Mami oder Papi mit ihm über seinen Tag, lasen ihm eine Geschichte vor und gaben ihm den Gutenachtkuß.

Matthew hatte seinen eigenen Radiowecker, der ihn am Morgen weckte. Er zog sich an und kam in die Küche, um beim Vorbereiten des Frühstücks zu helfen. Bei Familie Felix übernahm reihum jeder eine der Aufgaben bei der Zubereitung der Mahlzeiten, die bei den wöchentlichen Familienkonferenzen verteilt wurden. Matthews Lieblingsarbeit war es, die Rühreier zu verquirlen – was ein Zweijähriger ausgezeichnet kann, wenn er Zeit zum Üben gehabt hat.

Wenn Matthew sämtliche Routineaufgaben erledigt hat, ehe es Zeit ist, zum Kindergarten zu gehen, kann er den Fernseher anschalten und Trickfilme anschauen.

An einem kalten, regnerischen Tag trödelte Matthew herum und war noch nicht fertig, als es Zeit zum Aufbruch war. Sein Vater nahm ihn nackt unter den Arm, eine Tüte mit seinen Kleidern unter dem anderen, und trug ihn durch den Regen zum Auto. Matthew heulte den ganzen Weg zum Kindergarten, aber Papi brachte es fertig, ihn nicht zu beachten. Als Matthew in den Kindergarten kam, sagte man (dort glaubte man ebenfalls an diese Prinzipien) freundlich zu ihm: »Oh, wie ich sehe, bist du noch nicht angezogen. Nimm deine Kleider mit ins Umkleidezimmer und komm wieder, wenn du fertig angezogen bist.«

Von dem Tag an war Matthew meistens rechtzeitig angezogen. Wenn seine Mutter ihn hin und wieder trödeln sah, meinte sie: »Es sieht so aus, als hättest du beschlossen, dich im Auto anzuziehen.« Matthew mochte diese Idee ganz und gar nicht und beeilte sich, schnell fertig zu werden. Die Mutter hätte es sich sogar ersparen können, die Verantwortung für diese Ermahnungen zu übernehmen und ihn die logischen Konsequenzen erneut erfahren lassen können.

Gutenacht-Rituale

Ein Grund, warum Kinder ihren Eltern zum Insbettgehen das Leben so schwermachen, beruht darauf, daß sie fühlen, daß ihre Eltern sie loswerden wollen. Es ist verständlich, daß Eltern sich am Ende eines langen Tages auf Ruhe und Frieden freuen. Statt dessen erleben sie nur allzuhäufig die Frustration der abendlichen Gutenacht-Reibereien. Ein paar Minuten inniger Anteilnahme mit den Kindern hilft, diese Frustrationen zu verhindern.

Wenn Kinder spüren, daß Sie es eilig haben, sie loszuwerden, fühlen sie sich entmutigt und nicht dazugehörig. Dann werden sie ungezogen, verlangen etwas zu trinken, behaupten, auf die Toilette zu müssen, oder weinen, weil sie Angst haben. Wenn sie dagegen spüren, daß es Ihnen wirklich Spaß macht, ein paar Minuten innig mit ihnen zu verbringen, fühlen sie sich dazugehörig und haben nicht das Bedürfnis, ungezogen zu sein.

Sich gegenseitig die schönsten und traurigsten Ereignisse des Tages zu berichten, hilft Kindern, zufrieden zu sein. Und als erfreuliche Nebenwirkung macht es auch die Eltern glücklicher.

Vermeiden von Reibereien bei den Mahlzeiten

Mahlzeiten sind oft ein solches Schlachtfeld, daß man meinen könnte, die Kinder blieben lieber hungrig, statt zu essen. Aber das ist nicht der Fall, sondern sie fühlen sich lieber *im Besitz von Macht,* als zu essen. Es ist fast unmöglich, Kinder zum Essen zu zwingen, aber das hindert Eltern nicht daran, es immer wieder zu versuchen. Oft glauben Eltern, es sei ihnen geglückt, bis sie feststellen müssen, daß die Kinder sich gleich hinterher erbrechen.

Mrs. Williams gab ihrer vierjährigen Tochter Sara Haferflocken zum

Frühstück. Sara aß sie trotz des Schimpfens ihrer Mutter nicht. Mrs. Williams stellte die Haferflocken in den Kühlschrank und setzte sie Sara zum Mittagessen wieder vor. Sara weigerte sich nach wie vor, sie zu essen – also bekam sie sie zum Abendessen. Mrs. Williams war eine autoritäre Mutter, die Sara in vielerlei Hinsicht dominierte. Sara konnte nirgendwo »gewinnen« – außer beim Essen. Dieses eine Gebiet, auf dem sie sich unabhängig und mächtig fühlte, war ihr so wichtig, daß sie dafür ihre körperlichen Bedürfnisse vernachlässigte.

Mrs. Williams brachte Sara zum Arzt, der ahnte, was vor sich ging. Er war ein kluger Mann, und er riet Mrs. Williams: »Lassen Sie sie in Ruhe! Stellen Sie nahrhaftes Essen auf den Tisch, essen Sie Ihre eigene Mahlzeit, und kümmern Sie sich um Ihre eigenen Angelegenheiten. Reden Sie über erfreuliche Themen,oder schweigen Sie!«

Mrs. Williams war sehr unglücklich über das, was geschehen war. Sie hatte Sara wegen des Essens nur so zugesetzt, weil sie sie liebte und weil sie fälschlicherweise geglaubt hatte, sie auf diese Weise dazu bewegen zu können, richtig zu essen und gesund heranzuwachsen. Wie oft bei den Kindern unserer Zeit wirkte die übermäßige Kontrolle in entgegengesetzter Richtung. Die Mutter hörte schließlich auf den Rat des Arztes und stoppte den Krieg um das Essen. Sara wurde nie zu einer herzhaften Esserin (sie ist ein zartes Kind mit zierlichem Knochenbau), doch sie aß genug, um gesund und kräftig heranzuwachsen.

Es ist interessant, mit Leuten zu sprechen, die während der Depression der dreißiger Jahre heranwuchsen. Sie berichten, daß das einzige Problem, das bei Tisch aufkam, die Frage war: »Gibt es heute genug für alle?« Niemand kümmerte sich darum, wenn jemand nicht essen wollte, denn das hieß nur, daß dann mehr für die anderen blieb. In einem solchen Klima entwickelten Kinder keine Essensprobleme.

Kinder in die Planung und die Suche nach Lösungen mit einzubeziehen, ist das beste Mittel, Essensprobleme zu vermeiden. Nehmen Sie sich bei Familienkonferenzen die Zeit, die Mahlzeiten für die folgende Woche zu planen.

Bei Familie Ainge wird ein Formular mit den Sparten »Hauptgericht, Gemüse, Salat, Nachtisch« vorbereitet, das dann während der Familienkonferenz von allen gemeinsam für die ganze Woche ausgefüllt wird. Das schafft ein kooperatives Klima. Wenn alle bei der Planung beteiligt waren, sind sie eher bereit, auch das zu essen, was jemand anderes gewählt hat, weil sie ihrerseits ebenfalls haben wählen können.

Die Familie Ainge macht auch die Einkäufe gemeinsam. Sie unterteilen die Einkaufsliste in die verschiedenen Abteilungen des Lebensmittelmarktes, und jedes Familienmitglied übernimmt eine Abteilung. Sie machen sich einen Spaß daraus, Zeitrekorde zu brechen. Die Kinder lernen einzukaufen, während sie gleichzeitig mithelfen, die Haushaltspflichten zu erledigen, und dabei zusammen Spaß haben. Es ist leicht zu begreifen, warum es in dieser Familie keine »Kriegsspiele« beim Abendessen gibt. Sie wurden ermutigt, ihre »Macht« dazu einzusetzen, mitzuhelfen, einen Beitrag zu leisten, zu kooperieren und sich aneinander zu freuen.

Sich aus Kindergezänk raushalten

Die beste Methode, Ihre Kinder zum Zanken zu animieren, besteht darin, sich ständig in ihre Kämpfe einzumischen. Es fällt Eltern sehr schwer zu begreifen, daß einer der Hauptgründe, warum Kinder sich zanken, darin besteht, die Eltern in den Streit zu verwickeln, bis sie sich von den Auseinandersetzungen fernhalten und erleben, wie die Häufigkeit der Kämpfe drastisch abnimmt.

Die meisten Eltern kennen das typische Muster von Geschwisterkämpfen, das auf der Geburtenfolge basiert. Das älteste Kind ist am leichtesten zu ärgern, und das jüngste zieht meist den größten Profit daraus, wenn Mutter sich einmischt. Also tut das jüngste etwas, um das älteste zu provozieren. Diese Provokation kann irgend etwas sein, vom Grimassenschneiden bis hin zu destruktiven Akten.

Wenn das älteste Kind auf den Köder anbeißt und auf das jüngste losgeht, läßt es lautes Protestgeschrei hören, was Mutter dazu bringt, das älteste auszuschimpfen. Wenn es dem Ältesten gelingt, nachzuweisen, daß das Jüngste angefangen hat, erwidert die Mutter: »Mir ist egal, wer angefangen hat. Du bist älter und solltest dich schämen.«

Wenn Mutter den triumphierenden Ausdruck im Gesicht ihres Jüngsten sähe, würde sie erhebliche Einsichten über die Absichten (die falschen Ziele) seines Verhaltens gewinnen. Mutter kollaboriert bei dem Kampftraining um Aufmerksamkeit, Macht und Rache. Sie be-

stärkt die Fehleinschätzung der Kinder, auf welchem Weg man Zugehörigkeit und Bedeutsamkeit erlangt.

Mrs. Reeder beschloß, sich aus den Zankereien ihrer Kinder fernzuhalten. Sie wählte einen konfliktfreien Moment, um ihnen zu erklären, daß sie wirklich keine Lust hätte, in ihre Kämpfe verstrickt zu werden, und daß sie sicher sei, sie könnten von nun an selbst Wege finden, ihre Probleme zu lösen. Während einer Familienkonferenz diskutierten sie die vier Schritte zum Lösen von Problemen, die in Kapitel 10 besprochen werden.

Am nächsten Tag sah Mrs. Reeder zufällig vom Flur aus, wie der siebenjährige Troy dem fünfjährigen Shaun mit seinem Spielzeuggewehr auf den Kopf schlug. Sie hatte das Gefühl, sie könne das nicht ignorieren, und stürmte ins Kinderzimmer, um dem Streit ein Ende zu bereiten. Sie erinnerte sich kurz, daß sich Shaun, als er geschlagen wurde, rücklings aufs Bett hatte fallen lassen und leise »Au, das tut weh« gesagt hatte. Als er dann seine Mutter hereinkommen sah, stieß er lautes Wehgeschrei aus. Mrs. Reeder merkte, daß sie sich hatte ködern lassen, drehte sich um, verschwand im Bad und schloß die Tür hinter sich ab. Die beiden Kinder kamen hinter ihr her, fingen an, gegen die Tür zu trommeln, und wollten ihr beide ihre Version der Geschichte erzählen.

Als Mrs. Reeder im Bad saß und ihre beiden Söhne gegen die Tür trommeln und sich darüber streiten hörte, wer denn angefangen habe, dachte sie: Dreikurs ist wahnsinnig! Das kann nie funktionieren! Dennoch hielt sie noch ein kleines bißchen länger durch, damit sie ihrer Studiengruppe berichten konnte, was weiter geschah. Die Kinder hörten bald auf, gegen die Tür zu hämmern und trollten sich.

Mrs. Reeder hielt sich aus ihren Kämpfen fern, indem sie ihnen sagte: »Ich bin sicher, daß ihr eure Probleme selbst regeln könnt«, wenn sie zu ihr kamen, um sich über den anderen zu beklagen. Die Familie fuhr fort, mögliche Lösungen während der Familienkonferenzen zu diskutieren.

Mrs. Reeder wußte, daß die Technik funktionierte, als sie ungefähr einen Monat später hörte, wie die vierjährige Colleen zu Troy sagte: »Ich werd's der Mami sagen!«

Troy erwiderte: »Und sie wird dir nur antworten, daß wir unsere Probleme selbst lösen sollen.« (Colleen wußte offenbar, daß Troy recht hatte, denn sie ging nicht zur Mutter, um sich zu beklagen.)

Mrs. Reeder berichtet, daß das Zanken unter ihren Kindern um etwa

75 Prozent abgenommen habe. Die restlichen 25 Prozent verliefen wesentlich sanfter und waren schnell überstanden.

Es gibt Situationen, wo es schwierig oder gar nicht ratsam ist, sich aus einem Streit fernzuhalten:

— Manchen Erwachsenen ist es schier unmöglich, sich nicht betroffen zu fühlen, selbst wenn sie rational davon überzeugt sind, daß es das Beste ist, was sie tun könnten.
— Wenn die Kinder noch sehr klein sind, können sie sich gegenseitig ernsthaft verletzen. So wenn zum Beispiel der Zweijährige dem sechs Monate alten Geschwisterchen mit dem Feuerwehrauto auf den Kopf haut. (Oft nehmen Erwachsene dies als Entschuldigung, wenn sie sich in die Zankereien von größeren Kindern einmischen.) Wenn ältere Kinder sich wirklich verletzen wollen, dann tun sie das, wenn die Erwachsenen nicht in der Nähe sind. Erwachsene sollten bei älteren Kindern nicht die Beschützerrolle übernehmen, es sei denn, sie wollen sie vierundzwanzig Stunden am Tag erfüllen.
— Lehrer sind für die Sicherheit der Schüler verantwortlich und können sich aus deren Kämpfen nicht fernhalten.

Oft wollen die Eltern nicht glauben, daß ihre Kinder sich nur ihnen zuliebe zanken. Sie behaupten, daß ihre Kinder sich sogar zanken, wenn sie allein sind. Ich frage dann jeweils: »Woher wissen Sie denn, daß sie sich zanken, wenn Sie nicht dabei sind?«

Dann grinsen sie ein bißchen verlegen und gestehen: »Weil sie dafür sorgen, daß ich es herausfinde. Manchmal rufen sie mich sogar bei der Arbeit an, um mich miteinzubeziehen. Aber jetzt begreife ich, daß sie nach wie vor versuchen, mich zum Richter, Geschworenen und Henker zu machen...«

Wenn Sie beschließen, sich in den Streit der Kinder einmischen zu müssen, dann besteht die wirksamste Methode darin, »sie alle in das gleiche Boot zu setzen«.

Ergreifen Sie nicht Partei, entscheiden Sie nicht, wer im Unrecht ist; denn es besteht die Möglichkeit, daß Sie sich irren, weil Sie nicht alles sehen, was geschieht. »Recht« ist immer eine subjektive Angelegenheit. Was Ihnen richtig erscheint, wird in den Augen zumindest eines der Kinder unfair erscheinen. Wenn Sie meinen, Sie müssen eingreifen, um

einem Streit ein Ende zu bereiten, machen Sie sich nicht zum Richter, Geschworenen und Henker. Stecken Sie sie statt dessen ins selbe Boot, und behandeln Sie alle gleich.

Eine andere Möglichkeit, Kinder in das selbe Boot zu setzen, besteht darin, ihnen die Wahl zu lassen: »Entweder hört ihr auf zu zanken, oder ihr geht nach draußen, um euren Streit zu beenden.«

Wenn die Kinder größer werden, kann man das Thema bei Familienkonferenzen diskutieren, so daß sie an den Lösungen beteiligt sind.

Wenn Erwachsene sich weigern, in das Gezänk der Kinder einzugreifen, oder wenn sie sie zumindest ins selbe Boot setzen, indem sie alle Beteiligten die gleichen Konsequenzen erfahren lassen, ist das Hauptmotiv fürs Streiten ausgeschaltet.

Nichtverbale Signale

Die meisten der in diesem Kapitel besprochenen Techniken sind Formen nichtverbaler Signale. Sie alle enthalten gleichzeitig andere wichtige Konzepte und Einstellungen, wie sowohl freundlich als auch bestimmt zu sein oder das Zwischenschalten einer Abkühlungsphase. Sie legen die Betonung mehr auf das Handeln als auf Worte. Wenn Worte nötig sind, dann je weniger, desto besser.

Es ist sehr erfolgreich, Kinder in eine Problembewältigungssitzung einzubeziehen, bei der Sie alle zusammen einen Plan beschließen, der ein nichtverbales Signal enthält, um dem Erwachsenen zusätzlich zu helfen, *den Mund zu halten.*

Mr. Perry, Rektor einer Schule, entschloß sich, an einer Elterngruppe seiner Schule teilzunehmen. Er stellte der Gruppe gegenüber klar, daß er als Vater teilnehme, der gewisse Fähigkeiten im Umgang mit seinen eigenen Kindern lernen wollte.

Eines Abends bat er die Gruppe, ihm bei der Lösung des Problems zu helfen, seinen Sohn Mike dazu zu bringen, den Müll hinauszutragen. Mike war immer wieder einverstanden, es zu tun, doch er tat es nie, ohne dazu ermahnt zu werden.

Die Gruppe machte verschiedene Vorschläge wie zum Beispiel, den Fernseher auszuschalten, bis es erledigt sei, oder ihn entscheiden zu lassen, bei welcher Gelegenheit er es tun wolle. Jemand schlug vor, Mikes Teller beim Abendessen umzudrehen, um ihn mit einem nicht-verbalen Signal daran zu erinnern, daß er vergessen habe, vor dem Essen den Müll hinauszutragen. Mr. Perry beschloß, es damit zu versuchen.

Zunächst diskutierte die Familie das Problem bei einer Familienkonferenz. Mike bekräftigte wieder, daß er es tun würde. Mrs. Perry sagte: »Wir wissen es zu schätzen, daß du bereit bist, im Haushalt zu helfen, doch wir sehen auch, wie leicht man es vergessen kann. Wärest du einverstanden, daß wir ein nichtverbales Signal verabreden, damit wir dich nicht immer drängen müssen?«

Mike wollte wissen, was für ein Signal.

Mr. Perry schlug ihm die Idee vor, seinen leeren Teller auf dem Eßtisch umzudrehen. Wenn er zum Tisch kam und seinen umgedrehten Teller sah, würde es ihn daran erinnern, daß er noch schnell den Müll hinausbringen wollte, ehe er sich zum Essen setzte. Mike erklärte sich einverstanden.

Es dauerte acht Tage, bis Mike vergaß, den Müll auszuleeren. (Wenn Kinder an der Problembewältigungsdiskussion beteiligt sind, kooperieren sie im allgemeinen eine Zeitlang, ehe sie den Plan testen.) Als Mike zum Tisch kam und seinen umgedrehten Teller sah, bekam er einen Wutanfall. »Ich hab' Hunger«, schrie er, »ich bring' den Müll nachher raus! Das ist wirklich doof!«

Ich bin sicher, Sie können sich vorstellen, wie schwierig es für Mutti und Vati war, sein Aufbrausen zu ignorieren. Die meisten Eltern wären versucht zu sagen: »Also komm, Mike. Du warst einverstanden. Hör doch auf, dich wie ein Baby zu benehmen!« Wenn Mike weiterhin ungezogen war, wären sie versucht, den Plan zu vergessen und Mike zu bestrafen (womit die Ungezogenheit für den Augenblick gestoppt, das Müllproblem jedoch nicht gelöst und Mikes Chance, Verantwortungsbewußtsein zu entwickeln, verspielt wären).

Mr. und Mrs. Perry ignorierten Mikes Wutanfall, auch daß er in die Küche stampfte, den Mülleimer nahm, die Tür hinter sich zuschlug, während des ganzen Abendessens schmollte und mit seiner Gabel laut und heftig auf dem Teller herumstocherte.

Am nächsten Tag dachte Mike rechtzeitig daran, den Müll hinauszu-

tragen, und während des Abendessens benahm er sich besonders charmant.

Dank der Standhaftigkeit der Eltern, den gemeinsam gefaßten Beschluß durchzuziehen, vergaß Mike zwei Wochen lang den Müll nicht. Als er dann eines Tages seinen leeren Teller wieder umgedreht auf dem Tisch liegen sah, sagte er nur: »Ach ja!« Dann trug er den Müll hinaus, setzte sich an den Tisch und aß freundlich zusammen mit der ganzen Familie.

Ein anderer Grund, warum es Eltern oft schwerfällt, Ungezogenheiten zu ignorieren, ist das Gefühl, den Kindern etwas durchgehen zu lassen. Sie meinen, sie vernachlässigten ihre Erzieherpflicht, wenn Sie nichts dagegen unternehmen. Dies wäre der Fall, wenn nicht ein Plan und ein langfristiges Ziel bestünden. Mr. und Mrs. Perry ließen Mike den Wutanfall »durchgehen«, doch da es sich um einen gemeinsam aufgestellten Plan handelte, lösten sie langfristig das Problem der ständigen Ermahnungen wegen unerledigter Pflichten.

Mrs. Beal war frustriert, weil es sie ärgerte, daß die Kinder, wenn sie aus der Schule kamen, ihre Schulsachen auf das Wohnzimmersofa schmissen. Ständige Ermahnungen brachten keine Veränderung.

Bei einer Familienkonferenz sagte sie ihren Kindern, daß sie wegen dieses Problems nicht mehr schimpfen wolle. Sie schlug als nichtverbales Signal vor, einen Kissenbezug über den Fernseher zu stülpen, um sie daran zu erinnern, daß Schulsachen auf dem Sofa lagen. Die Kinder stimmten dem Plan zu, und es klappte sehr gut. Die Mutter mischte sich über das Zeichen hinaus nicht mehr ein. Wenn die Kinder den Kissenbezug sahen, räumten sie entweder ihre eigenen Sachen auf oder erinnerten einander daran.

Einige Wochen später wollte Mrs. Beal ihre Lieblingsschnulze im Vormittagsprogramm anschauen, nachdem die Kinder zur Schule gegangen waren. Zu ihrer Überraschung fand sie den Kissenbezug über das Gerät gestülpt. Sie schaute auf das Sofa und sah, daß sie am Vorabend in der Eile, das Essen vorzubereiten, ein paar Pakete dort hatte liegen lassen.

Die ganze Familie lachte herzlich über diese Wende der Angelegenheit. Ihnen gefiel die Technik, und die Kinder ersannen von da an viele verschiedene nichtverbale Signale zur Lösung von Problemen.

Mrs. Reed benutzt nichtverbale Signale in ihrem fünften Schuljahr. Sie lehrt ihre Schüler am ersten Schultag die Zeichen fast wie eine zweite

Sprache. Eines ist zum Beispiel, daß sie, wenn sie bereit sind, zuzuhören, die Hände gefaltet vor sich auf den Tisch legen. Wenn Mrs. Reed möchte, daß sie sich während des Unterrichts oder während einer Versammlung umdrehen und hinsetzen, bewegt sie ihren rechten Zeigefinger zweimal im Kreis und dann zweimal auf und ab im Rhythmus der Worte: »Dreh dich um und setz dich.«

Alternativen

Kinder reagieren oft auf alternative Auswahlmöglichkeiten, wenn sie auf Bitten und Befehle nicht reagieren würden. Alternativen sollten respektvoll und *der Situation gemäß* sein.

Alternativen stehen in direkter Verbindung zur Verantwortung. Kleinere Kinder können weniger umfassende Verantwortung tragen, daher sind für sie die Alternativen begrenzt. Ältere Kinder sind zu weitreichenderen Alternativen fähig, da sie die Verantwortung für die Konsequenzen ihrer Wahl tragen können.

Zum Beispiel kann man kleineren Kindern die Wahl lassen, jetzt sofort ins Bett zu gehen oder erst in fünf Minuten. Älteren Kindern kann man die volle Verantwortung für die Wahl der Schlafenszeit übertragen, da sie auch die volle Verantwortung dafür tragen können, am Morgen rechtzeitig aufzustehen und pünktlich in die Schule zu gehen.

Alternativen stehen gleichzeitig auch in direkter Verbindung zum Respekt für die Bedürfnisse anderer. Kleinen Kindern kann man die Wahl lassen, pünktlich zum Essen zu kommen oder bis zur nächsten Mahlzeit zu warten, statt zu verlangen, daß jemand für sie ein zweites Mal kocht und aufräumt. Ältere Kinder kann man wählen lassen, entweder pünktlich zum Essen zu kommen oder sich ihr Essen selbst zu machen und hinterher alles wieder aufzuräumen.

Die zur Auswahl gestellten Alternativen sollten dem Erwachsenen genehm sein. Mein erster Versuch mit dem Wählen bestand darin, meine Dreijährige zu fragen: »Möchtest du dich jetzt fertig machen zum Schlafengehen (oder nicht)?« Sie wollte nicht. Die Wahl, die ich

anbot, war jenseits des Bedürfnisses (meines und ihres), und die Wahl, die ich ihr anbot, enthielt keine Alternative, die ich hätte akzeptieren wollen. Ich wartete fünf Minuten und fing von vorn an, indem ich fragte: »Möchtest du den blauen oder den rosa Schlafanzug anziehen?« Sie wählte den blauen und fing an, sich auszuziehen.

Kinder haben vielleicht nicht viele Alternativen zur Auswahl wie zum Beispiel, ob sie die Schularbeiten machen wollen oder nicht. Schularbeiten *müssen* gemacht werden, aber man kann den Kindern die Wahl lassen, ob sie sie direkt nach der Schule, vor dem Essen oder nach dem Essen machen wollen.

»Sobald ...«

»Sobald du deine Spielsachen aufgeräumt hast, gehen wir in den Park.« Diese Bemerkung ist wirkungsvoller als: »Wenn du deine Spielsachen aufräumst, gehen wir in den Park.« Erstere wird von Kindern als Aussage darüber verstanden, was Sie unter bestimmten Umständen zu tun gedenken. Die zweite Bemerkung verstehen Kinder als eine Herausforderung zu einem Machtkampf (der von seiten des Erwachsenen tatsächlich intendiert ist).

Lehrer haben gute Erfahrungen mit der Bemerkung gemacht: »Sobald ihr fertig seid, können wir anfangen.«

Respekt vor sich selbst, den Kindern und den Erfordernissen der Situation ist der Schlüssel zum Gelingen dieser Technik. »Sobald« sollte in einem Tonfall gesagt werden, der andeutet, daß Sie sich aus der Situation zurückziehen, bis die Bedingungen erfüllt sind. Dann sollten Sie wirklich unbeteiligt bleiben und das Kind die Konsequenzen seiner Wahl erfahren lassen. Wenn Sie nicht unbeteiligt bleiben, wird es zu einem Machtkampf, gleich welche Worte Sie wählen.

Taschengeld

Taschengeld kann ein ausgezeichnetes Lehrmittel sein. Wenn Kinder regelmäßig Taschengeld bekommen, können sie den Wert des Geldes kennenlernen – falls die Eltern es richtig handhaben.

Taschengeld sollte nicht als Strafe oder Belohnung benutzt werden. Oft verwenden Eltern Taschengeld als Hebel, um Kinder für die Erledigung ihrer Pflichten verantwortlich zu machen. Sie geben ihnen Taschengeld als Belohnung, wenn sie ihre Pflichten erledigt haben, und behalten es ein, wenn sie sie nicht erledigt haben. Kinder lernen viel mehr über Geld und Verantwortung, wenn diese Drohung wegfällt. Benutzen Sie Familienkonferenzen, um die Verantwortung für Pflichten zu lehren, und lassen Sie das Taschengeld dabei aus dem Spiel.

Wenn Kinder ihr eigenes Taschengeld bekommen, können Sie jene berühmten Szenen vermeiden, die sich oft in Geschäften abspielen. Wenn Mary sagt: »Das will ich haben!«, kann ihre Mutter erwidern: »Hast du genug Geld dafür?« Mary hat meistens nicht genug, also sagt die Mutter: »Vielleicht sparst du dein Taschengeld, bis du es dir kaufen kannst.«

Oft glaubt Mary, sie möchte es wirklich so schrecklich gern haben, daß sie sich vornimmt zu sparen, bis sie es sich kaufen kann. Doch meist ist der Vorsatz nach kurzer Zeit wieder vergessen. Meist will sie es doch nicht dringend genug haben, auch wenn sie froh wäre, wenn Mutti dafür Geld ausgäbe.

Wenn die Kinder größer werden und sich teurere Sachen wünschen wie zum Beispiel ein Fahrrad, können Sie sie einen Teilbetrag dafür sparen lassen. Wenn die Kinder ihr eigenes Geld investiert haben, gehen sie meist wesentlich sorgfältiger mit den Sachen um.

Kinder können ihr Taschengeld auch verwenden, um Schaden, den sie am Eigentum Dritter verursacht haben, wiedergutzumachen.

Alle in diesem Kapitel erwähnten Techniken können wirksam sein, wenn sie in freundlicher Weise gelehrt werden. Ihre Einstellung, Ihre Absichten und Ihre Art und Weise sind die Schlüssel zum Erfolg. Manchmal verwenden Erwachsene diese Techniken in der gleichen Weise und zum gleichen Zweck wie Strafen, was zu Rebellion oder zu

blinder Unterwerfung einlädt. Der positive Ansatz fördert Kooperationsbereitschaft, gegenseitigen Respekt, Verantwortungsbewußtsein und Gemeinschaftsgefühl.

Diskussionsfragen

1. Nennen und beschreiben Sie verschiedene Techniken, die eine Abkühlungsphase ermöglichen.
2. Was ist der Grundgedanke der Technik »Entscheiden Sie, was Sie tun wollen, nicht, wozu Sie das Kind bewegen wollen?« Warum ist sie erfolgreich?
3. Welche sechs Punkte sind zu beachten, um die Wirksamkeit der obigen Techniken zu vergrößern?
4. Was heißt es, *unbeteiligt* zu sein, wenn Sie diese Technik anwenden? Was sollten Sie tun, wenn Sie nicht unbeteiligt sein können?
5. Was heißt es, sich emotional zurückzuziehen?
6. Was sollte immer nach einer Abkühlungsphase oder irgendeiner Rückzugstechnik erfolgen?
7. Welches sind die Schlüsselkonzepte zur Vermeidung von morgendlichen und abendlichen Reibereien?
8. Warum helfen Gutenacht-Rituale, Reibereien zu vermeiden?
9. Welches sind die negativen Ergebnisse, wenn man sich in die Streitereien der Kinder einmischt?
10. Welche Prozeduren sollten Sie vollziehen, wenn Sie entscheiden, sich aus dem Streit der Kinder herauszuhalten?
11. Welches sind die drei Umstände, unter denen es nicht ratsam ist, sich aus dem Streit herauszuhalten?
12. Wenn Sie sich entschlossen haben, in den Streit der Kinder einzugreifen, welches ist dann die wirksamste Technik?
13. Erklären Sie, was es heißt: »Alle in dasselbe Boot setzen.« Welche negativen Folgen werden dadurch vermieden?
14. Erläutern Sie das Prinzip nichtverbaler Signale. Was kann durch ihre Verwendung erreicht werden?
15. Diskutieren Sie die Vorteile, Alternativen zur Wahl zu stellen.
16. Nennen Sie ein paar Richtlinien, die die Wirksamkeit von Alternativen sicherstellen.
17. Diskutieren Sie die Vorteile, den aufgeführten Anregungen zum Taschengeld zu folgen.
18. Welches sind die Schlüssel zum Erfolg für alle in diesem Buch vorgeschlagenen Techniken?

Kapitel 10

Liebe und Freude in Familie und Schule

Liebe und Freude sind genau das,
womit er großgezogen worden ist.
John Denver

Das vorrangige Ziel von Erziehung besteht darin, sowohl den Erwachsenen als auch den Kindern mehr Freude, Harmonie, Kooperationsbereitschaft, gemeinsam getragene Verantwortung, gegenseitigen Respekt und Liebe in ihrem Leben und ihren Beziehungen zu vermitteln. Wir handeln oft so, als hätten wir vergessen, daß es eigentlich und vor allem um Liebe und Freude geht, und wir müssen uns eingestehen, daß wir oft aus Angst, Erwartungen, Vorwurf, Enttäuschung oder Ärger handeln. Und dann wundern wir uns, wenn wir unglücklich sind.

Im folgenden sind einige Erinnerungshilfen zusammengestellt, die uns vor den Umwegen schützen, die Liebe, Freude und Befriedigung in unseren Beziehungen verhindern.

1. Was wir tun, ist weniger wichtig, als wie wir es tun

Die Gefühle und Einstellungen hinter unserem Tun bestimmen das »Wie«. Das Gefühl hinter unseren Worten verrät sich meist im Tonfall.

Neulich kam ich von einer Reise zurück und fand das Spülbecken voll mit schmutzigem Geschirr. Ich war ärgerlich und enttäuscht und fing an zu schimpfen. »Wir hatten doch verabredet, daß jeder seine schmutzigen Teller in die Spülmaschine räumt. Wie kommt's, daß niemand sich an die Verabredungen hält, wenn ich nicht da bin?«

Ich suchte jemanden, dem ich die Schuld in die Schuhe schieben konnte, doch alle erklärten: »Ich war's nicht!«

Aus einer negativen Stimmung heraus sagte ich: »Okay, wir werden eine Familienkonferenz abhalten müssen und entscheiden, was wir hier tun können.«

Können Sie sich das Ergebnis vorstellen, wenn wir versucht hätten, auf der Grundlage meiner negativen Gefühle von Vorwurf und Kritik eine Familienkonferenz abzuhalten? Wir hätten die erfolgreichen Lösungen, die nur in einer Atmosphäre von Liebe und Respekt gefunden werden, nicht finden können. Meine Angriffshaltung hätte defensives Verhalten oder Gegenangriffe statt Harmonie erzeugt.

Ich merkte, was ich da machte, und schwenkte augenblicklich um. Ich konnte erkennen, daß meine negative Einstellung nicht die Ergebnisse bringen würde, die ich anstrebte – ganz abgesehen davon, wie unglücklich ich mich in dem Moment fühlte. Kaum hatte ich meine Haltung geändert, waren mir auch meine positiven Gefühle wieder zugänglich, und gleichzeitig kamen Ideen, wie man positive Ergebnisse erzielen konnte.

Ich sagte zu meiner Familie: »Laßt uns einen Hamburger essen gehen und zusammen Spaß haben. Danach halten wir eine Familienkonferenz ab und suchen nach Lösungen, statt Vorwürfe zu machen.«

Auf diesen Gefühlen aufbauend, hatten wir eine sehr erfolgreiche Familienkonferenz. Lachend kamen wir zu dem Schluß, daß ein Gespenst die schmutzigen Teller im Spülbecken abgestellt haben mußte.

Als wir aufhörten, nach Schuldigen zu suchen, die den Vorwurf verdient hätten, und über Lösungen nachdachten, schlugen Mark und Mary einen Plan vor, dem zufolge jeder zwei Tage in der Woche die Küchenpflichten übernahm, um das schmutzige Gespenstergeschirr wegzuräumen.

Aus negativen Gefühlen und Gedanken heraus zu handeln, führt garantiert von Liebe, Freude und positiven Ergebnissen fort. Wenn wir unsere negativen Einstellungen aufgeben, erlauben wir unseren natürlichen, guten Gefühlen und dem gesunden Menschenverstand, an die Oberfläche zu kommen.

2. Betrachten Sie Fehler als Gelegenheiten zum Lernen

In der Einführung zu diesem Buch habe ich betont, wie wichtig es ist, Kindern die Gelegenheit zu geben, aus Fehlern zu lernen. Wenn Erwachsene dieses Prinzip nicht auch für sich anwenden, so führt dies garantiert von Liebe, Freude und positiven Ergebnissen fort.

Erwachsene könnten Kleinkindern, die Laufen lernen, das Prinzip, aus Fehlern zu lernen, abschauen. Kleinkinder verlieren keine Zeit damit, sich jedesmal als Versager zu fühlen, wenn sie umfallen. Sie stehen einfach wieder auf und versuchen es von neuem. Wenn sie sich dabei weh tun, dann weinen sie ein wenig, ehe sie wieder von vorne anfangen, aber sie fügen ihrer Erfahrung weder Vorwurf und Kritik noch selbsterniedrigende Kommentare hinzu. Wir können unseren Kindern helfen zu lernen, diese einfache Art, das Leben zu erfahren, beizubehalten, indem wir selbst den Wert des Fehlermachens wiederentdecken.

Zu glauben, man müsse perfekt sein, ist ein ausgetrampelter Pfad, der garantiert von Liebe, Freude und positiven Ergebnissen fortführt. Die drei Schritte der Wiedergutmachung können uns auf den rechten Weg zurückbringen.

Die drei Schritte der Wiedergutmachung

1. Erkennen – »Hoppla! Ich habe etwas falsch gemacht.«
2. Schlichten – »Ich bitte um Entschuldigung.«
3. Lösen – »Laß uns zusammen eine Lösung suchen.«

Es ist viel leichter, einen Fehler zu erkennen und die Verantwortung dafür zuzugeben, wenn er als Gelegenheit zum Lernen betrachtet wird, statt als etwas Schlechtes. Wenn wir Fehler als etwas Schlechtes ansehen, neigen wir dazu, uns unfähig und entmutigt zu fühlen und defensiv, ausweichend und kritisch zu werden. Wenn man dagegen Fehler als Gelegenheiten zum Lernen betrachtet, wird es zu einem aufregenden Abenteuer, sie zu erkennen. »Was werde ich wohl aus diesem hier lernen können?« Sich selbst zu verzeihen, ist ein wichtiger Aspekt des ersten Schritts zur Wiedergutmachung.

Eine positive Einstellung führt ganz natürlich zum Schlichten. Ist Ihnen schon einmal aufgefallen, wie bereitwillig Kinder verzeihen, wenn wir sie um Entschuldigung bitten? Meine Kinder können über mein respektloses Verhalten eben noch böse und verärgert gewesen sein, doch mir sofort verzeihen, wenn ich sie dafür um Entschuldigung bitte: »Schon gut, Mutti. Mach dir nichts draus.«

Die beiden ersten Schritte der Wiedergutmachung – Erkennen und Schlichten – erzeugen eine positive Atmosphäre, die ganz natürlich zu positiven Lösungen führt. Da ich sooft Fehler mache, sind die drei Schritte zur Wiedergutmachung meine Lieblingstechnik. Erst neulich sagte ich meiner elfjährigen Tochter Mary: »Was bist du für ein verwöhntes Gör.« (Die Prinzipien sind immer positiv, aber manchmal verpatze ich's.)

»Komm mir nur nicht in ein paar Minuten mit ›es tut mir leid‹!« gab Mary zurück.

»Keine Sorge«, sagte ich, »denn es tut mir nicht leid.«

Kurz darauf erkannte ich, was ich gemacht hatte, und ging in ihr Zimmer, um mich zu entschuldigen. Sie war noch immer verärgert und kritzelte »verlogen« auf ihr Exemplar von *Positive Disziplin*. Ich ging wieder hinaus und ließ ihr mehr Zeit zum Abkühlen.

Ungefähr fünf Minuten später kam Mary zu mir, schlang mir ihre Arme um den Hals und sagte: »Es tut mir leid.«

»Mir tut es auch leid, mein Schatz«, antwortete ich. »Und als ich dich ein verwöhntes Gör genannt habe, hab' ich mich selbst wie eines benommen. Ich war sauer darüber, daß du die Kontrolle über dein Verhalten verloren hast, aber ich hatte selbst die Kontrolle über meines verloren. Ich bitte dich um Verzeihung.«

»Schon gut, Mutti. Mir tut es leid, daß ich mich wie eine dumme Kuh benommen habe.«

Ein paar Tage später hörte ich Mary am Telefon zu ihrer Freundin sagen: »Ach, Debbie, du bist ja so blöd!« Mary erkannte sehr schnell, was sie getan hatte, und sagte: »Entschuldige, Debbie. Wenn ich dich blöd nenne, dann heißt das, daß ich selbst blöd bin.«

Mary hatte sich die Prinzipien der Wiedergutmachung einverleibt und gelernt, daß Fehler nichts anderes als wunderbare Gelegenheiten sind, dazuzulernen.

3. Manchmal müssen wir dieselben Dinge immer wieder lernen

Wie viele Eltern haben schon den Stoßseufzer von sich gegeben: »Wie oft muß ich dir das noch sagen?«

Diese Eltern setzen sich Enttäuschungen und Frustrationen aus, wenn sie nicht begreifen, daß die Antwort nur lauten kann: »Wieder und wieder und wieder.« (Ich glaube oft, daß Kinder nicht wirklich verstehen, was wir ihnen beizubringen versuchen, bis sie selbst Kinder haben, denen sie das Gleiche beizubringen versuchen.)

Mrs. Bordeau gab ihrer Erleichterung Ausdruck, als sie von diesem Prinzip hörte: »Ich dachte, es braucht nur eine Familienkonferenz, um meine Kinder dazu zu bringen, ihre Haushaltspflichten zu erledigen. Aber als die Begeisterung nur eine Woche lang dauerte, nahm ich an, es funktioniere nicht, und ging wieder zum täglichen Ermahnen zurück.«

Mrs. Bordeau hatte nicht erkannt, wieviel Fortschritt darin steckt, Begeisterung für eine ganze Woche geweckt zu haben.

In meiner Familie besprechen wir das Thema Haushaltspflichten etwa alle drei Wochen. Die Kinder folgen dem Plan ungefähr eine Woche lang mit Begeisterung; eine weitere Woche lang folgen sie ihm ohne Begeisterung und schließlich mit vielen Klagen noch etwa für eine Woche. Wenn wir dann wieder über Haushaltspflichten diskutieren, verpflichten wir uns entweder wieder für den alten Plan, oder wir denken uns einen neuen aus, der eine Zeitlang mehr Begeisterung auslöst.

Ich nehme es dankbar in Kauf, alle drei Wochen über Haushaltspflichten zu diskutieren, weil es viel weniger lästig ist als die Frustration des täglichen Drängens und Mahnens.

Kinder sind nicht die einzigen, die immer wieder Gelegenheiten brauchen, etwas neu zu lernen. Warum müßte ich sonst die drei Schritte der Wiedergutmachung sooft verwenden?

Ein Umweg ins Elend ist das Gefühl von Unfähigkeit und Frustration jedesmal, wenn wir oder unsere Kinder etwas nicht ein für allemal gelernt haben. Der Weg zu Liebe und Freude schließt nicht nur ein, daß wir akzeptieren, Fehler zu machen, sondern auch, daß wir immer wieder Gelegenheiten haben werden, dazuzulernen.

Das hat also nichts mit Perfektion zu tun. Es ist wohltuend, wenn man Eltern sagen hört: »Meine Kinder sind noch lange nicht perfekt

und ich genausowenig, aber wir haben viel mehr Freude aneinander.« Diese Prinzipien garantieren keine Perfektion – nur eine ganze Menge mehr Freude und Liebe.

Erwachsene sind verantwortlich dafür, den Kindern Eigenschaften entwickeln zu helfen, die es ihnen möglich machen, ein glückliches, erfülltes Leben zu leben. Es ist unsere Aufgabe, sie mit einem soliden Fundament auszustatten, auf dem sie aufbauen können. Wenn wir sie Selbstdisziplin, Verantwortungsbewußtsein, Kooperation und Problembewältigungsfähigkeiten lehren, können sie sich eine solide Basis schaffen. Wenn Kinder diese Fähigkeiten und Eigenschaften zeigen, empfinden sie ein stärkeres Gefühl von Zusammengehörigkeit und Bedeutsamkeit, das sich in positivem Verhalten manifestiert.

In diesem Buch wurden viele Techniken vorgestellt. Wenn sie ausschließlich als Techniken angesehen werden, werden sie versagen. Es wurden auch viele positive Einstellungen präsentiert. Wenn die positiven Techniken *und* die positiven Einstellungen gleichzeitig eingesetzt werden, werden sie zu Konzepten, die eine Atmosphäre von Liebe, gegenseitigem Respekt, Kooperationsbereitschaft und Freude im Umgang mit Kindern schaffen.

Dieses Kapitel schließt viele Konzepte mit ein, die die Beteiligung und Führung von seiten der Erwachsenen verlangen, damit die Kinder ein solides Fundament entwickeln können.

Kinder Anerkennung erfahren lassen

Jeder sehnt sich danach, als ein besonderes menschliches Individuum verstanden, akzeptiert und anerkannt zu werden. Kindern die Möglichkeit zu geben, Anerkennung und Verständnis zu erfahren, ist eines der kostbarsten Geschenke, die Sie machen können, um ihnen zu helfen, sich dazugehörig und bedeutsam zu fühlen.

Bevor Sie Kinder anerkennen und schätzen können, müssen Sie sie gut genug kennen, um zu wissen, was für sie anerkennens- und schätzenswert ist.

Sich in die Welt des Kindes versetzen

Der erste Schritt, sich in die Welt des Kindes zu versetzen, besteht darin, sich daran zu erinnern, daß *ein ungezogenes Kind ein entmutigtes Kind ist.* Sie können eine andere Person nicht wirklich verstehen, bis Sie nicht erkennen, daß das, was sie *anstrebt,* oft ganz etwas anderes ist, als was sie sagt oder tut. Denken Sie daran, daß das ungezogene Kind anstrebt, Zugehörigkeit und Bedeutsamkeit zu erlangen, selbst wenn sein Verhalten das Gegenteil vermuten läßt.

Die vier Schritte, Kooperation zu gewinnen (die in Kapitel 6 besprochen worden sind), helfen Ihnen, sich in das Kind zu versetzen. Benutzen Sie diese Schritte jedesmal, wenn Sie merken, daß sich ein Abgrund in Ihrer Kommunikation aufgetan hat, der Feindseligkeit und Übelnehmen erzeugt. Sie werden sich danach beide besser verstanden fühlen.

Sich in die Welt des Kindes zu versetzen und ihm zu helfen, sich verstanden und als Person anerkannt zu fühlen, sind Ecksteine jenes soliden Fundaments, das wir unseren Kindern zu entwickeln helfen wollen. Wenn sie einmal gesetzt sind, lassen sich alle anderen Bausteine problemlos einfügen.

Im Zweifelsfall für das Kind

Jedes Kind möchte Erfolg haben. Jedes Kind möchte gute Beziehungen zu anderen haben. Jedes Kind möchte das Gefühl von Zugehörigkeit und Bedeutsamkeit haben. Wenn wir das im Sinn behalten, können wir ungezogenen Kindern das Recht des Zweifelsfalls gewähren. Statt davon auszugehen, daß sie schwierig sein wollen, werden wir annehmen, daß sie positive Ergebnisse anstreben und nur ein bißchen verwirrt darüber sind, wie man sie erreichen kann. Unser Ansatz basiert dann auf der Haltung: »Ich weiß, daß du es schaffen möchtest. Wie kann ich dir helfen?« Wenn wir diese Einstellung haben, ist es leichter, sich der Konzepte

zu erinnern, die wir benutzen können, um Kooperationsbereitschaft zu gewinnen und Kindern zu helfen, positive Eigenschaften zu entwickeln.

Kommunikation und Problemlösungsfähigkeiten lehren

Wenn Kinder über gute Kommunikations- und Problembewältigungsfähigkeiten verfügen, verbessern sie damit die Qualität ihrer zwischenmenschlichen Beziehungen und ihrer Lebensumstände. Die beste Methode besteht darin, sie im Umgang mit den Kindern selbst vorzuleben. Am Vorbild lernt man am besten.

Familien- und Klassenkonferenzen geben Kindern und Erwachsenen die Gelegenheit, gemeinsam viele Kommunikations- und Problembewältigungsfähigkeiten zu üben. Wenn Sie diesen Vorgang schon ausprobiert haben, werden sie vermutlich festgestellt haben, daß Ihre Kinder in anderen Lebensbereichen viele der Fähigkeiten einsetzen, die sie während der Konferenzen gelernt haben.

Manche Eltern und Lehrer möchten den Kindern Techniken der Kommunikation und der Problembewältigung zur Verfügung stellen, um nicht jedesmal auf eine Konferenz warten zu müssen. Eine Möglichkeit besteht darin, Kinder die folgenden vier Problemlösungsschritte zu lehren, wenn sie einen Konflikt auf einer Angesicht-zu-Angesicht-Basis lösen wollen. Kinder können dann wählen, welche Schritte sie benutzen wollen:

1. Ignorieren. (Es braucht manchmal mehr Mut, sich umzudrehen und wegzugehen als dazubleiben und zu kämpfen.)
   a.) Etwas anderes anfangen. (Ein anderes Spiel oder eine andere Tätigkeit finden.)
   b.) Lange genug für eine Abkühlungsphase fortgehen und die Angelegenheit danach regeln.

2. Respektvoll darüber sprechen.
  a.) Der anderen Person sagen, wie einem zumute ist. Sie wissen lassen, daß man nicht mag, was gerade geschieht.
  b.) Zuhören, was die andere Person über ihre Gefühle und das, was sie nicht mag, zu sagen hat.
  c.) Aussprechen, was man glaubt, zu dem Problem beigetragen zu haben.
  d.) Der anderen Person sagen, was man anders machen möchte.
3. Sich auf eine Lösung einigen. Zum Beispiel:
  a.) Einen Plan zum gemeinsamen Handeln oder sich Abwechseln aufstellen.
  b.) Sich entschuldigen.
4. Hilfe suchen, wenn der Konflikt nicht anders lösbar ist.
  a.) Auf die Tagesordnung setzen.
  b.) Mit Eltern, Lehrer oder Freund besprechen.

Nachdem Sie diese Fähigkeiten diskutiert haben, können Sie die Kinder im Rollenspiel folgende hypothetischen Situationen durchspielen lassen. Lassen Sie jede der Situationen auf vier verschiedene Weisen lösen (eine Lösung für jeden der vier Schritte):

- Streiten, wer den Ball haben darf.
- Drängeln beim Aufstellen.
- Jemanden mit häßlichen Ausdrücken beschimpfen.
- Streiten, wer im Bus am Fenster sitzen darf.

Lehrer können ein Plakat von diesen Schritten gestalten, an dem die Kinder sich orientieren können. Manche Lehrer verlangen, daß die Schüler die Schritte versuchen, ehe sie ein Problem auf die Tagesordnung für die Klassenkonferenz setzen.

Mrs. Underwood berichtete, wie es bei ihr funktioniert. Die Schüler ihres dritten Schuljahrs haben die Erlaubnis, jederzeit das Klassenzimmer zu verlassen, um mit einer anderen Person die vier Problemlösungsschritte zu versuchen. Ziemlich oft sieht sie, wie zwei Kinder den Raum verlassen und sich draußen an den Zaun setzen und miteinander reden. Ein paar Minuten später kommen sie wieder zurück und nehmen ihre Arbeit wieder auf. Sie hat den Kindern erklärt, daß sie nicht verpflichtet seien, ihre Diskussionen allgemein bekanntzugeben, wenn

sie nicht wollen. Während der Klassenkonferenz stellt sie dann die Frage, ob jemand Lust hat, den anderen zu erzählen, wie er ein Problem gelöst hat. Eltern können ihre Kinder diese Fähigkeiten lehren, wenn sie mit einem Problem zu ihnen kommen. Lassen Sie sie eine Abkühlungsphase abwarten oder die vier Schritte zum Gewinnen von Kooperation verwenden, so daß sie bereit sind, ein Problem zu lösen. Wir sprechen über diese Schritte oft bei unserem abendlichen Gutenachtgespräch.

Ermutigen

Ermutigung ist unerläßlich für ein solides Fundament, denn ohne sie können sich Kinder nicht in positiver Richtung entwickeln und wachsen. Wenn Ermutigung das einzige Konzept wäre, das Sie aus diesem Buch gelernt haben, dann wäre damit schon eine merkliche Verbesserung Ihrer Beziehung zu den Kindern und eine große Hilfe zur Entwicklung eines soliden Fundaments gewährleistet.

Denken Sie daran, auch sich selbst zu ermutigen. Behandeln Sie auch sich selbst mit Würde und Respekt, denn ohne das haben Sie nichts, das Sie weitergeben können.

Gemeinschaftsgefühl lehren

Dieses Konzept wurde zu Beginn als Schlüssel zur geistigen Gesundheit betont. Kinder finden Befriedigung und Glück in ihrem Leben, wenn sie Gemeinschaftsgefühl lernen.

Sämtliche Techniken sind dazu gedacht, Kinder Gemeinschaftsgefühl zu lehren und ihnen zu erlauben, Gemeinschaftsgefühl von seiten anderer zu erfahren. Dies wird am erfolgreichsten im Rahmen von Familien- und Klassenkonferenzen erreicht.

Man kann keiner Familien- oder Klassenkonferenz beiwohnen, ohne zutiefst gerührt zu sein, wenn man Kinder beobachtet, die sich gegenseitig auf liebevolle und ermutigende Weise helfen, Probleme zu lösen. Durch diesen Prozeß können Kinder die langfristigen Eigenschaften entwickeln, die nötig sind, um ein befriedigendes Leben aufzubauen.

Die gute Seite der Dinge sehen

Lorrie wurde von der Schule suspendiert, weil man Zigaretten in ihrem Schließfach gefunden hatte. Sie sagte zu ihrem Vater: »Ich habe keine Ahnung, wie sie da reingekommen sind! Ich wollte sie gerade in die Tasche stecken, um sie zum Rektor zu bringen, als ein Lehrer vorbeikam und mich ins Büro geschickt hat.« Dem Vater fiel es schwer zu glauben, daß Lorrie nicht wußte, wie die Zigarretten in ihr Schließfach gekommen waren, da es mit einem Kombischloß verschlossen war. Es fiel außerdem schwer zu glauben, daß sie die Zigaretten gerade in die Tasche stecken und zum Rektor bringen wollte. Er war enttäuscht, daß Lorrie ihn anlog, weil sie immer eine liebevolle, eng verbundene Familie gewesen waren. Und er fing an, sich Sorgen darüber zu machen, daß sie ihr Leben ruinieren würde, wenn sie anfinge zu rauchen, zu trinken und Drogen zu nehmen.

Dem Vater war danach zumute, zu schimpfen, zu strafen und sie fühlen zu lassen, wie enttäuscht er war. Doch statt dessen beschloß er, die guten Seiten zu suchen. Sie sind nie schwer zu finden, wenn Sie wirklich willens sind, danach zu suchen. Er versetzte sich in Lorries Situation und konnte verstehen, daß sie vermutlich Schwierigkeiten hatte, einerseits die von der Familie hochgehaltenen Werte nicht zu verraten und andererseits aus der Gruppe ihrer Altersgenossen nicht ausgeschlossen zu werden. Und er erkannte, daß Lorrie ihn vermutlich angelogen hatte, weil sie ihn so lieb hatte, daß sie ihn nicht enttäuschen wollte.

Mit diesem Verständnis sprach der Vater mit Lorrie. Statt zu schimp-

fen und zu strafen, sagte er freundlich: »Lorrie, ich kann mir denken, daß es wirklich nicht leicht ist, für das einzutreten, was du für richtig hältst, ohne gleichzeitig von deinen Freunden als Spielverderberin verschrien zu werden.«

Sichtbar erleichtert erwiderte Lorrie: »Das ist wirklich wahr.«

»Und«, fuhr der Vater fort, »ich bin sicher, daß du uns nur anlügen würdest, weil du uns so lieb hast und uns nicht enttäuschen willst.« Lorrie traten die Tränen in die Augen, und sie nickte nur. »Lorrie«, fügte der Vater hinzu, »wir wären natürlich enttäuscht, wenn du etwas tätest, das dir schadet, aber wenn du nicht weißt, daß du uns alles sagen kannst, dann haben wir darin versagt, dir klarzumachen, wie lieb wir dich haben.« Lorrie fiel ihrem Vater um den Hals, und sie hielten einander eine Weile umarmt.

Das Problem des Rauchens oder des Lügens wurde nie direkt angesprochen. Inzwischen ist über ein Jahr vergangen, und es scheint Lorrie ein besonderes Vergnügen zu bereiten, wenn sie ihren Eltern berichten kann, wie sie der Versuchung widerstanden hat, etwas gegen ihre Wertvorstellungen zu tun. Sie ist sogar stolz darauf, ihre Freunde dahingehend zu beeinflussen, ihre Werte nicht zu verleugnen.

Kindern helfen, Verantwortungsgefühl zu entwickeln

Die in diesem Buch vorgestellten Konzepte helfen Kindern, Verantwortungsgefühl zu entwickeln. Ein Grundsatz, der nicht oft genug wiederholt werden kann, ist, daß Kinder kein Verantwortungsgefühl lernen, solange die Erwachsenen für sie erledigen, was sie selbst tun könnten und sollten.

Es sind nicht nur die Eltern, die Dinge für ihre Kinder tun, die sie selbst tun könnten. Es gibt viele Gelegenheiten, bei denen auch Lehrer den Kindern erlauben könnten, mitzuhelfen. Schüler würden mehr Verantwortungsgefühl entwickeln, wenn Lehrer behaupten, sie könnten ihre Arme oder Beine nicht bewegen. Stellen Sie sich vor, welche

Aufgaben die Kinder dann erledigen dürften. Und sie hätten das Gefühl, gebraucht zu werden, was wiederum Gefühle der Zusammengehörigkeit und Bedeutung erzeugt.

Selbst die volle Verantwortung übernehmen

Und wie steht es mit der Verantwortung der Erwachsenen? Was würde geschehen, wenn die Erwachsenen die volle Verantwortung für alles das, worüber sie sich beklagen, übernähmen? Ich habe nie ein machttrunkenes Kind gesehen, ohne einen machttrunkenen Erwachsenen in nächster Nähe.

Ich rede nicht von Vorwürfen. Es bringt nichts, uns Selbstvorwürfe zu machen und uns schuldig zu fühlen. Aber es bringt etwas, uns der Fehler bewußt zu werden, die wir machen, um zu erkennen, was wir ändern müssen und wie wir die Ergebnisse erzielen können, die wir anstrebten. Wann immer wir Macht oder Rache ausspielen, uns nicht in die Welt des Kindes versetzen, uns keine Zeit zum Üben nehmen, wenn wir vergessen, sowohl freundlich als auch bestimmt zu sein, wenn wir einen respektlosen Ton anschlagen oder irgendeine Form von Strafe verhängen, werden wir mit großer Wahrscheinlichkeit Fehlverhalten bei unseren Kindern auslösen.

Nachsicht mit sich selbst haben

Denken Sie daran: Fehler sind ausgezeichnete Gelegenheit zum Lernen! Üben Sie Nachsicht mit sich selbst, wenn Sie Fehler machen – und lernen Sie daraus. Ich lerne seit fünfzehn Jahren aus Fehlern. Obgleich ich immer wieder Fehler mache, liebe ich diese Prinzipien, weil sie

wundervolle Richtlinien sind, die mir auf meinen Pfad zurückhelfen, wenn ich mich verirre.

Bevor ich lernte, mit mir selbst Nachsicht zu üben, setzte ich mir hart zu, wenn ich nicht nach den Kriterien handelte, die ich predige. Ich weinte dann an der Schulter meines Mannes: »Wie kann ich durch die Gegend reisen und Lehrern und Eltern erzählen, wie sie besser mit ihren Kindern zurechtkommen können, wenn ich selbst nicht dazu in der Lage bin?« Er pflegte mich dann an meine eigenen Konzepte zu erinnern:

- Fehler sind ausgezeichnete Gelegenheiten zum Lernen.
- Das Gute an der Sache sehen. (Diese Prinzipien verwende ich mindestens 80 Prozent der Zeit.)
- Den Mut haben, nicht perfekt zu sein – denn das ist nun mal menschlich.
- Abkühlen – und dann reparieren.

Nachsicht mit sich selbst zu üben heißt, sich dieser Konzepte zu erinnern und sich selbst und das Leben weiter zu lieben. Mit einer liebevollen Einstellung wenden die Dinge sich immer zum Besseren.

Wiedergutmachung üben

Die vier Schritte zum Gewinnen von Kooperation können ein ausgezeichnetes Mittel zur Wiedergutmachung sein.

Die Familie Dixon zeltete im *Sequoia National Park* mit ihren beiden Kindern, der sechsjährigen Lucy und dem neunjährigen Brandon. Die Kinder wurden ermahnt, beim Umherwandern den Weg nicht zu verlassen. Doch Brandon blieb nicht auf dem Weg und verirrte sich. Als er wiedergefunden wurde, blieb Mrs. Dixon freundlich, aber bestimmt und erklärte Brandon: »Wir haben uns große Sorgen um dich gemacht. Wir haben dich viel zu lieb, als daß wir so ein Risiko eingehen können. Was können wir tun, damit das nicht mehr vorkommt?«

Eine Stunde später ging Brandon mit einem Freund Holz suchen. Die beiden blieben lange fort und die Eltern fingen an, sich Sorgen zu machen. Brandons Freund kam allein zurück und berichtete, Brandon habe im Wald ein Feuer gemacht. Mrs. Dixon fuhr aus der Haut. Sie war ganz und gar nicht respektvoll, als sie Brandon ausschimpfte und ihm sagte, wie enttäuscht sie von ihm sei, und daß sie nicht wisse, ob sie ihm je wieder vertrauen könne. Dann verbannte sie ihn für den Rest des Tages in den Campingwagen.

Mrs. Dixon hatte an einer Elterngruppe teilgenommen. Sie glaubte an die Konzepte und war verstört darüber, ihre guten Vorsätze gebrochen zu haben. Sie machte einen Spaziergang durch den Wald, um sich abzukühlen. Sie erinnerte sich daran, mit sich selbst Nachsicht zu üben, und beschloß dann, Wiedergutmachung zu verwenden. Sie bat Brandon zu sich und entschuldigte sich dafür, daß sie ihn so gedemütigt hatte. »Ist schon gut, Mutti«, erwiderte Brandon. »Ich nehm es dir nicht übel.«

»Ich würde gerne deine Version der Geschichte hören«, sagte Mrs. Dixon, »warum du vom Weg abgegangen bist und warum du ein Feuer gemacht hast.«

Brandon erklärte, er habe geglaubt, er wisse den Weg, und fügte hinzu: »Aber jetzt weiß ich, wie leicht man sich verlaufen kann und warum es wichtig ist, auf dem Weg zu bleiben.« Dann erzählte er, daß er eine Fernsehsendung gesehen habe, in der gezeigt wurde, wie man ein Feuer im Wald macht, und daß er alles das, was sie gezeigt hatten, um kein Risiko einzugehen, auch gemacht hatte. »Ich habe ganz viel Erde auf das Feuer getan, damit es keinen Waldbrand gibt.«

»Hast du eine Idee, was hätte schiefgehen können, bevor du das Feuer wieder ausgemacht hast?« fragte Mrs. Dixon.

»Nun«, gab Brandon zu, »der Wind hätte vielleicht ein paar Funken in trockene Blätter blasen können.«

Dies gab ihnen die Gelegenheit, über die Unterschiede zwischen dem Fernsehen und wirklichen Leben zu sprechen. Zwischen ihnen war eine so liebevolle und respektvolle Atmosphäre entstanden, daß Brandon seiner Mutter von anderen Sachen erzählte, die ihn bekümmerten, aber die er bis dahin nicht zu berichten gewagt hatte. Er erzählte ihr von ein paar unfreundlichen Sachen, die er und die Kinder aus der Nachbarschaft anstellten. Sie erarbeiteten einen Plan, wie Brandon ein starker Anführer sein könnte, um ihnen zu helfen, nicht in Schwierigkeiten zu

geraten. Mrs. Dixon hatte das Gefühl, daß sie und Brandon sich aufgrund dieses Zwischenfalls ein ganzes Stück nähergekommen waren.
Die meisten Leute können verstehen, warum Mrs. Dixon wütend
wurde. Sie mögen sogar meinen, daß sie ganz und gar recht hatte, mit
Brandon zu schimpfen, und sich auch nicht hätte entschuldigen müssen. Ärger ist verständlich und kann in respektvoller Weise zum Ausdruck gebracht werden, doch für eine Demütigung muß man sich
entschuldigen.

Der wichtige Punkt ist, daß die Fehler schon geschehen sind und
nicht rückgängig gemacht werden können. Strafe garantiert nicht, daß
das Fehlverhalten nicht wiederholt wird. Sie gibt Erwachsenen nur die
trügerische Sicherheit, »es ihnen nicht durchgehen lassen zu haben«.

Wiedergutmachung macht Fehler nicht rückgäng, doch es baut für
die Zukunft vor. In einer Atmosphäre von Liebe und Respekt lernen
Kinder und hören zu. Wiedergutmachung vergrößert Vertrauen und
Nähe, löst Problemsituationen und ist ein Vorbild für Kinder, daß
Fehler Gelegenheiten zum Lernen sind.

Bedingungslose Liebe übermitteln

Kinder müssen wissen, daß sie wichtiger sind als alles, was sie tun.

Fred zerbrach eine von Mutters kostbaren, antiken Vasen. Sie war so
unglücklich darüber, daß sie sich hinsetzte und weinte. Fred war
furchtbar unglücklich über das, was er angerichtet hatte, doch schließlich fragte er: »Mutter, wärest du auch so unglücklich, wenn *mir* etwas
passiert wäre?«

Kinder wissen oft nicht, wie wichtig sie sind und wie sehr sie geliebt
werden. Eltern und Lehrer schenken dem Fehlverhalten manchmal so
viel Aufmerksamkeit, daß sie das Kind aus den Augen verlieren – und
das Kind sich selbst aus den Augen verliert.

Ich beriet eine Familie, deren Tochter einer Freundin, auf die sie
sauer war, ein Kleidungsstück gestohlen hatte (als Scherz, wie sie
behauptete). Ihre Mutter und ihre Schwester waren darüber so aufgebracht, daß sie sie als Diebin bezeichneten und sich fragten, ob etwas

bei ihr nicht stimme. Ich fragte, warum sie so außer sich seien. Die Mutter erwiderte, sie fürchte, daß ihre Tochter vor dem Jugendgericht enden könnte. Ich fragte, was das so schrecklich mache. Die Mutter gestand, daß sie sich Sorgen machte, wie sehr es ihre Tochter verletzen würde.

Ich fragte die Mutter daraufhin, wie sich ihre Tochter ihrer Meinung nach fühle, von ihr als Diebin bezeichnet zu werden und gesagt zu bekommen, mit ihr stimme etwas nicht. Sie gab zu, wie sehr sie ihrer Tochter weh tat, wobei sie behauptete, sich darüber zu sorgen, wie sehr man ihr weh tun könnte.

Ich fragte die Tochter, was ihr schmerzlicher wäre, vors Jugendgericht zu kommen oder was sie im Augenblick mit ihrer Mutter durchlebte. »Das hier ist viel schlimmer«, sagte sie.

Da die Tochter ein Teenager ist, kann die Mutter sie nicht mehr kontrollieren. Das Mädchen muß die Konsequenzen ihres Tuns erfahren, selbst, wenn das bedeutet, daß sie vors Jugendgericht kommt. Es wäre eine unangenehme Erfahrung, doch bei weitem nicht so schlimm wie der Verlust von Liebe und Unterstützung von seiten ihrer Mutter.

Es passiert leicht, daß sich die Dinge verdrehen und unsere beabsichtigte Botschaft untergeht. Diese Mutter demütigte ihre Tochter aus lauter Liebe und in dem Glauben, sie davor zu bewahren, verletzt zu werden. Und alles, was ihre Tochter hörte, verstand sie als: »Mutter kann mich nicht mehr leiden.«

Ich weiß, daß Sie Ihre Kinder lieben. Sie wissen, daß Sie Ihre Kinder lieben. Aber wissen Ihre Kinder, daß Sie sie lieben? Es könnte Sie überraschen, wenn Sie sie fragen.

Eine Mutter fragte ihr dreijähriges Kind: »Weißt du, daß ich dich wirklich lieb habe?«

Die Antwort lautete: »Ja, ich weiß, daß du mich lieb hast, wenn ich artig bin.«

Auf die gleiche Frage gab ein Teenager zur Antwort: »Ich weiß, daß du mich lieb hast, wenn ich gute Zensuren nach Hause bringe.«

Oft drängen wir unsere Kinder, sich zu bessern, weil wir sie lieb haben und glauben, sie wären glücklicher, wenn sie tun, was wir für gut für sie halten.

Meistens hören sie nicht, daß wir es zu ihrem Besten wollen. Was sie hören, läßt sie denken: Ich kann nichts gut genug. Ich kann deine

Erwartungen nicht erfüllen. Du willst, daß ich dir zuliebe besser werde, nicht für mich.

Die vier Schritte zur Gewinnung von Kooperation können helfen, wenn unsere Kinder die Vorteile unserer Ratschläge anzweifeln.

1. Sich in die Welt des Kindes versetzen: »Hast du den Eindruck, ich möchte, daß du meinetwegen oder deinetwegen bessere Zensuren bekommst?«
2. Verständnis zeigen: »Ich kann verstehen, daß du das Gefühl hast, es mir nie gut genug machen zu können. Wenn meine Eltern wollten, daß ich mich mehr anstrengte, dann hatte ich auch das Gefühl, ich würde nur für sie und für ihre Erwartungen leben.«
3. Ihre wahren Gefühle mitteilen: »Ich möchte wirklich, daß du bessere Zensuren bekommst, weil ich glaube, daß es zu deinem Vorteil ist. Ich weiß, daß es im Augenblick lästig scheint, aber eine gute Ausbildung öffnet dir so viel mehr Türen in der Zukunft, so daß du viel mehr Möglichkeiten hast.«
4. Gemeinsam eine Lösung erarbeiten. »Was können wir tun, damit du besser arbeiten kannst – zu deinem eigenen Nutzen und nicht aus Angst vor meiner Kritik?«

Vergessen Sie nicht, daß Kinder sich bessern, wenn sie sich besser fühlen. Nichts fühlt sich besser an als bedingungslose Liebe.

Das Gelernte vertiefen

Wenn Ihnen die dargestellten Konzepte gefallen, dann möchte ich Sie dringend bitten, das Buch noch einmal zu lesen. Ich garantiere, daß Sie beim zweiten Mal zehnmal mehr daraus profitieren. Wiederholung ist für alles Lernen wichtig, doch Sie werden außerdem feststellen, daß Sie manche Dinge beim ersten Mal vollständig übersehen haben. Viele der Puzzlesteine (Konzepte), die am Anfang dargestellt wurden, werden Ihnen sinnvoller erscheinen, weil Sie jetzt die übrigen Konzepte kennen, und Sie werden in der Lage sein, sie alle unter einen Hut zu kriegen.

Ich weiß aus meiner persönlichen Erfahrung, daß diese Konzepte tatsächlich funktionieren, wenn sie richtig verwendet werden. Sie sind ein erfolgreicher, positiver Weg, geläufige Alltagsprobleme zu lösen. Und – was noch wichtiger ist – er gibt Kindern die Grundlagen, die sie brauchen, um ihr Leben unabhängig in positiver Richtung weiter aufzubauen.

Diskussionsfragen

1. Welches sollte das vorrangige Ziel von Erziehung sein?
2. Diskutieren Sie, warum das »Wie« unseres Tuns wichtiger ist als das »Was«. Finden Sie Beispiele für die unterschiedliche Wirkung Ihres Tuns, wenn Sie das »Wie« verändern.
3. Worin besteht der Sinn von Fehlern?
4. Nennen und diskutieren Sie die drei Schritte der Wiedergutmachung.
5. Wie oft kann man aus den gleichen Fehlern lernen? Diskutieren Sie, ob das für sämtliche Fehler zutrifft oder ob wir uns bestimmte Fehler übelnehmen sollten.
6. Was geschieht, wenn eine Technik ohne die entsprechenden Haltungen und Gefühle angewandt wird?
7. Warum ist es so wichtig, sich in »die Welt des Kindes« zu versetzen?
8. Welches sind erfolgreiche Wege, sich in die Welt eines Kindes zu versetzen?
9. Diskutieren Sie die vier Problemlösungsschritte und inwiefern Kinder davon profitieren können, wenn sie sie lernen.
10. Was ist Gemeinschaftsgefühl und inwiefern profitieren Kinder davon, wenn sie es lernen?
11. Was können Erwachsene daraus lernen, wenn sie die volle Verantwortung übernehmen?
12. Was geschieht, wenn Sie mit sich selbst keine Nachsicht üben? Was geschieht, wenn Sie Nachsicht mit sich selbst üben?
13. Worin besteht der Nutzen, in allem die guten Seiten zu suchen?
14. Diskutieren Sie, warum es wichtig ist, bedingungslose Liebe mitzuteilen. Diskutieren Sie die Unterschiede zwischen dem, was die Erwachsenen sagen, und dem, was die Kinder hören.
15. Warum könnte jemand ein Buch zweimal lesen wollen?

Ratgeberprogramm

Der folgende Artikel* erläutert die Methode, mit der ein Ratgeberprogramm in zwei Grundschulen von Lehrern und Beratern organisiert und überwacht wurde.

Lehrer des fünften und sechsten Schuljahres wurden gebeten, Schüler, die geborene Anführer zu sein schienen, zur Teilnahme an einem Ausbildungsprogramm für Ratgeber zu empfehlen. In dem Schreiben stand: »Wir würden gern Ratgeber ausbilden. Bitte nennen Sie uns die Namen von drei Schülern, die Sie für fähige Anführer halten, auch wenn ihre Führung nicht in eine positive Richtung steuert.«

Die Trainingsphase

Die empfohlenen Schüler wurden zunächst befragt, um festzustellen, ob sie bereit waren, an dem Training teilzunehmen und Ratgeberaufgaben zu übernehmen. Ihnen wurde gesagt, daß sie für ein oder zwei Mittagspausen in der Woche mit anderen zusammen die Ratgeberfunktionen übernehmen müßten. Die, die sich interessiert zeigten, nahmen an vier Ausbildungssitzungen teil**:

---

* Zuerst veröffentlicht in: *The Guidance Clinic,* Juni 1978, Parker Publishing Co., Inc., West Nyack, New York 10994
** Die im Trainingsprogramm gelehrten Schritte entsprechen den fünf Schritten in William **Glasser**, MD: *Reality Therapy: A New Approach to Psychiatry,* Harper & Row, New York 1975

Erster Schritt:
Freundschaften schließen

Die ganze erste Trainingssitzung wurde dem ersten Schritt gewidmet. Die Schüler wurden gebeten, die wichtigsten Aspekte einer freundschaftlichen Haltung und die Mittel, um eine vertrauensvolle Atmosphäre zu schaffen, aufzulisten. Folgendes kam dabei heraus:

1. Die wichtigsten Aspekte von freundschaftlicher Haltung sind:
   – Anteilnahme
   – Mitgefühl
   – der Wunsch zu helfen
   – Respekt
2. Mittel, eine freundschaftliche Atmosphäre zu schaffen, sind:
   – die Person mit Namen ansprechen;
   – den eigenen Namen nennen;
   – Verständnis zeigen;
   – von sich selbst sprechen, zum Beispiel von der Aufgabe des Ratgebers oder von einem Erlebnis berichten, bei dem die Situation ähnlich war;
   – der Person helfen, sich zu entspannen (Selbst entspannt zu sein, hilft dabei sehr.);
   – Sinn für Humor zeigen (Ein lustiger Kommentar oder ein Witz können nützlich sein, wenn sie angemessen sind.);
   – dem Willen, gemeinsam an einer Lösung zu arbeiten, Ausdruck geben.

Jeder der Schüler bekam eine Kopie der Liste zusammen mit dem Hinweis, daß es nicht nötig sei, die einzelnen Schritte der Reihenfolge nach zu verwenden, noch alle Schritte jedesmal zu vollziehen. Sie wurden zudem angeregt, kreativ zu sein und neue Ideen zu sammeln.

Während der zweiten Trainingssitzung wurden die Schüler mit den Schritten zwei bis fünf der »Reality Therapy« vertraut gemacht.

Zweiter Schritt:
Was ist los?

1. Durch Fragen nach *Was, Wo, Wann, Wer und Wie* genau herausfinden, was vorgeht. Diese Fragen helfen den Schülern meist, den eigenen Anteil am Geschehen zu erkennen.

2. Schüler fangen meist nicht ganz vorn an, also frage sie: »Und was war davor?« Die Frage nach einer Erklärung so lange wiederholen, bis du das Gefühl hast, du seist am Anfang angekommen.

Dritter Schritt:
Bringt das was?
Stelle folgende Fragen:
1. Welche Konsequenzen hat das, was du tust?
2. Was ist der Lohn? Was gewinnst du damit?
3. Welchen Preis mußt du dafür zahlen? Welche Probleme wird es dir bringen?

Vierter Schritt:
Einen Plan zur Besserung aufstellen
Was könnte anders gemacht werden, um das Problem zu lösen?
1. Frage den Betroffenen nach Vorschlägen.
2. Schlage selbst Alternativen vor.

Fünfter Schritt:
Verpflichten
Frage an den Betroffenen:
1. Wirst du es tun?
2. Wann wirst du es tun?

Rollenspiel
Die beiden letzten Trainingssitzungen wurden damit verbracht, Situationen zu spielen wie:
– Ein Schüler prügelt sich auf dem Schulhof.
– Ein Schüler ist unhöflich zu einem Lehrer.
– Ein Schüler weigert sich, seine Aufgaben zu machen.

Anwendung

Die Ratgeberaufgaben wurden zunächst von zwei Schülern gemeinsam mit einem Erwachsenen begonnen. Sobald sie Vertrauen und Kompetenz zeigten, arbeiteten sie zu zweit, ohne erwachsene Unterstützung.

Die zu beratenden Schüler wurden ihnen von Lehrern überwiesen, die den Namen und das Problem auf einen Zettel schrieben. Nach der Unterredung schrieben die Ratgeber die gefundene Lösung in doppelter Ausführung auf. Ein Exemplar bekam der Lehrer, das andere wurde aufbewahrt.

Die meisten Schüler schienen sehr bereitwillig mit den Ratgebern zu sprechen. Die Ratgeber bewiesen Einsicht und die Fähigkeit, die Probleme im Kern zu sehen und mögliche Lösungen zu finden wie in folgendem Beispiel:

Ein Schüler hatte Schwierigkeiten, mit einem Lehrer auszukommen. Der Ratgeber erklärte, daß er das verstehen könnte, weil er einmal ein ähnliches Problem gehabt hatte. Dann fuhr er fort und meinte, daß der Lehrer vielleicht Probleme hätte und Ermutigung brauchen könnte. Er wies außerdem darauf hin, daß der Schüler, da er keinen Einfluß auf das Verhalten des Lehrers hätte, an seinem eigenen arbeiten solle. Zusammen arbeiteten sie einen Plan aus, nach dem der Schüler sich ermutigend benahm und seine Arbeit erledigte, so daß der Lehrer keinen Grund finden konnte, sich über ihn aufzuregen.

Die Lehrer zeigten Begeisterung und Unterstützung für das Ratgeberprogramm, indem sie viele Schüler an die Ratgeber überwiesen. Und sie lobten das Programm, weil es die Anführerfähigkeiten von einigen ihrer Schüler in positive Richtungen gewendet hatte.

Organisation einer Studiengruppe

Flugblattbeispiel:

Wie erreiche ich zu Hause und in der Schule positive Disziplin?

Nehmen Sie an einer Elterngruppe teil! Lernen Sie, Ihren Kindern zu helfen, folgende Fähigkeiten zu entwickeln:

- Selbstdisziplin
- Verantwortungsbewußtsein
- Problembewältigungsfähigkeiten
- Selbstvertrauen

Wenn Sie Schwierigkeiten mit Kindern haben wegen Problemen wie:

Zanken, Mithilfe im Haushalt,
Hausaufgaben, Schlafengehen,
Verantwortung, Mahlzeiten,
Aufstehen, rechtzeitig in die Schule gehen...

Sie werden erfahren, warum Kinder sich danebenbenehmen. Und Sie werden Techniken lernen, die Ihnen helfen werden, diese Probleme zu lösen.

**Wir treffen uns in der Schülerbücherei
jeden Donnerstag, 19.00 bis 21.00 Uhr
(acht Wochen lang)
Erste Zusammenkunft** _____

Bitte abschneiden und ausgefüllt bis zum _____ · _____ zurückgeben:

_____ JA, ich möchte teilnehmen.
_____ JA, ich würde gern teilnehmen, aber ich habe donnerstags
keine Zeit.

NAME _____

ADRESSE _____

_____

Studiengruppen-Zeitplan

1. Woche

Einführung: Diskussion der die Gruppenarbeit betreffenden Prinzipien, wie sie in der Einführung und im Anhang unter »Gruppenarbeit« erläutert werden.

Geburtenfolge-Übung: Diese Übung, die am Ende von Kapitel 3 zu finden ist, eignet sich ausgezeichnet, um einander kennenzulernen.

Problembewältigungs-Schema: Verteilen Sie mehrere Exemplare an alle Gruppenmitglieder, damit sie Situationen darauf vermerken können, die in der 4. Woche diskutiert werden können.

Lektüre: Alle Teilnehmer sollten jede Woche die Kapitel und Fragen lesen, die in der folgenden Woche besprochen werden sollen.

2. Woche
Kapitel 1, 2 und 3

Übung: Jeweils zwei Gruppenmitglieder tun sich zusammen und erzählen sich gegenseitig von einer Situation, in der sie die *vier R des Strafens* erlebt haben. Anschließend bitten Sie die Teilnehmer darum, es der ganzen Gruppe zu berichten.

Übung: Geben Sie ein paar Minuten Zeit, um an eine Situation mit einem Kind zu denken, die anders verlaufen wäre, wenn zu Anfang die *Liebesbotschaft* übermittelt worden wäre. Zunächst dem Partner, dann der Gruppe berichten.

Diskussion der Fragen am Ende der Kapitel.

3. Woche
Kapitel 4 und 5
Diskussion der Fragen

4. Woche
Kapitel 6
Diskussion der Fragen
Problemlösung anhand spezifischer Situationen (Siehe Anhang)

5. Woche
Kapitel 7 und 8
Diskussion der Fragen
Problemlösung anhand spezifischer Situationen

6. Woche
Kapitel 9
Diskussion der Fragen
Problemlösung anhand spezifischer Situationen

7. Woche
Kapitel 10
Diskussion der Fragen
Problemlösung anhand spezifischer Situationen

8. Woche
Problemlösung anhand spezifischer Situationen

Gruppenarbeit

Der Wert von Studiengruppen und ein paar Vorschläge für die Gruppenarbeit wurden in der Einführung besprochen. Es ist ratsam, außerdem bei der ersten Zusammenkunft die folgenden Gedanken zum Ausdruck zu bringen.

Es gibt mehrere typische Verhaltensweisen, die in der Gruppe Probleme verursachen können. Dies läßt sich vermeiden, wenn sich jeder Teilnehmer dieser Gefahren bewußt ist und die Verantwortung dafür übernimmt, innerhalb der Gruppe zu kooperieren.

Der Monopolisierer
Wenn Sie schon Erfahrung mit Gruppenarbeit gemacht haben, so werden Sie sicher auch diesem Problem begegnet sein, das für alle anderen Gruppenmitglieder unerträglich ist. Wenn Sie wissen, daß Ihnen dieses Problem zu schaffen macht, versuchen Sie folgendes:

- Zählen Sie bis fünf, ehe Sie etwas sagen. Das gibt anderen die Chance, auch mal etwas zu sagen.
- Limitieren Sie Ihre Kommentare auf jene, von denen Sie annehmen, daß sie sowohl für die anderen als auch für Sie interessant sind.
- Halten Sie Ihre Kommentare kurz und sachbezogen. Die meisten Monopolisierer wiederholen sich oft und machen immer wieder Zusammenfassungen.
- Bleiben Sie bei dem Thema, das gerade diskutiert wird.
- Seien Sie sich der anderen Gruppenmitglieder bewußt, die sich vielleicht weniger gut behaupten als Sie. Helfen Sie ihnen, sich am Gespräch zu beteiligen. (Achten Sie auch auf die Zeichen, die den »Schweiger« kennzeichnen.)

Der Schweiger
Meinen Sie nicht, nachdem Sie über den Monopolisierer gelesen haben, daß Sie in der Studiengruppe den Mund halten sollen. Ohne die Beteiligung aller Mitglieder kann die Gruppe nicht erfolgreich arbeiten.

Es gibt viele Gründe, warum ein Individuum ein schweigendes Gruppenmitglied sein kann. Zwei, deren wir uns vor allem bewußt sein müssen, sind: a) derjenige, der wegen des Monopolisierers kein Wort herausbringt, und b) derjenige, der lieber den Mund hält, weil dies sein Lernstil ist.

Den Unterschied können Sie erkennen, wenn Sie auf die Körpersprache achten. Derjenige, der gern etwas sagen möchte, lehnt sich meist ein wenig vor und setzt an, bevor er von jemand anderem übertönt wird. Vielleicht hebt er auch erst die Hand, während andere drauflos reden. Gruppenmitglieder mit geringeren Hemmungen können dieser Person helfen und zum Beispiel sagen: »Mary, wollten Sie etwas dazu sagen?«

Bringen Sie andererseits diejenigen, die lieber schweigen, nicht in Verlegenheit, indem Sie sie auf diese Weise zum Reden auffordern.

Der Debattierer
Denken Sie daran, daß der Sinn einer Eltern- oder Lehrergruppe darin besteht, diese Konzepte verstehen und anwenden zu lernen. Es heißt nicht, daß dies der einzige Weg ist, doch es ist ein sehr erfolgreicher Weg bei der Arbeit mit Kindern. Wenn zuviel Zeit mit der Diskussion anderer Theorien verbracht wird, werden Sie nicht genug Zeit haben, die hier vorgestellte Theorie ganz zu verstehen und ausreichend zu üben.

Der Selbstherrliche

Manche Leute begeistern sich derartig für diese Prinzipien, daß sie andere auf der Stelle dazu bekehren möchten. Zum Beispiel könnte eine Frau von der Studiengruppe nach Hause kommen und ihrem Mann erklären: »So werden wir es in Zukunft machen.« Der Partner könnte geneigt sein, einige der Techniken auszuprobieren, wenn er die Gelegenheit gehabt hat, ihre Wirksamkeit zu sehen, aber er will sich mit Sicherheit nicht zu irgend etwas *zwingen* lassen.

Es ist natürlich schön, wenn beide Erwachsenen gemeinsam an dem neuen Ansatz arbeiten, aber es ist nicht notwendig. Kinder sind so klug, daß sie sich mit ihrem Verhalten an den Ansatz des Erwachsenen anpassen können, mit dem sie gerade interagieren. Es wird ihnen nicht wehtun, wenn sie unterschiedliche Reaktionsweisen von den verschiedenen Erwachsenen erfahren.

Die einzige Person, die Sie ändern können, sind Sie selbst. Verwenden Sie den Ansatz, der Ihnen genehm ist.

Der Zweifler (»Ja, aber...«)

Alle in diesem Buch vorgeschlagenen Techniken sind von vielen Eltern und Lehrern erfolgreich verwendet worden. Vorherzusehen, daß etwas nicht funktionieren könnte, wird oft als Entschuldigung benutzt, um es gar nicht erst zu probieren.

Während Sie die Techniken lernen, verwenden Sie nur diejenigen, die Sie ausprobieren wollen. Sie brauchen nicht das ganze Paket zu kaufen, um in den Genuß von vielen der beschriebenen Vorteile zu kommen.

Problembewältigungs-Schema

Beschreiben Sie die problematische Interaktion möglichst genau. (Wann hat sie sich zum letzten Mal abgespielt?)

Welche Gefühle hat das in Ihnen ausgelöst? (Gereizt, bedroht, verletzt, unfähig?)

Wie haben Sie auf das Verhalten des Kindes reagiert?

Wie hat das Kind auf Ihr Verhalten reagiert?

Was vermuten Sie, war das falsche Ziel des Kindes?

Welche alternativen Verhaltensweisen könnten Sie ausprobieren, wenn die Situation sich wiederholt? (Vermerken Sie hier die Vorschläge der Gruppe.)

Benutzung des Problembewältigungs-Schemas

Es ist nützlich, jedem Gruppenmitglied mehrere Exemplare des Problembewältigungs-Schemas auszuhändigen. Das hilft ihnen während der ersten Wochen, die Situationen festzuhalten, die sie gerne diskutieren würden, wenn sie die Grundkonzepte der ersten sechs Kapitel dieses Buches kennengelernt haben.

Wenn es an der Zeit ist, diese Situationen zu diskutieren, lassen Sie die Gruppe Vermutungen äußern, welches das falsche Ziel gewesen sein könnte. Die Gruppenmitglieder sollten versuchen, die zugrundeliegenden Gefühle des Erwachsenen herauszufinden. Achten Sie auf den Tonfall und auf Unstimmigkeiten. Behauptet der Erwachsene, sich leicht gereizt oder unfähig gefühlt zu haben, während sein Tonfall und die Beschreibung der Problemsituation eher auf Macht hindeuten – den Wunsch, das Kind zu etwas zu zwingen? Versteckt sich hinter Ärger oder Frustration das Gefühl, verletzt oder bedroht worden zu sein?

Wenn das falsche Ziel einmal festgestellt worden ist, sollte die Gruppe dem Lehrer oder Elternteil verschiedene Lösungsvorschläge unterbreiten, die er versuchen könnte. Diese Vorschläge sollten so viele Konzepte und Techniken wie möglich berücksichtigen, einschließlich einiger Ideen zur Ermutigung. Daraus kann die betroffene Person dann eine oder mehrere auswählen, die sie ausprobieren möchte.

Das nächste Gruppentreffen sollte mit einem Bericht über die Erfolge der vorgeschlagenen Lösungen beginnen. Wenn die Vorschläge nicht erfolgreich waren, ist die Gruppe im allgemeinen in der Lage, dem Betreffenden zu sagen, woran das liegt. Er mag zum Beispiel vergessen haben, einen respektvollen Ton anzuschlagen oder eine Abkühlungsphase abzuwarten.

Es folgen Beispiele von Situationen, die jeder vortragen kann, sowie die Vorschläge zur Lösung.

Der sechsjährige Matt ist immer der Meinung, die Dinge seien ungerecht. Eines Morgens sprach Mutti mit Matt und strich dabei gleichzeitig die Bettdecke seines jüngeren Bruders glatt. »Das ist ungerecht. Immer hilfst du ihm und mir nie!« beschwerte sich Matt. Mutti berichtete der Gruppe, daß sie ärgerlich war. Die Fragen der Gruppe enthüllten, daß sie sich verletzt fühlte. Sie gibt sich so große Mühe, gerecht zu sein, und Matt wirft ihr vor, sie sei ungerecht. Die Gruppe vermutet, daß auch Matt sich verletzt fühlte, weil Mutti in seiner Wahrnehmung seinen jüngeren Bruder bevorzugte. Die Gruppe machte zwei Vorschläge:

1. Verwenden Sie die vier Schritte zur Gewinnung von Kooperation. Sprechen Sie aus, was Sie glauben, das er empfindet. Berichten Sie ihm von einer Situation, in der Sie auch fanden, die Dinge seien ungerecht. Machen Sie ihm deutlich, daß Sie ihn verstehen können.

Erklären Sie ihm, daß Sie gerecht sein wollen, weil Sie beide Söhne gleich liebhaben. Suchen Sie zusammen mit Matt nach einer Lösung.

2. Widmen Sie Matt intensive, nur für ihn reservierte Zeit.

Mrs. James berichtete von ihrer Sorge darüber, daß Scott, der in ihr erstes Schuljahr ging, sich angewöhnt hatte, seine Schularbeiten nicht zu Ende zu machen. Sie vermutete zunächst, sein Ziel sei entweder Aufmerksamkeit oder Macht, da sie aufgrund seiner vorhergehenden Leistungen wußte, daß er durchaus fähig war, seine Arbeit zu tun. Die Gruppe schlug vor, mit Scott Zieldetektion zu versuchen, so daß Mrs. James wenigstens ein paar Anhaltspunkte über sein Ziel erhalten würde. Sie wollte die Technik gern ein bißchen im Rollenspiel üben, also spielte sie Scotts Rolle, während ein anderes Gruppenmitglied die Zieldetektion übernahm. Als sie sich an Scotts Stelle versetzte, stellte sie überrascht fest, daß sein Ziel vermutlich Rache war. Sie war mit Scotts Familie eng befreundet, und die Probleme waren aufgetaucht, nachdem sie eine Zeitlang Urlaub genommen hatte. Scott hatte sich gleichzeitig mit seiner Familie ernste Sorgen darüber gemacht, daß sie vielleicht nicht wiederkommen würde. Da ihn das tief verletzt hatte, fürchtete er, ihr zu nahe zu kommen, als sie zurückkam. Sein Benehmen war somit passive Rache. Mrs. James war begierig, die Zieldetektion mit Scott zu versuchen, so daß sie dann darüber sprechen und die Probleme lösen konnten – nach den vier Schritten zur Gewinnung von Kooperation.

Die Vorschullehrerin Mrs. Roberts berichtete von ihrem Problem mit Steve, der immer mit den Bauklötzen spielte, aber nie bereit war, hinterher beim Aufräumen zu helfen. Mrs. Roberts glaubte zunächst, sie sei einfach frustriert, doch dann erkannte sie, daß es daran lag, daß sie ihn nicht dazu bringen konnte, das zu tun, was sie von ihm wollte. Nachdem die Gruppe das Ziel als Macht identifiziert hatte, machte sie ihr folgende Vorschläge:

1. Nehmen Sie sich Zeit zum Üben. Vergewissern Sie sich, daß er genau weiß, was von ihm erwartet wird.
2. Stellen Sie Fragen: »Spielst du gern mit den Bauklötzen? Und was sollst du machen, wenn du damit fertig bist? Was meinst du, wie viele Klötze du in der Aufräumzeit aufsammeln kannst?«
3. Bieten Sie ihm Alternativen, die eine logische Konsequenz einschließen. »Möchtest du die Bauklötze jetzt aufräumen oder während der

Vorlesezeit? Möchtest du die Klötze aufräumen, oder möchtest du lieber nicht mehr damit spielen?«

4. Lenken Sie das Machtverhalten um. Machen Sie ihn für das Aufräumen verantwortlich.

Mrs. Roberts wählte die vierte Möglichkeit, weil sie glaubte, sie würde Steve am ehesten reizen und das Problem lösen.

Mrs. Sedgewick klagte, daß der sechsjährige Scott nachlässig mit seinen Spielsachen umginge und nie aufräume. Der Gruppe war klar, daß ihr Tonfall auf Macht, die sich zu Rache eskalierte, hindeutete. Folgende Möglichkeiten wurden ihr vorgeschlagen:

1. Nehmen Sie die Verantwortung auf sich. Lassen Sie ihn wissen, wie sehr es Sie stört, wenn die Spielsachen über das ganze Haus verstreut sind. Geben Sie zu, daß Sie ihm vielleicht mehr Spielsachen geschenkt haben, als er haben will oder braucht.
2. Bitten Sie um seine Hilfe, und fragen Sie ihn nach möglichen Lösungen für Ihr Problem.
3. Nehmen Sie sich genug Zeit zum Üben und Organisieren. Besorgen Sie Beutel oder Kartons für die verschiedenen Spielsachen. Holen Sie sich Scotts Einverständnis dafür, daß jeweils nur ein Karton oder Beutel herausgeholt und immer erst wieder aufgeräumt wird, ehe der nächste dran ist.
4. Geben Sie eine Alternative. Entweder räumt er sie auf, oder Sie tun es. Wenn Sie sie aufräumen, werden sie aus dem Verkehr gezogen, bis er genug Interesse und Verantwortungsbewußtsein zeigt. Wenn das nicht geschieht, hat er eindeutig zu viele Spielsachen.

Möglichkeiten der Problembewältigung

Die folgende Liste enthält ein paar Konzepte, die für die meisten Verhaltensprobleme wirksam sind. Wenn ein Gruppenmitglied um Hilfe in einer bestimmten Situation bittet, prüfen Sie, wieviel Konzepte dieser Liste zur Lösung taugen könnten:

1. Eine Abkühlungsphase einfügen.
2. Die vier Schritte zur Gewinnung von Kooperation vollziehen.
3. Das Fehlverhalten in konstruktives Verhalten umlenken.
4. Das Problem ignorieren und spezielle gemeinsame Zeiten vorsehen.
5. Zeit zum Üben nehmen.
6. Das Problem auf die Tagesordnung setzen.
7. Das Kind an der Lösung beteiligen, einschließlich einer konkreten Abmachung und einer logischen Konsequenz.
8. Die guten Seiten sehen und entsprechend reagieren.
9. Sich auf die 80 Prozent konzentrieren, die positiv sind, und dafür Wertschätzung zum Ausdruck bringen.
10. Sicher sein, daß die Liebesbotschaft ankommt.
11. Die volle Verantwortung auf sich nehmen.
12. Wiedergutmachung praktizieren.

Vergewissern Sie sich, daß die Person, die ein Problem vorgestellt hat, alle Vorschläge aufschreibt und den (oder die) ankreuzt, die sie ausprobieren möchte.

Klassenkonferenz-Beobachtungsbogen

Nur zur Selbst- oder Kollegenbeobachtung als nützliche Diskussionsbasis gedacht.

Anweisung: Machen Sie jedesmal einen Strich, wenn Sie das entsprechende Verhalten beobachten.

Verhalten	**Häufigkeit**
Äußerungen (Wirksam):	
Höflichkeit (Bitte, danke, gern geschehen usw.)	————
Äußerungen (Unwirksam):	
Zensur (Das Problem haben wir doch schon behandelt usw.)	————
Urteil (Ich stimme zu, stimme nicht zu usw.)	————
Moral, Bevormundung (Man redet nicht dazwischen! Man lernt nichts, wenn man schummelt usw.)	————
Befragungsfähigkeiten (Sehr wirksam):	
Das Gute sehen helfen (Hat es dir was gebracht? Wer glaubt, daß es großartig ist, wenn Leute weiterkommen wollen? Usw.)	————
Negative Haltung umlenken (Wie fühlt man sich als Neuer in der Schule? Welche von diesen Vorschlägen sind nützlich? Welche sind verletzend? Usw.)	————
Sinn für Humor (Sehr wirksam)	————

Lehrer ——————— Beobachter ————————————————

Klasse ——————— Datum ——————————————————

GOLDMANN

Kochen und Gesundheit

Mein Kochbuch   10838

Mein Gesundheitsbuch   13584

Die vitalstoffreiche Vollwertkost   13654

Vollwertkost locker flockig   10487

Goldmann · Der Taschenbuch-Verlag

GOLDMANN

Der Ratgeber-Verlag

*Fit for Life – Mut zur Veränderung. Anerkannte Fach-
leute helfen, das persönliche Leben besser zu
gestalten. Ratgeber zu Gesundheit und Freizeit, Beruf
und Familie, Recht und Bildung weisen den
Weg und machen aktiv.*

Fit fürs Leben
Fit for Life   13533

Das Mieter Lexikon   13657

Loving Touch   13600

Das neue Testprogramm 13586

Goldmann · Der Taschenbuch-Verlag